Die Autorinnen

Prof. Dr. Tina In-Albon, Professur für Klinische Psychologie und Psychotherapie des Kindes- und Jugendalters an der Universität Koblenz-Landau. Leitung der Landauer Psychotherapie-Ambulanz für Kinder und Jugendliche und des Studiengangs zur Ausbildung in Kinder- und Jugendlichenpsychotherapie der Universität Koblenz-Landau.

Prof. Dr. Hanna Christiansen, Professur für Klinische Psychologie des Kindes- und Jugendalters an der Philipps-Universität Marburg; Leiterin der Kinder- und Jugendlichen-Psychotherapie-Ambulanz Marburg (KJ-PAM) sowie des Kinder- und Jugendlichen-Instituts für Psychotherapie-Ausbildung Marburg (KJ-IPAM).

Prof. Dr. Christina Schwenck, Professur für Förderpädagogische und Klinische Kinder- und Jugendpsychologie, Justus-Liebig-Universität Gießen. Leiterin der postgradualen Ausbildung Kinder- und Jugendlichenpsychotherapie mit Schwerpunkt Verhaltenstherapie.

Tina In-Albon
Hanna Christiansen
Christina Schwenck

Verhaltenstherapie bei Kindern, Jugendlichen und jungen Erwachsenen

Vom Erstgespräch zur Therapieplanung

Verlag W. Kohlhammer

Dieses Werk einschließlich aller seiner Teile ist urheberrechtlich geschützt. Jede Verwendung außerhalb der engen Grenzen des Urheberrechts ist ohne Zustimmung des Verlags unzulässig und strafbar. Das gilt insbesondere für Vervielfältigungen, Übersetzungen, Mikroverfilmungen und für die Einspeicherung und Verarbeitung in elektronischen Systemen.

Pharmakologische Daten, d. h. u. a. Angaben von Medikamenten, ihren Dosierungen und Applikationen, verändern sich fortlaufend durch klinische Erfahrung, pharmakologische Forschung und Änderung von Produktionsverfahren. Verlag und Autoren haben große Sorgfalt darauf gelegt, dass alle in diesem Buch gemachten Angaben dem derzeitigen Wissensstand entsprechen. Da jedoch die Medizin als Wissenschaft ständig im Fluss ist, da menschliche Irrtümer und Druckfehler nie völlig auszuschließen sind, können Verlag und Autoren hierfür jedoch keine Gewähr und Haftung übernehmen. Jeder Benutzer ist daher dringend angehalten, die gemachten Angaben, insbesondere in Hinsicht auf Arzneimittelnamen, enthaltene Wirkstoffe, spezifische Anwendungsbereiche und Dosierungen anhand des Medikamentenbeipackzettels und der entsprechenden Fachinformationen zu überprüfen und in eigener Verantwortung im Bereich der Patientenversorgung zu handeln. Aufgrund der Auswahl häufig angewendeter Arzneimittel besteht kein Anspruch auf Vollständigkeit.

Die Wiedergabe von Warenbezeichnungen, Handelsnamen und sonstigen Kennzeichen in diesem Buch berechtigt nicht zu der Annahme, dass diese von jedermann frei benutzt werden dürfen. Vielmehr kann es sich auch dann um eingetragene Warenzeichen oder sonstige geschützte Kennzeichen handeln, wenn sie nicht eigens als solche gekennzeichnet sind.

Es konnten nicht alle Rechtsinhaber von Abbildungen ermittelt werden. Sollte dem Verlag gegenüber der Nachweis der Rechtsinhaberschaft geführt werden, wird das branchenübliche Honorar nachträglich gezahlt.

Dieses Werk enthält Hinweise/Links zu externen Websites Dritter, auf deren Inhalt der Verlag keinen Einfluss hat und die der Haftung der jeweiligen Seitenanbieter oder -betreiber unterliegen. Zum Zeitpunkt der Verlinkung wurden die externen Websites auf mögliche Rechtsverstöße überprüft und dabei keine Rechtsverletzung festgestellt. Ohne konkrete Hinweise auf eine solche Rechtsverletzung ist eine permanente inhaltliche Kontrolle der verlinkten Seiten nicht zumutbar. Sollten jedoch Rechtsverletzungen bekannt werden, werden die betroffenen externen Links soweit möglich unverzüglich entfernt.

1. Auflage 2020

Alle Rechte vorbehalten
© W. Kohlhammer GmbH, Stuttgart
Gesamtherstellung: W. Kohlhammer GmbH, Heßbrühlstr. 69, 70565 Stuttgart
produktsicherheit@kohlhammer.de

Print:
ISBN 978-3-17-035653-5

E-Book-Formate:
pdf: ISBN 978-3-17-035654-2
epub: ISBN 978-3-17-035655-9
mobi: ISBN 978-3-17-035656-6

Reihenvorwort

Klinische Psychologie und Psychotherapie bei Kindern, Jugendlichen und jungen Erwachsenen: Verhaltenstherapeutische Interventionsansätze

Psychische Störungen im Kindes- und Jugendalter sind weit verbreitet und ein Schrittmacher für die Entwicklung weiterer psychischer Störungen im Erwachsenenalter. Für einige der für das Kindes- und Jugendalter typischen Störungsbereiche liegen empirisch gut abgesicherte Behandlungsmöglichkeiten vor. Eine Besonderheit in der Diagnostik und Therapie von Kindern mit psychischen Störungen stellt das Setting der Therapie dar. Dies bezieht sich sowohl auf den Einbezug der Eltern als auch auf mögliche Kontaktaufnahmen mit dem Kindergarten, der Schule, der Jugendhilfe usw. Des Weiteren stellt die Entwicklungspsychopathologie für die jeweiligen Bände ein zentrales Kernthema dar.

Ziel dieser neuen Buchreihe ist es, Themen der Klinischen Kinder- und Jugendpsychologie und Psychotherapie in ihrer Gesamtheit darzustellen. Dies umfasst die Beschreibung von Erscheinungsbildern, epidemiologischen Ergebnissen, rechtliche Aspekte, ätiologische Faktoren bzw. Störungsmodelle, sowie das konkrete Vorgehen in der Diagnostik unter Berücksichtigung verschiedener Informanten und das konkrete Vorgehen in der Psychotherapie unter Berücksichtigung des aktuellen Wissensstandes zur Wirksamkeit.

Die Buchreihe besteht aus Bänden zu spezifischen psychischen Störungsbildern und zu störungsübergreifenden Themen. Die einzelnen Bände verfolgen einen vergleichbaren Aufbau wobei praxisorientierte Themen wie Fallbeispiele, konkrete Gesprächsinhalte oder die Antragsstellung durchgehend aufgenommen werden.

Tina In-Albon (Landau)
Hanna Christiansen (Marburg)
Christina Schwenck (Gießen)

Die Herausgeberinnen der Reihe

Prof. Dr. Tina In-Albon, Professur für Klinische Psychologie und Psychotherapie des Kindes- und Jugendalters an der Universität Koblenz-Landau. Leitung der Landauer Psychotherapie-Ambulanz für Kinder und Jugendliche und des Studiengangs zur Ausbildung in Kinder- und Jugendlichenpsychotherapie der Universität Koblenz-Landau.

Prof. Dr. Hanna Christiansen, Professur für Klinische Psychologie des Kindes- und Jugendalters an der Philipps-Universität Marburg; Leiterin der Kinder- und Jugendlichen-Psychotherapie-Ambulanz Marburg (KJ-PAM) sowie des Kinder- und Jugendlichen-Instituts für Psychotherapie-Ausbildung Marburg (KJ-IPAM).

Prof. Dr. Christina Schwenck, Professur für Förderpädagogische und Klinische Kinder- und Jugendpsychologie, Justus-Liebig-Universität Gießen. Leiterin der postgradualen Ausbildung Kinder- und Jugendlichenpsychotherapie mit Schwerpunkt Verhaltenstherapie.

Inhalt

Reihenvorwort 5

Vorwort 11

Einführung 13

Teil 1

1	Geschichte der Verhaltenstherapie mit dem Blick auf Kinder und Jugendliche	17
	1.1 Definition Verhaltenstherapie	20
	1.2 Überprüfung der Lernziele	21
2	Theoretische Herleitungen der Verhaltenstherapie	22
	2.1 Klassische Konditionierung	23
	2.2 Operante Konditionierung	28
	2.3 Sozial-kognitives Lernen	34
	2.4 Lerntheoretische Modelle zur Ätiologie psychischer Störungen	36
	2.5 Überprüfung der Lernziele	37
3	Entwicklungspsychologie	38
	3.1 Lernprozesse	41
	3.2 Kognitive Grundfunktionen	42
	3.3 Emotionale Grundfunktionen	42
	3.4 Soziale Grundfunktionen	43
	3.5 Überprüfung der Lernziele	43
4	Entwicklungspsychopathologie	44
	4.1 Risikofaktor	45
	4.2 Vulnerabilität	46
	4.3 Ressourcen	46
	4.4 Schutzfaktoren	46
	4.5 Kompensationsfaktoren	47
	4.6 Resilienz	47
	4.7 Sensible Phasen	47

	4.8	Entwicklungsaufgaben	48
	4.9	Kontinuität	48
	4.10	Differenzielle Suszeptibilität	48
	4.11	Überprüfung der Lernziele	49
5	**Psychotherapie**		**50**
	5.1	Allgemeine Wirkfaktoren	51
	5.2	Überprüfung der Lernziele	52
6	**Psychotherapieforschung**		**53**
	6.1	Warum überhaupt Psychotherapieforschung?	53
	6.2	Methodische und inhaltliche Aspekte von Psychotherapieforschung	55
		6.2.1 Fragen und Paradigmen der Psychotherapieforschung	55
		6.2.2 Wie beurteilt man die Wirksamkeit einer Psychotherapie?	61
		6.2.3 Reviews und Metaanalysen	63
		6.2.4 Methodische Probleme in der Psychotherapieforschung	66
	6.3	Ergebnisse von Psychotherapieforschung im Kindes- und Jugendalter	68
	6.4	Leitlinien	71
		6.4.1 Wie kommen die Leitlinien zustande?	72
		6.4.2 Wie sind die Empfehlungen in den Leitlinien zu bewerten?	72
		6.4.3 Rechtliche Verbindlichkeit von Leitlinien	74
	6.5	Überprüfung der Lernziele	75

Teil 2

7	**Ethische Grundprinzipien**		**79**
	7.1	Paternalismus-Debatte	81
	7.2	Überprüfung der Lernziele	83
8	**Gesprächsführung**		**84**
	8.1	Motivierende Gesprächsführung	85
	8.2	Therapeutische Beziehung	89
	8.3	Überprüfung der Lernziele	91
9	**Erstkontakt**		**92**
	9.1	Sprechstunde	94
	9.2	Akutbehandlung	98
	9.3	Erstgespräch	98
		9.3.1 Anamnese	102

		9.3.2 Psychopathologischer Befund	105
	9.4	Abklärung von Suizidalität	109
		9.4.1 Fragen zur Abklärung von Suizidalität	110
		9.4.2 Vorgehen bei akuter Suizidalität	113
	9.5	Probatorik	114
	9.6	Überprüfung der Lernziele	115
10	**Diagnostischer Prozess**		**116**
	10.1	Kategoriale Diagnostik:	120
	10.2	Dimensionale Diagnostik	123
		10.2.1 Störungsübergreifende Verfahren	124
		10.2.2 Störungsspezifische Instrumente	125
	10.3	Fragebögen – störungsspezifisch	126
	10.4	Intelligenzdiagnostik	133
	10.5	Verhaltens- und Selbstbeobachtung	142
	10.6	Rückmeldung diagnostischer Ergebnisse	148
		10.6.1 Äußere Rahmenbedingungen	149
		10.6.2 Befunde mitteilen	151
		10.6.3 Fazit aus Befunden ziehen	153
		10.6.4 Plausibles Störungsmodell	155
	10.7	Überprüfung der Lernziele	160
11	**Fallkonzeptualisierung**		**161**
	11.1	Bausteine der Fallkonzeptualisierung	162
		11.1.1 Zusammenfassung der Ergebnisse der psychometrischen Diagnostik	162
		11.1.2 Verhaltensanalysen	164
		12.1.3 Die Mikroanalyse	165
		11.1.4 Plananalyse	167
		11.1.5 Makroanalyse	169
	11.2	Behandlungsplanung	171
		11.2.1 Voraussetzungen und Rahmenbedingungen	171
		11.2.2 Festlegen von Therapiezielen	173
		11.2.3 Auswahl geeigneter Methoden	175
		11.2.4 Schwerpunktsetzung der Therapie	176
	11.3	Fallbeispiel	177
	11.4	Überprüfung der Lernziele	180
12	**Therapieanträge**		**181**
	12.1	Kurzzeitanträge	183
	12.2	Langzeittherapieanträge – lästige Pflicht oder Möglichkeit der Reflektion?	183
	12.3	Anträge aus Sicht eines Gutachters	184
	12.4	Leitfaden zum Erstellen des Berichts an die Gutachterin oder den Gutachter	185

12.4.1 Hinweise zum Erstellen des Berichts zum Erst-,
Umwandlungs- oder Fortführungsantrag 186
12.4.2 Bericht zum Erst- oder Umwandlungsantrag 186
12.4.3 Rezidivprophylaxe 195
12.5 Überprüfung der Lernziele 196

Literaturverzeichnis 197

Stichwortverzeichnis 207

Anhang

A   Erstgesprächsleitfaden mit Beispiel 213

B   Standardarbeitsanweisung zur Erfassung von Suizidalität im diagnostischen Prozess 219

C   Notfall Vorgehen bei Suizidalität 221

D   Therapieantrag: LZT 223

E   Therapieantrag: Fortführungsantrag (FF1) 228

F   Therapieantrag: Umwandlungsantrag auf Verhaltenstherapie (LZT) 234

Online-Zusatzmaterial: Hinweise und Übersicht 240

Vorwort

Kinder mit psychischen Störungen können mit Verhaltenstherapie gut behandelt werden. Für eine erfolgreiche Behandlung ist eine sorgfältige diagnostische Abklärung und Therapieplanung Voraussetzung. Dieser Prozess vom Erstkontakt mit dem Kind und den Bezugspersonen bis zur Therapieplanung wird im vorliegenden Band beschrieben. Neben theoretischen Grundlagen der Verhaltenstherapie und dem aktuellen Stand zur Psychotherapieforschung im Kindes- und Jugendalter werden zudem praktische Hinweise zur Erstellung von Therapieanträgen gegeben. Unser Anspruch dabei entspricht dem an die gesamte Reihe: dass ein hoher wissenschaftlicher Standard kombiniert wird mit praktischen Anleitungen.

Dieser einführende Band gliedert sich in zwei Teile. Der erste Teil umfasst den theoretischen Hintergrund der Verhaltenstherapie, Aspekte der Entwicklungs- und Entwicklungspsychopathologie, den diagnostischen Prozess sowie Psychotherapie bzw. Psychotherapieforschung.

Im zweiten Teil wird anwendungsbezogen auf Erstkontakt, Sprechstunde, Probatorik, Diagnostikrückmeldung und Therapieanträge eingegangen.

An dieser Stelle möchten wir noch eine Bemerkung zum Sprachgebrauch vorwegnehmen. Wir verwenden die weibliche Geschlechterbezeichnung, schließen dabei aber selbstverständlich jegliches Geschlecht mit ein. Mit dem Begriff »Kinder« wird sowohl auf Kinder als auch Jugendliche verwiesen. Wenn der Verweis spezifisch für eine Altersgruppe ist, wird explizit darauf hingewiesen.

Wir danken an dieser Stelle den Patientinnen, deren Familien, den Therapeutinnen in Ausbildung und Supervisandinnen, unseren Mitarbeiterinnen in den Ambulanzen und Weiterbildungsstudiengängen und Frau Grupp vom Kohlhammer Verlag für die gute Zusammenarbeit. Wir hoffen, Kinder- und Jugendlichenpsychotherapeutinnen mit diesem Buch sowohl theoretisch fundierte Grundlagen als auch das praktische Vorgehen anschaulich vermitteln zu können.

Landau, Marburg, Gießen, im Frühjahr 2020
Tina In-Albon, Hanna Christiansen, Christina Schwenck

Einführung

Der vorliegende Band ist in zwei Teile aufgeteilt. Der erste Teil umfasst die Geschichte der Verhaltenstherapie mit Blick auf Kinder und Jugendliche, die theoretische Herleitung der Verhaltenstherapie mit den Grundlagen der klassischen und operanten Konditionierung und des sozial-kognitiven Lernens sowie lerntheoretische Ätiologie-Modelle. Weiter werden die Grundzüge der Entwicklungspsychologie und -psychopathologie dargestellt. Der erste Teil schließt ab mit einem Kapitel zur Psychotherapieforschung und daraus abgeleitet der Darstellung von Psychotherapieleitlinien.

Der zweite Teil beginnt mit den ethischen Grundprinzipien der Psychotherapie und leitet über zum praktischen Vorgehen in der Verhaltenstherapie mit Kindern und Jugendlichen. Fokussiert wird auf Themen wie Gesprächsführung, Erstkontakt und Probatorik mit Erhebung der Eigen- und Sozialanamnese sowie des psychopathologischen Befundes. Dafür werden den Leserinnen verschiedene Fallbeispiele zur Verfügung gestellt. Im Rahmen der Probatorik gilt es, den diagnostischen Prozess einzuleiten. Dieser, sowie die verschiedenen Verfahren, die zur Anwendung kommen können, werden ausführlich dargestellt und mit Beispielen aus der Praxis veranschaulicht. Berücksichtigung findet dabei auch die Abklärung von Suizidalität. Der Band schließt ab mit Kapiteln zur Fallkonzeptualisierung und Behandlungsplanung. Auch diese Kapitel wurden möglichst praktisch verfasst und mit vielen Beispielen angereichert. Am Ende finden sich verschiedene Beispiele für Therapieanträge inklusive der Sicht von Gutachterinnen auf diese.

> Zusätzliche Online-Materialien (weitere Beispielanträge sowie einige Mustervorlagen z. B. für einen Anamnesebogen) finden Sie als Download auf der Webseite des Verlags (▶ Online-Zusatzmaterial: Hinweise und Übersicht)

Teil 1

1 Geschichte der Verhaltenstherapie mit dem Blick auf Kinder und Jugendliche

> **Lernziele**
>
> - Sie kennen den kleinen Albert und die ethischen Aspekte sowie die Relevanz des Experiments für die Klinische Psychologie des Kindes- und Jugendalters.
> - Sie kennen die Grundprinzipien der Verhaltenstherapie.

Lightner Witmer gründete 1896 in den USA die erste »Psychologische Klinik«. Zuvor hatte er bei dem Persönlichkeitspsychologen Raymond Cattell und bei Wilhelm Wundt, dem Gründer des ersten Instituts für experimentelle Psychologie, studiert. In der Klinik beobachtete er Kinder, die Lernschwächen oder Verhaltensauffälligkeiten zeigten. Die Kinder besuchten mehrheitlich öffentliche Schulen in Philadelphia und Umgebung und wurden entweder von ihren Eltern oder Lehrerinnen in die Klinik gebracht. Die Klinik war insofern neu und bedeutsam, weil mit psychologischen Mitteln versucht wurde, Kindern mit Schulproblemen zu helfen. Häufig auftretende Schwierigkeiten waren z. B. Sprachprobleme, Schlafstörungen, Verhaltensstörungen, Hyperaktivität und Schulverweigerung. Jedes Kind wurde bei Aufnahme auf Geist und Körper untersucht. Die angewandten Methoden in der Klinik waren verhaltenstherapeutisch, und Witmers Ansatz war es, Informationen für die Kinder so zu vereinfachen, dass diese verständlich waren. Zudem gründete er 1897 die Zeitschrift »Clinical Psychology«, die erste wissenschaftliche Zeitschrift in der Psychologie. Eine Besonderheit bestand darin, dass die Zeitschrift Studien mit Kindern aufnahm. In seinem Artikel zur Erstausgabe stellte Witmer seine Idee vor, dass alle Kinder (klug oder intelligenzgemindert) mit Unterstützung ihr volles Potenzial erreichen könnten.

Ein weiterer wichtiger Meilenstein in der Geschichte der Verhaltenstherapie mit Kindern und Jugendlichen waren 1924 die Veröffentlichungen von Mary Cover Jones. Jones war eine Schülerin von Watson, der 1920 die berühmt-berüchtigten Konditionierungsexperimenten am »kleinen Albert« (▶ Kasten) (Watson & Rayner, 1920) durchführte. Die von Watson beschriebenen Methoden zur Rekonditionierung und Beseitigung von Ängsten wurden von Cover Jones in der Behandlung des »kleinen Peters« angewendet.

Die Geschichte des kleinen Peter ist der erste Fall der Verhaltenstherapie, dessen Behandlungsgeschichte bekannt ist (Pongratz, 1973). Peter war ein fast drei Jahre alter Junge mit einer starken Angst vor Kaninchen, Ratten, Pelzmänteln, Federn und Baumwolle. Am stärksten ausgeprägt war seine Angst vor Kaninchen. Zunächst bestand die Behandlung darin, ihn mit einem Kaninchen zu konfrontieren. Da dieses Vorgehen nicht zur gewünschten Angstreduktion führte, bekam Peter in Anwesenheit des Kaninchens jedes Mal sein Lieblingsessen. Dabei wurde das Kaninchen graduiert immer näher an Peter herangeführt. Peter wurde immer vertrauter mit dem Kaninchen und war in der Folge fähig, das Kaninchen zu berühren und mit ihm zu spielen.

Bei Peters Behandlung wurde in Anwesenheit des angstauslösenden Reizes eine positive Reaktion provoziert, die inkompatibel und stärker als die negative Reaktion war (Peter erhielt sein Lieblingsessen, während ein Kaninchen anwesend war). Diese Form wird als Gegenkonditionierung bezeichnet. Die Annäherung an das angstauslösende Objekt (Kaninchen) erfolgte dabei schrittweise.

Trotz dieses Erfolges ist zu berücksichtigen, dass beispielsweise ein Wechsel der Behandlungsmethode – von der einfachen Präsentation des angstauslösenden Stimulus zur Präsentation mit der Darbietung des Lieblingsessens – sowie die Generalisierung der Effekte auf andere angstauslösende Stimuli (z. B. Ratten, Pelzmäntel und Federn) nicht überprüft wurde. Zudem wurden keine Nachuntersuchungen durchgeführt, so dass keine Aussagen zur Stabilität des Behandlungserfolges gemacht werden können.

Kleiner Albert

Watson und Rayner publizierten 1920 die Konditionierungsversuche mit dem kleinen Albert. Aus heutiger Sicht eine ethisch inakzeptable Studie. Albert war ein neun Monate alter normal entwickelter Junge, der bei der Konfrontation mit einer Ratte, einem Hasen, einem Hund, einem Affen, Wolle und Masken mit und ohne Haaren keinerlei Angstreaktionen zeigte. Hingegen zeigte er Furcht und begann zu weinen, wenn hinter ihm mit einem Hammer auf eine Eisenstange geschlagen wurde.

Watson und Rayner stellten folgende Fragen auf: Kann eine Angstkonditionierung auf Tiere wie z. B. eine weiße Ratte hergestellt werden, indem gleichzeitig zur visuellen Darbietung der Ratte auf eine Eisenstange geschlagen wird? Wird es nach dieser Konditionierung zu einer Generalisierung der Ängste auf andere Objekte kommen? Welche Effekte hat die Zeit? Falls nach einer gewissen Zeit die emotionalen Reaktionen nicht abflachen, welche Methoden gibt es zur Beseitigung? Bezüglich ethischer Bedenken beschrieben die Autoren, dass sie zunächst gezögert hätten, die Konditionierung durchzuführen, dann aber zur Überzeugung gelangt seien, dass es sowieso irgendwann zu solchen Ereignissen kommen würde, wenn das Kind das behütete Umfeld verlasse.

Die ersten Konditionierungen fanden mit einer Ratte statt. Als Albert die Ratte berührte, wurde hinter ihm mit einem Hammer auf eine Eisenstange geschlagen. Beim zweiten Durchgang begann Albert zu wimmern und zögerte, die Ratte zu berühren. In der Folge fanden mehrere Konditionierungsdurchgänge statt, in denen die Ratte gleichzeitig mit dem lauten Ton präsentiert wurde. Daraufhin begann Albert bei der alleinigen Präsentation der Ratte zu weinen und krabbelte weg. Es wurde dann untersucht, ob sich die Angst generalisiert hatte. Bei der

Präsentation eines Hasen und Pelzes lehnte er sich weg, wimmerte und brach in Tränen aus. Mit Holzblöcken spielte er nach wie vor gerne. Einige Tage später fixierte Albert die Ratte mit den Augen und zog sich zurück, weinte jedoch nicht. Damit war es den Autoren leider noch nicht genug und es wurden weitere Konditionierungsversuche durchgeführt, dieses Mal in einen anderen Raum. Bei der Konfrontation mit der Ratte, dem Hasen und dem Hund zeigte Albert leichte Angstreaktionen und versuchte, seine Hände so weit weg wie möglich von den Tieren zu halten. Erneut wurde dann bei der Präsentation der Tiere auf eine Eisenstange geschlagen. Dies führte bei Albert wiederum zu einem Rückzugsverhalten.

Danach wird beschrieben, dass im Anschluss an diese (letzte) Sitzung die Mutter mit Albert weggezogen sei, so dass keine Rekonditionierung durchgeführt werden konnte. Weshalb die Mutter wegzog und was aus Albert wurde, ist bis heute nicht bekannt.

Im Zusammenhang mit dieser Studie können, neben den ethischen Aspekten hinsichtlich der Durchführung der Studie und der Nicht-Beseitigung der willkürlich erzeugten Angst, weitere Probleme festgehalten werden: Es fehlte eine Operationalisierung der Variable »Furcht« und eine klare Quantifizierung des Verhaltens von Albert. So wird im Studienprotokoll von »verzieht das Gesicht«, »wimmert« und »fällt vorn über« berichtet. Zudem werden gegen Ende des Experiments die Reaktionen von Albert immer unklarer beschrieben. Des Weiteren wurde der Versuchsplan immer wieder neu angepasst. Beispielsweise wurden weitere Konditionierungsversuche durchgeführt, als die Reaktionen von Albert schwächer wurden.

Ein entscheidender Unterschied zu anderen Therapieverfahren ist, dass historisch in der Verhaltenstherapie nicht konzeptionell zwischen dem Vorgehen mit Kindern und Erwachsenen getrennt wurde. Bei Kindern und bei Erwachsenen wurden lerntheoretische Konzepte gleichermaßen angewendet. Es ging also in der Verhaltenstherapie mehrheitlich um die Methoden, die bei Kindern und Erwachsenen den gleichen Gesetzmäßigkeiten folgen. Dies steht im Gegensatz zur Psychoanalyse wo, in der z. B. Anna Freud und Melanie Klein spezifische Behandlungsmethoden für Kinder entwickelten.

Die konkrete Umsetzung der Methoden in der Verhaltenstherapie ist jedoch an die Altersgruppe angepasst: z. B. können bei Jugendlichen und Erwachsenen operante Methoden zur Selbstverstärkung (z. B. »Wenn ich mich dem angstauslösenden Reiz aussetze und diese Angst aushalte, belohne ich mich danach mit einem Stück Kuchen und Kaffee«) eingeübt werden, wohingegen bei einem Kind ein Token-Programm gemeinsam mit den Eltern erstellt wird (z. B. die Regel, dass das Kind, wenn es sich morgens selber anzieht, hierfür einen Punkt bekommt). Diese Anpassung impliziert auch, dass jeweils die entwicklungspsychologische Perspektive zu berücksichtigen ist. Als weitere Besonderheit ist sicherlich die Berücksichtigung des Therapiesettings aufzuführen.

Borg-Laufs beschreibt auf der Homepage der DGVT (www.dgvt.de), dass das Psychotherapeutengesetz 1999 den entscheidenden Schritt zur Trennung zwischen Kinder- und Erwachsenentherapie markiert. Allerdings stellen Meyer und Kollegen

1991 in ihrem Gutachten zum Psychotherapeutengesetzes fest, dass diese Trennung in der Verhaltenstherapie keine Tradition hat, und es auch inhaltlich keinen Sinn macht, zwischen Kinder- und Erwachsenentherapie zu unterscheiden.

1.1 Definition Verhaltenstherapie

Die Verhaltenstherapie orientiert sich an der empirischen Psychologie und vereinigt unterschiedliche spezifische Techniken (z. B. Verstärkung) und Behandlungsmaßnahmen (z. B. Exposition). Da die Verhaltenstherapie nicht auf ein einziges theoretisches Modell zurückgeführt werden kann und auch zukünftige Entwicklungen zugelassen werden sollen, fassen Margraf und Lieb (1995) die Verhaltenstherapie als psychotherapeutische Grundorientierung auf, weniger als Therapieschule oder Gruppe von Verfahren.

Margraf (2018) definiert die Verhaltenstherapie wie folgt:

> »Die Verhaltenstherapie ist eine auf der empirischen Psychologie basierende psychotherapeutische Grundorientierung. Sie umfasst störungsspezifische und -unspezifische Therapieverfahren, die aufgrund von möglichst hinreichend überprüftem Störungswissen und psychologischem Änderungswissen eine systematische Besserung der zu behandelnden Problematik anstreben. Die Maßnahmen verfolgen konkrete und operationalisierte Ziele auf den verschiedenen Ebenen des Verhaltens und Erlebens, leiten sich aus einer Störungsdiagnostik und individuellen Problemanalyse ab und setzen an prädisponierenden, auslösenden und/oder aufrechterhaltenden Problembedingungen an. Die in ständiger Entwicklung befindliche Verhaltenstherapie hat den Anspruch, ihre Effektivität empirisch abzusichern.« (Margraf, 2018, S. 5).

Hervorzuheben sind die Grundprinzipien der Verhaltenstherapie (Margraf, 2018), die allen verhaltenstherapeutischen Methoden zugrunde liegen. Der nachfolgende Kasten gibt einen Überblick der Grundprinzipien.

Überblick der Grundprinzipien der Verhaltenstherapie

Verhaltenstherapie

- orientiert sich an der empirischen Psychologie,
- ist problemorientiert,
- setzt an den prädisponierenden, auslösenden und aufrechterhaltenden Problembedingungen an,
- ist zielorientiert,
- ist handlungsorientiert,
- ist nicht auf das therapeutische Setting begrenzt,
- ist transparent,
- soll »Hilfe zur Selbsthilfe« sein,
- bemüht sich um ständige Weiterentwicklung.

Verhaltenstherapie ist problemorientiert, d. h. die Therapieplanung und -durchführung wird anhand der aktuell beschriebenen Probleme ausgerichtet. Basierend auf einem individuellen Störungsmodell wird ein Behandlungsplan erstellt, der spezifisch und individuell auf die Verringerung der vorhandenen Probleme ausgerichtet ist. Im Störungsmodell werden prädisponierende, auslösende und aufrechterhaltende Faktoren für die beschriebene Problematik identifiziert und Behandlungsmethoden mit dem Fokus der Identifikation auslösender Faktoren und der Reduktion von aufrechterhaltenden Faktoren abgeleitet. Die Verhaltenstherapie ist weiterhin ziel- und handlungsorientiert. Mit Patientin und ggf. Bezugspersonen werden konkrete Ziele zu Beginn der Therapie erarbeitet, die realistisch erreichbar sind. Die Zielerreichung wird während der Behandlung regelmäßig überprüft und wenn nötig angepasst. Zur Erreichung der Ziele ist das aktive Mitwirken der Patientin und der Eltern wichtig. Die Patientin soll selbst zur Expertin für den Umgang mit den eigenen Symptomen werden. Im Rahmen von Psychoedukation wird der Patientin auf eine altersangepasste und verständliche Art und Weise Wissen über ihre psychische(n) Störung(en) vermittelt und die Ableitung des Behandlungsplans transparent gestaltet. Im Vordergrund steht das Neulernen oder der Wiedererwerb eines funktionalen Umgangs mit Symptomen (z. B. Konfrontation bei Angststörungen), welche auch zu Hause geübt und erprobt werden. Hausaufgaben sind ein wesentlicher Bestandteil der Verhaltenstherapie, die in den Sitzungen jeweils vor- und nachbesprochen werden. Der Transfer von erarbeiteten Strategien und Aufbau von funktionalem Verhalten im therapeutischen Setting in den Alltag ist in der Verhaltenstherapie von zentraler Bedeutung. Die Psychotherapeutin hilft der Patientin und den Eltern dabei, einen funktionalen Umgang mit Symptomen zu erwerben, z. B. mit Strategien, die der Patientin nach Abschluss der Therapie weiterhin zur Verfügung stehen. Die Verhaltenstherapie sieht sich als Hilfe zur Selbsthilfe und fördert die Eigenständigkeit und das Selbstwirksamkeitserleben der Patientin.

1.2   Überprüfung der Lernziele

- Zählen Sie die Grundprinzipien der VT auf.
- Nennen Sie kritische Aspekte der Studie mit dem kleinen Albert.

2 Theoretische Herleitungen der Verhaltenstherapie

> **Lernziele**
>
> - Sie kennen die verschiedenen Lernprinzipien, die zu der Vielzahl von Methoden der Verhaltenstherapie beitragen.
> - Sie können die einzelnen Lernprinzipien mit Beispielen erklären.
> - Sie wissen um die verschiedenen Verstärkerpläne.
> - Sie kennen die unterschiedlichen Arten von Verstärkern.
> - Sie kennen die sozial-kognitive Lerntheorie nach Bandura.
> - Sie können das Vorgehen für das Time-out/die Auszeit beschreiben.

Die Grundlage der Verhaltenstherapie ist die Lerntheorie. Die Grundidee ist, dass störungsbedingtes Verhalten erlernt wird und somit wieder verlernt oder umgelernt werden kann, bzw. dass angemessenere Verhaltensweisen neu erlernt werden können. Bei der Verhaltensmodifikation geht es dabei bis heute darum, die das Verhalten auslösenden und aufrechterhaltenden Bedingungen zu analysieren und Problemverhalten dadurch zu modifizieren. Die diversen Lernformen – klassisches Konditionieren, instrumentelles Lernen, Prinzipien des operanten Konditionierens, Modelllernen – sind sowohl für Störungsmodelle als auch Interventionen relevant. Eine bedeutsame Erweiterung stellt die Berücksichtigung von Kognitionen dar.

Verschiedene Lernprinzipien haben zu einer Vielzahl von Methoden der Verhaltenstherapie beigetragen. Von besonderer Relevanz sind die folgenden Lernprinzipien:

- Klassische Konditionierung
- Operante Konditionierung
- Diskriminationslernen
- Modelllernen
- Sozial-kognitives Lernen

2.1 Klassische Konditionierung

Bei der klassischen Konditionierung (Assoziationslernen) nach Iwan P. Pawlow (1927) werden ursprünglich neutrale Reize bzw. Stimuli zum Auslöser einer Reaktion, die sie zuvor nicht auslösen konnten. Dieser neutrale Stimulus wird gemeinsam mit einem unkonditionierten Stimulus dargeboten, der eine biologisch programmierte, automatische Reaktion auslöst. In der Vorbereitungsphase seines klassischen Experiments an Hunden, konnte Pawlow folgendes zeigen (▶ Abb. 2.1): In der *Vorbereitungsphase* löst der Glockenton als neutraler Stimulus (NS) eine Orientierungsreaktion (OR) mit Zuwendung zur Reizquelle aus. Als Reaktion auf Futter (unkonditionierter Stimulus, US) zeigen Hunde einen biologisch programmierten reflexhaften Speichelfluss, also eine nicht gelernte, unkonditionierte Reaktion (UCR).

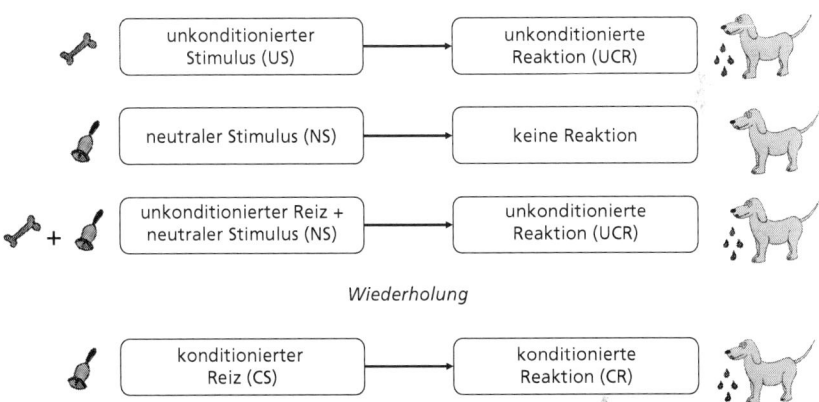

Abb. 2.1: Ablauf des Experiments zur Klassischen Konditionierung von Pawlow

In der darauffolgenden *Trainingsphase* wird der NS wiederholt mit dem US dargeboten. Das Tier lernt, auf den ursprünglichen neutralen Stimulus mit einer UCR zu antworten. Somit wird der neutrale Stimulus zu einem konditionierten Stimulus (CS). Die unkonditionierte Reaktion wird zur konditionierten bzw. bedingten Reaktion (CR). Um zwei Reize miteinander verknüpfen zu können, müssen sie in einem räumlichen und zeitlichen Zusammenhang gesetzt werden. Hierbei ist es notwendig, dass UCS und NS zeitlich dicht beieinander liegen (Gesetz der *Kontiguität*), um eine konditionierte Reaktion (CR) auszulösen. Diese Kopplung zwischen NS und UCS wird als *Verstärkung* bzw. Bekräftigung (reinforcement) bezeichnet. Die konditionierte Reaktion (CR) muss nicht vollkommen der unkonditionierten Reaktion (UCR) entsprechen (z. B. eine Schmerz-Furcht Reaktion als UCR und eine Angstreaktion als CR).

Für die Konditionierung einer emotionalen Reaktion ist das Experiment von Watson und Rayner (1921) mit dem kleinen Albert zu nennen (▶ Kap. 1, *Kleiner*

Albert). Ebenfalls zeigt sich anhand des Experiments eine *Reizgeneralisierung*, welche darauf hinweist, dass je ähnlicher ein anderer neutraler Reiz dem konditionierten Reiz ist, dieser umso wahrscheinlicher die konditionierte Reaktion auslöst. Beim kleinen Albert waren dies pelzähnliche Objekte, die der weißen Ratte glichen, wie z. B. ein weißes Kaninchen oder ein Seehundfell. Die Reaktion auf weiße Watte war hingegen gering. Manche bedingten Reaktionen treten hingegen nur bei einem einzigen genau definierten Reiz auf (*Reizdiskrimination*).

> **Reizdiskrimination**
>
> Ein Kind hat Angst vor Tieren. Nun stellt es fest, dass z. B. Kaninchen und Meerschweinchen harmlos sind und fürchtet sich vor diesen Tieren nicht mehr. Trotz dieser Erfahrung bleibt die Angst bei z. B. Hunden, Spinnen oder Pferden dennoch bestehen.

Führt ein Reiz zuverlässig zu keiner ausgelösten Reaktion, z. B. indem er mehrere Male ohne Konsequenz dargeboten wurde, wird dieser Reiz in einer späteren Lernphase (Aquisition) schwerer als konditionierter Reiz gelernt, wenn er mit einem unkonditionierten Reiz gepaart wird. D. h. es findet eine Abschwächung des Assoziationslernen statt. Diesen Prozess nennt man eine *latente Hemmung oder latente Inhibition* (auch CS-Präexposition). Im Alltag ist dieser Prozess notwendig, um zwischen relevanten und irrelevanten Reizen zu unterscheiden und Aufmerksamkeitsprozesse effektiv steuern zu können.

> **Latente Hemmung/Inhibition**
>
> Früher wurden samstags um 12 Uhr häufig Feueralarmübungen durchgeführt. Diese »Mittagssirene« gehörte zum Samstag fest dazu und führte in der Regel bei den Personen, die diese hörten, nicht zu Angst. D. h. aber auch, dass ein solcher Sirenenton an einem Samstag um 12 Uhr im Falle eines tatsächlichen Feuers wahrscheinlich keine Angstreaktion und somit auch kein angemessenes Fluchtverhalten auslöste.

Die Konditionierungsstärke hängt hierbei also sowohl stark von der Vorerfahrung mit einem konditionierten Stimulus ab als auch von der Fähigkeit der latenten Hemmung im Sinne einer Verhinderung von Reizüberflutungen.

> **Verhinderung von Reizüberflutung**
>
> Der Therapieraum wird ansprechend gestaltet, aber nicht extrem bunt und mit offen herumstehenden oder ausgestellten Spielsachen, damit das Kind sich auf die neuen Reize im Zusammenhang mit Therapie oder Therapeutin konzentrieren kann und nicht überfordert ist.

Nicht alle situativen Stimuli sind gleichermaßen als CS geeignet. Es scheint eine biologische Prädisposition auf bestimmte Reize zu geben, im Sinne einer *Preparedness* (Seligman, 1970). Auf diese Reize lässt sich besonders leicht eine stabile konditionierte Reaktion entwickeln. Somit tritt die klassische Konditionierung bei manchen Reizen weitaus häufiger auf (z. B. Angst vor Spinnen, Höhe, Hunden) im Vergleich zu anderen Ängsten (z. B. Angst vor Steckdosen, Motorsägen, Autos). Gewisse Stimuli sind für bestimmte Spezies auch prägnanter und werden selektiv stärker wahrgenommen (*Prepotency*). Hierbei handelt es sich um Reize, die entwicklungsgeschichtlich gefährlicher waren als andere Reize. Sie sind löschungsresistenter und brauchen weniger Lerndurchgänge bei der Konditionierung.

Bei der klassischen Konditionierung spielen weitere Faktoren eine bedeutende Rolle:

- Erwerb einer Assoziation der Stimulusbedingung und des Kontextes: Wird eine Lernerfahrung z. B. in einem Labor gemacht, stellt das Labor einen erworbenen konditionierten Reiz dar. Das kann dazu führen, dass die Angstreaktion dann nicht mehr im Labor gezeigt wird, außerhalb des Labors aber schon.
- Konditionierte Reaktionen können auch durch mentale Prozesse erworben werden, ohne dass ein realer CS und/oder ein US zum Lernzeitpunkt vorhanden sein müssen. So können Kinder Angst vor Schlangen und Monstern haben, allein durch die Imagination von negativen Konsequenzen beim Auftreten der angstauslösenden Stimuli.
- Auch die Vermittlung von Informationen, z. B. im Rahmen von Psychoedukation oder bei kognitiver Umstrukturierung kann zu einer Abnahme einer konditionierten Reaktion führen.
- Die Vorhersehbarkeit des US beeinflusst die Erwartung, ob der US auftritt und zu einer emotionalen Gegenregulierung führen kann. Die Person kann entscheiden, wie stark sie auf einen US reagiert oder nicht. Andersrum kann die CR auch verstärkt werden, wenn die Erwartung besteht, dass die US stärker ausfällt.
- Weitere Faktoren wie genetische und hormonelle Einflüsse sowie Beobachtungslernen spielen eine Rolle.

Beim *Assoziationslernen* spielen auch *Löschung (Extinktion)* und *Spontanerholung* eine wichtige Rolle. In einer Löschungsphase wird der CS (z. B. eine Glocke in dem Experiment von Pawlow) ohne die Kopplung mit dem UCS (Futter) dargeboten. Nach einigen dieser Darbietungen ist eine Abnahme in der konditionierten Reaktion zu erkennen. Folglich kann unerwünschtes Verhalten unterbunden werden, wenn die Verstärkung für dieses Verhalten ausgeschaltet wird. Bei erneuter Darbietung des CS nach einer Pause, tritt die zuvor gelöschte Reaktion wieder auf, allerdings in deutlich geringerem Ausmaß. Dies wird als Spontanerholung bezeichnet.

Verhalten und Reaktionen, die vermeintlich durch Extinktionslernen gelöscht werden, können allerdings wieder auftreten. Die ursprüngliche Lernerfahrung bleibt im Gehirn gespeichert, d. h. es findet ein *Umlernen* bzw. *Neulernen* (»*Renewal*«) statt. Man geht davon aus, dass während der Extinktion eine neue, inhibitorische Lernspur gebildet wird, die die alte Lernspur hemmt. Nach erfolgreicher Extinktion bestehen zwei Lernspuren, die miteinander konkurrieren, wobei die neue, inhibitorische

Lernspur fragiler ist als die vorherige Lernspur. Hierbei wird deutlich, dass Lernerfahrungen kontextabhängig sind und neue Lernerfahrungen auf neue Kontexte übertragen werden müssen. Daher kann eine Expositionsbehandlung an verschiedenen Orten und mit verschiedenen Arten von Reizen helfen, die ursprüngliche Reaktion eher zu verlernen, als wenn man sich auf einen Kontext beschränkt. Es kann auch zu einem *Wiedereinsetzen der Reaktion (»Reinstatement«)* kommen, wenn nach vollständiger Extinktion zunächst der ungepaarte unkonditionierte Stimulus präsentiert wird und danach der ungepaarte konditionierte Stimulus. Die Person zeigt dann eine konditionierte Reaktion auf den vorab konditionierten Stimulus.

Bei der *Gegenkonditionierung* wird eine problematische Reiz-Reaktions-Verbindung durch eine weitere Konditionierung mit anderen, unvereinbaren Reizen wieder verlernt bzw. neu konditioniert. Die ursprüngliche CR1 wird durch die gegenteilige CR2 ersetzt. Dieses Prinzip wird beispielsweise bei der systematischen Desensibilisierung verwendet.

> **Was wird während der Klassischen Konditionierung gelernt?**
>
> Innerhalb des Paradigmas der Klassischen Konditionierung gibt es zwei Lernmechanismen:
>
> - Eine Kopplung zwischen dem konditionierten Stimulus (CS) und der unkonditionierten Reaktion im Sinne eines Stimulus-Response Lernens.
>   Im Beispiel vom kleinen Albert wird Angst als unkonditionierte Reaktion mit dem ursprünglich neutralen Reiz (Ratte) verknüpft. Hierbei ist die CR identisch mit dem UR, jedoch meist etwas schwächer ausgeprägt.
> - Eine Koppelung zwischen dem konditionierten Stimulus und dem unkonditionierten Stimulus im Sinne eines Stimulus-Stimulus Lernens.
>   In diesem Fall lernt der kleine Albert eine Verknüpfung von Lärm und der Ratte. Hierbei kann die CR identisch mit dem UR sein, muss es aber nicht. Wird die Ratte z. B. in größerer Distanz präsentiert, kann die Angstreaktion schwach ausgeprägt sein.

Wenn ein Reiz zu oft oder regelmäßig dargeboten wird, kommt es zu einer Gewöhnung an den entsprechenden Reiz (Habituation). Die Bereitschaft, auf einen habituierten Reiz zu reagieren, verringert sich. Lernpsychologisch handelt es sich um die Abnahme der Reaktionsbereitschaft bei wiederholter Stimulusdarbietung. Der Mensch ist bereits früh mit einer hohen Anzahl an Reizen und Informationen konfrontiert und lernt entsprechend zu habituieren. Eine kontinuierliche Verarbeitung der Informationen würde zu einer kognitiven Überlastung führen. Um dieser Überlastung entgegenzuwirken, blendet der Organismus Reize aus, um sich so an sie zu gewöhnen. Die Habituation bezieht sich hierbei auf angeborene Reflexe, die bei der Geburt bereits komplett ausgebildet sind oder sich über die Lebensspanne entwickeln. Die Habituation ist eine, meist unbewusste Art des Lernens. Habituation geschieht, wenn der Körper einem immer wiederkehrenden Reiz ausgesetzt ist, welcher sich als unbedeutend erweist. Die Reaktion wird immer schwächer und bleibt nach einiger Zeit meistens völlig aus. Habituation ist reizspezifisch, d. h. sie bezieht sich immer nur auf einen bestimmten Reiz. Hierbei lässt sich die Habituation von der Ermüdung unterscheiden. Bei einer Ermüdung treten im Organismus alle Reaktionen in verminderter Stärke auf. Eine habituierte Reaktion tritt jedoch nur auf einen bestimmten Reiz auf, wird ein anderer Reiz dargeboten, ist die Reaktion auf ihn unvermindert stark. Sie ist weiterhin reaktionsspezifisch, d. h. sie bezieht sich immer nur auf einen bestimmten Reiz, und auch wenn mehrere Reaktionen ausgelöst werden, kann immer nur eine Reaktion habituieren. Die Habituation spielt insbesondere in der Behandlung von Angststörungen eine Rolle. Ein Kind, das sich mit seinen Ängsten konfrontiert, die sich als unbegründet erweisen (z. B. Angst im Dunkeln, Angst, Fahrstuhl zu fahren) wird bei andauernder Exposition mit dem Reiz einen Rückgang der Angst erleben. Eine Angstreaktion kann biologisch nur über eine bestimmte Zeitspanne aufrechterhalten werden, anschließend sinkt sie. Eine Vermeidung von Angstsituationen führt demnach zu einer Hemmung der Habituation, und die Angst wird langfristig aufrechterhalten.

Habituation wird verlangsamt, wenn eine hohe Reizintensität vorliegt oder der Reiz von hoher subjektiver Bedeutung ist. Weiterhin wird sie verlangsamt, wenn der Organismus in einem Zustand hoher Aktivierung ist, sowie bei längerfristiger niedriger tonischer Aktivierung (z. B. Schlaf) und niedriger schwellennaher Reizintensität.

Reizintensität als Einfluss auf Habituation – niedrige schwellennahe Reizintensität

Ein Kind, das Angst vor Schlangen hat, wird mithilfe von Exposition behandelt. Nach der Erstellung einer Angsthierarchie wird mit der Exposition auf der ersten Angststufe (Regenwürmer) begonnen. Das Kind bekommt einen Regenwurm auf die Hand gelegt und empfindet nach kurzer Zeit keine Angst mehr vor dem Regenwurm. Hätte man in diesem Fall direkt damit angefangen, das Kind mit einer Schlange zu konfrontieren, hätte dieser Anpassungsprozess vermutlich sehr viel länger gedauert, was wiederum in starkem Stress für das Kind resultiert und zu einem Verlust der Therapiemotivation und des Glaubens an die Therapiewirksamkeit geführt hätte.

Voraussetzungen für das Lernen bedingter Reaktionen sind die Kontiguität (zeitlicher Zusammenhang von bedingtem und unbedingtem Reiz), die Reihenfolge (der unbedingte Reiz muss dem bedingten Reiz folgen) und die Wiederholung (die Reizkombination, CS und UCS, muss mehrmals auftreten, die Anzahl ist abhängig von individuellen Merkmalsausprägungen, der Intensität des UCS und der Art der konditionierten Reaktion).

Evaluatives Konditionieren

Beim Evaluativen Konditionieren geht es nicht um die Vorhersage von Reaktionen, sondern um das Erlernen von Einstellungen. Dieser Effekt kann beobachtet werden, wenn ein konditionierter Stimulus (CS) mit einem unkonditionierten Stimulus wiederholt gemeinsam dargeboten wird und der konditionierte Stimulus (CS) durch diese Kontiguität eine dem unkonditionierten Stimulus (UCS) affektiv ähnliche Bedeutung erlangt. Bekommt ein Kind bei jedem Zahnarztbesuch von der Zahnärztin ein kleines Spielzeug und wird freundlich empfangen, so verknüpft das Kind den Zahnarztbesuch z. B. mit etwas Angenehmen.

2.2 Operante Konditionierung

Bei der operanten Konditionierung (Verstärkungslernen, instrumentelles Lernen) wird die Auftretenswahrscheinlichkeit von einem Verhalten durch dessen Konsequenzen erhöht oder verringert. Im Gegensatz zur klassischen Konditionierung wird hier die Beziehung zwischen dem eigenen Verhalten und dessen Konsequenzen gelernt und nicht jene zwischen Reizereignissen. So kann problematisches Verhalten durch die Wirkung der nachfolgenden Konsequenzen aufrechterhalten werden. Skinner (1951, 1953) zeigte die operante Konditionierung (auch Lernen am Erfolg) in Tierexperimenten. Natürlich auftretendes Verhalten wird häufiger ausgeführt, wenn es positive Folgen hat. Anders herum wird es bei negativen Folgen seltener ausgeführt (▶ Tab. 2.1).

Tab. 2.1: Vierfeldertafel zum operanten Lernen

	Darbietung	Entfernung
Positiver Stimulus (angenehmer Reiz)	Positive Verstärkung Wahrscheinlichkeit für das Verhalten steigt (Verhaltensaufbau) Belohnung C+	Bestrafung Typ II indirekte Bestrafung Wahrscheinlichkeit für das Verhalten sinkt (Verhaltensabbau) Bestrafung ₵+
Negativer Stimulus (aversiver Reiz)	Bestrafung Typ I direkte Bestrafung Wahrscheinlichkeit für das Verhalten sinkt (Verhaltensabbau) Bestrafung C−	Negative Verstärkung indirekte Belohnung Wahrscheinlichkeit für das Verhalten steigt (Verhaltensaufbau) Belohnung ₵−

Verstärkung führt dazu, dass Individuen ihr Verhalten gehäuft zeigen. Es lassen sich zwei Arten von Verstärkung unterscheiden:

- Positive Verstärkung: auf ein Verhalten erfolgt eine angenehme Konsequenz (z. B. Lob fürs Zimmer aufräumen).
- Negative Verstärkung: auf ein Verhalten fällt eine unangenehme Konsequenz weg (z. B. bei Prüfungsängsten zu Hause zu bleiben, wenn eine Prüfung ansteht, führt zu einer Abnahme der Angst).

Psychische Störungen können durch Verstärkung entstehen bzw. deren Aufrechterhaltung lässt sich durch Verstärkung erklären.

Bestrafung hingegen resultiert in einer verminderten Häufigkeit des Verhaltens. Auch hier lassen sich zwei Arten unterscheiden:

- Bestrafung Typ I: es erfolgt ein direkter Strafreiz (z. B. man soll den Abwasch machen, weil man nicht auf die Eltern gehört hat).
- Bestrafung Typ II: eine positive Verstärkung wird entzogen (z. B. Fernsehverbot, wenn Hausaufgaben nicht gemacht wurden).

Verstärkerpläne

Es gibt verschiedene Möglichkeiten, wie Verstärker verabreicht werden können. Diese haben u. a. Auswirkungen auf die Lerngeschwindigkeit und den Löschungswiderstand des Verhaltens. Grob unterscheidet man zwischen der kontinuierlichen und der intermittierenden Verstärkung. Bei der *kontinuierlichen Verstärkung* erfolgt die Verstärkung nach jedem erwünschten Verhalten, was einen schnellen Verhaltensaufbau zur Folge hat. Bei der *intermittierenden Verstärkung* hingegen wird das Verhalten nur teilweise verstärkt, weshalb dieses eine hohe Löschresistenz und Stabilität hat. Die intermittierende Verstärkung kann noch weiter in Quoten- und Intervallpläne unterteilt werden, welche wiederum fest oder variabel sein können (▶ Abb. 2.2):

- Bei der fixen Quotenverstärkung wird die Verstärkung nach einer bestimmten Anzahl an Reaktionen gegeben. Sie bewirkt eine hohe Reaktionsrate, nach längerer Zeit aber auch Habituation bzw. Sättigung. Z. B. bekommt ein Kind mit ADHS nach fünf Matheaufgaben einen Punkt.
- Die variable Quotenverstärkung ist dadurch gekennzeichnet, dass eine bestimmte Anzahl von Reaktionen im Durchschnitt verstärkt werden. Sie führt langfristig zu stabilerem Reaktionsverhalten als die fixe Quotenverstärkung. Z. B. bekommt ein Kind mit ADHS einen Punkt, wenn es nicht mehr als fünf Fehler bei den Hausaufgaben gemacht hat.
- Bei der fixen Intervallverstärkung wird nach dem letzten verstärkten Verhalten für ein bestimmtes Zeitintervall gewartet, bevor die Reaktion, wenn sie danach gezeigt wird, erneut verstärkt wird. Dies bewirkt, dass die Reaktionsrate nach erfolgter Verstärkung zunächst niedrig ist und dann wieder ansteigt. Z. B. soll das Kind mit ADHS seine Hausaufgaben machen. Wenn es dies tut, bekommt es alle 10 Minuten einen Punkt.
- Bei der variablen Intervallverstärkung wird ein durchschnittliches Intervall abgewartet, bevor die erwünschte Reaktion wieder verstärkt wird. Dies bewirkt eine stabile Reaktionsrate. Z. B. bekommt das Kind mit ADHS bei den Hausaufgaben immer mal wieder einen Punkt. Am Anfang vielleicht häufiger, um das Verhalten zu initiieren und im Verlauf variabler.

In der Therapie sollte man bei Wunsch eines Verhaltensaufbaus zunächst kontinuierlich jede erwünschte Reaktion verstärken und in einem zweiten Schritt zu einer

Teil 1

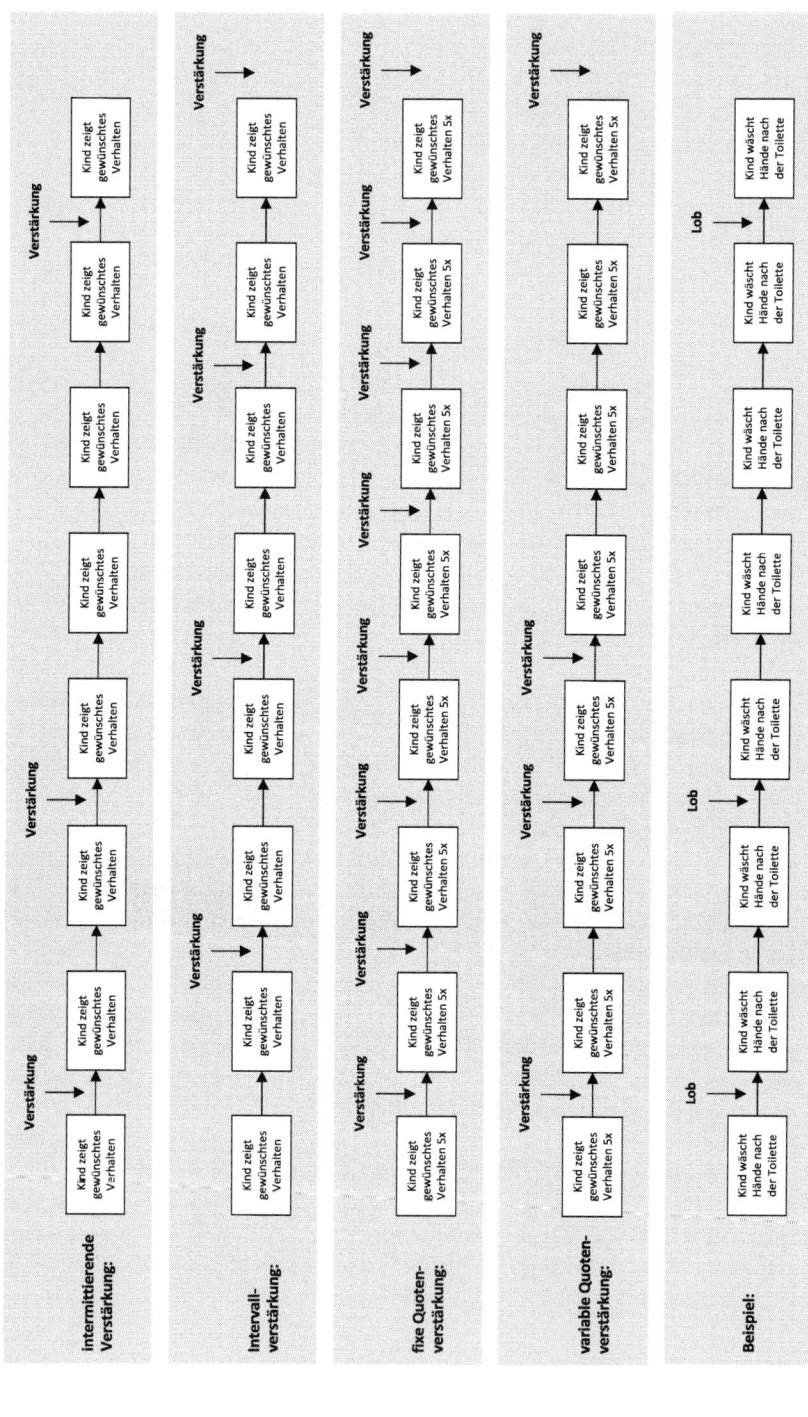

Abb. 2.2: Verstärkerpläne

fixen Quotenverstärkung übergehen (z. B. im Verhältnis 1:5). Ist das erwünschte Verhalten etabliert, geht man zu einer intermittierenden Verstärkung in Form einer variablen Quoten- oder Intervallverstärkung über. Durch die gezielte Veränderung von Verstärkerplänen können komplexe Verhaltensweisen und Verhaltensketten aufgebaut werden. Dazu zählen Shaping (Verhaltensformung), Chaining (Verhaltensverkettung), Prompting (Verhaltensprovokation), differenzielle Verstärkung und die Methode der inkompatiblen Reaktionen (zur Reduktion von unerwünschten Verhaltensweisen). Beim Shaping werden alle Verhaltensformen oder auch Äußerungen verstärkt, die dem gewünschten Zielverhalten ähnlich sind. Dabei verändern sich die Kriterien für Verstärkung schrittweise, indem die Schwierigkeit, die Verstärkung zu erreichen, allmählich erhöht wird. Am Ende erfolgt die Verstärkung nur noch dann, wenn das Verhalten richtig ausgeführt wird. Beim Chaining geht es nicht nur um das Erlernen einzelner Verhaltensweisen, sondern um das Lernen von ganzen Abfolgen von Verhaltensweisen. Durch die Verhaltensverkettung können mit Hilfe von Verstärkern sukzessiv einzelne Elemente zu bestehenden Komponenten hinzugefügt werden. Ausgangspunkt des Lernprozesses ist jeweils das letzte Glied in der Verhaltenskette. Beim Prompting handelt es sich um eine verbale Anweisung, bei der dem Kind gesagt wird, was es tun soll. Für den erfolgreichen Einsatz von Prompting muss das Kind genau verstehen, was mit der Anweisung gemeint ist und das erwünschte Verhalten muss im Anschluss an die Durchführung verstärkt werden. Bei der differenziellen Verstärkung wird das erwünschte Verhalten konsequent verstärkt, während man das unerwünschte entweder nie verstärkt (Löschung) oder durch Bestrafung unterdrückt. Bei der Methode der inkompatiblen Reaktionen erfolgt der Aufbau eines erwünschten Verhaltens bei gleichzeitigem Abbau eines unerwünschten Verhaltens. Hintergrund dieses Vorgehens ist, dass ein Kind in einer Situation nicht zwei Aktivitäten gleichzeitig ausführen kann.

Beispiele für Shaping, Chaining, Prompting, differenzielle Verstärkung und Methode inkompatibler Reaktionen

Shaping
Ein Kind soll lernen, sich selbstständig anzuziehen. Statt nur das vollständige Anziehen zu belohnen, werden auch einzelne Schritte im Anziehprozess belohnt, wie z. B. das selbstständige Anziehen einer Socke oder dann der Hose.

Chaining
Das Kind soll lernen, sich morgens selbstständig anzuziehen. Als Handlungsschritte wären dies: Schlafanzug ausziehen, sich waschen, abtrocknen, Kleidung anziehen. Zunächst wird das Kind für das Anziehen der Kleider verstärkt, später für das Abtrocknen, dann für das sich Waschen und schließlich für das Ausziehen. Nachdem das Kind die einzelnen Schritte zur Erreichung des Ziels angezogen zu sein erlernt hat, wird es nur dann belohnt, wenn es sich komplett eigenständig angezogen hat.

> **Prompting**
> Das Kind soll lernen, sich selbstständig anzuziehen. Die Aufmerksamkeit des Kindes wird verbal z. B. auf die vorbereitete Kleidung auf dem Bett oder auf den Umstand, dass es immer noch den Schlafanzug trägt, gelenkt. So wird das gewünschte Verhalten des Anziehens initiiert.
>
> **Differenzielle Verstärkung**
> Zeigt sich über ein bestimmtes Zeitintervall kein aggressives Verhalten, erfolgt eine Aufmerksamkeitszuwendung. Tritt das unerwünschte Verhalten aber in dieser Zeit auf, wird die Zeit wieder zurückgestellt.
>
> **Methode inkompatibler Reaktionen**
> Zunächst muss ein Verhalten identifiziert werden, das mit dem Problemverhalten nicht vereinbar ist bzw. nicht gleichzeitig mit dem Problemverhalten auftreten kann. So ist prosoziales Verhalten gegenüber den Klassenkameradinnen nicht vereinbar bzw. kann nicht gleichzeitig mit aggressivem Verhalten auftreten. Es wird daher jegliches prosoziale Verhalten gegenüber den Klassenkameradinnen belohnt werden.

Allgemein sind kurzfristige Verhaltenskonsequenzen verhaltenswirksamer als langfristige. Ein komplexes erwünschtes Verhalten wird am besten über Zwischenziele verstärkt. Es lassen sich unterschiedliche *Arten von Verstärkern* unterscheiden. Zum einen gibt es primäre bzw. sekundäre Verstärker. Primäre Verstärker (z. B. Essen) befriedigen psychische oder physische Grundbedürfnisse und wirken ohne vorausgehende Lernprozesse. Diese sind allerdings nur wirksam, wenn das entsprechende Grundbedürfnis besteht (z. B. Hunger). Sekundäre bzw. konditionierte Verstärker entstehen durch die wiederholte Kopplung eines neutralen Reizes an einen primären Verstärker. Eine andere Unterscheidung ist die zwischen sozialen Verstärkern (z. B. Lob, Umarmung, Beziehungszeit), materiellen Verstärkern (z. B. Spielzeug, Süßigkeiten) und Handlungsverstärkern (z. B. Spielen, Lesen, Musik hören). Bei der Auswahl der Verstärker sollten die Vorlieben des Kindes berücksichtigt werden, damit sie einen motivierenden (extrinsischen) Anreiz darstellen. Dabei gilt es, eine angemessene Dosierung von Verstärkung zu finden. Die materiellen Verstärker dürfen daher nicht von unangemessen hohem Wert sein. *Bestrafung* als alleinige Konsequenz sollte nach Möglichkeit vermieden werden, da sie unerwünschtes Verhalten nur kurzzeitig hemmen kann, aber das Verhalten nicht gelöscht wird. Auch lernt das Kind keine Alternative zu seinem Verhalten und ist so in seiner Entwicklung gehemmt. Aus diesem Grund ist es sinnvoll, Bestrafung für unerwünschtes Verhalten nur dann einzusetzen, wenn gleichzeitig erwünschtes Verhalten verstärkt wird. Eine häufig im Rahmen der Therapie eingesetzte Form der Bestrafung ist das Time-out bzw. die Auszeit. Das Time-out, die Auszeit, beschreibt eine festgelegte Zeitspanne, in der sich das Kind aufgrund gezeigten Problemverhaltens in einer nicht verstärkenden, nicht interessanten Umgebung aufhalten muss. Die Auszeit ist dann einzusetzen, wenn sich das Verhalten weder mit Token- noch mit Token-Entzugs-Systemen verändern lässt.

Da die Auszeit die Eltern-Kind-Beziehung belasten kann, sollten vorher Therapiebausteine zur Förderung positiver Eltern-Kind-Interaktionen eingesetzt werden. Die Auszeit dient vor allem dazu, dysfunktionale Aufschaukelungsprozesse und damit konditionierte Reaktionen zu unterbrechen, z. B. wenn das Kind die Kontrolle über sein Verhalten verliert wie bei starken Wutausbrüchen. In diesen Situationen bietet die Auszeit dem Kind die Möglichkeit, sich zu beruhigen. Diese Technik sollte jedoch sehr gut geplant, vorbereitet und gezielt eingesetzt werden (▶ Kasten).

> **Time-Out/Auszeit**
>
> Die Auszeit, bei der das Kind für kurze Zeit isoliert wird, wird bei umschriebenen problematischen Verhaltensweisen eingesetzt und sollte konsequent durchgeführt werden.
> In der Vorbereitung sollte die Anwendung der Auszeit zunächst zwischen Eltern und Therapeutin sowie zwischen Kind und Therapeutin und dann alle Beteiligten gemeinsam erarbeitet werden. Dabei geht es um die Bearbeitung der Problemliste (z. B. Wutausbrüche, Provokationen beim Essen), die Erarbeitung der Intervention, z. B. die Wahl des geeigneten Auszeitorts, wo sich das Kind beruhigen und das Durchbrechen des dysfunktionalen Aufschaukelungsprozess erreicht werden kann (z. B. Auszeitstuhl in einer Ecke, reizarmer Auszeitraum wie das Badezimmer) und die Bestimmung der Dauer für die Auszeit (pro Lebensjahr 1-2 Minuten). Es ist zudem zu beachten, dass bei der Einführung der Auszeit Machtkämpfe mit Wein- und Schreiattacken auftreten können und die ersten Auszeiten zeitlich andauern können. Für die Wirksamkeit der Technik ist die Auszeit konsequent durchzuführen, wenn sie einmal begonnen hat, d. h. auch wenn das Kind bettelt, die Auszeit vorzeitig verlassen zu dürfen oder es beteuert, der Aufforderung nun nachzukommen.
> Für die Durchführung der Auszeit sind folgende Punkte zu beachten:
> 1. Die erste Aufforderung an das Kind ist klar und freundlich zu geben.
> 2. Nach der Erteilung der Aufforderung leise bis fünf zählen.
> 3. Die Auszeit ankündigen.
> 4. Nochmals leise bis fünf zählen.
> 5. Das Kind zum Auszeitort führen.
> 6. Mit der Auszeit beginnen. Dem Kind die Dauer der Auszeit mitteilen, und dass es mind. eine Minute lang ruhig sein muss.
> 7. Nicht mit dem Kind streiten und diskutieren, während es in der Auszeit ist.
> 8. Warten bis die Mindestzeit vorbei ist und das Kind sich mindestens eine Minute ruhig verhält.
> 9. Die Auszeit beenden.
> 10. Wenn das Kind nun der Aufforderung nachkommt, dem Kind zeigen, dass man zufrieden ist.
> 11. Das Kind in der darauffolgenden Zeit für angemessenes Verhalten loben.
> 12. Auszeit im Auszeit-Tagebuch festhalten.

> Wenn das Kind ohne Erlaubnis den Auszeitort verlässt:
>
> - Zunächst sollte klar sein, wann der Auszeitraum als verlassen gilt. Z. B. wenn das Kind den Stuhl mit beiden Beinen verlassen hat.
> - Welche Konsequenzen sollen eingesetzt werden? Z. B. Entzug der Lieblingsbeschäftigung.
> - Konsequenzen ankündigen, wenn das Kind zum ersten Mal den Auszeitort verlässt.
> - Die Konsequenzen durchführen, wenn das Kind zum zweiten Mal den Auszeitort verlässt.

Damit Verstärkungen im Sinne des instrumentellen Lernens (operante Konditionierung) wirken, müssen an Verstärkungsvorgänge folgende Voraussetzungen geknüpft werden:

- Verstärkungskontingenz: Die Zuverlässigkeit der Beziehung zwischen Verhalten und Konsequenz und damit deren Zusammenhang.
- Kontiguität: Das Zeitintervall zwischen Verhalten und Konsequenz. Je geringer die mögliche zeitliche Differenz zwischen Verhalten und Verstärker, umso schneller ist das Lernziel erreicht. Ein Kind hat seinen jüngeren Bruder geschlagen. Die Mutter kündigt eine Bestrafung für den Abend an. Dadurch erkennt das Kind den Zusammenhang von Verhalten und Strafe nicht.
- Wiederholung: Zuerst durch kontinuierliche Verstärkung für die Stabilisierung des Lernziels, dann intermittierende Verstärkung für die Löschungsresistenz.
- Reihenfolge: Die Verstärkung muss nach dem erwünschten oder zu erlernenden Verhalten gegeben werden. Zudem sollte diese im Sinne der Kontiguität unmittelbar erfolgen.
- Folgerichtigkeit: Klarer Zusammenhang zwischen Verhalten und Konsequenz, d. h. die Verstärkung muss sofort aufhören, wenn das erwünschte Verhalten zurückgeht oder unerwünschtes Verhalten (wieder) auftritt.

2.3 Sozial-kognitives Lernen

Eine weitere Lernform beschreibt das sozial-kognitive Lernen (Modelllernen, soziales Lernen) nach Bandura (1994), wonach durch das Imitieren des Verhaltens von Anderen gelernt wird. Die Wahrscheinlichkeit einer Nachahmung wird höher, wenn ein Modell soziale Macht hat, der Beobachterin ähnlich ist oder das Modell die Beobachterin verstärkt. Beim Modelllernen werden die Aneignungs- und Ausführungsphase unterschieden. Bei der Aneignungsphase (Akquisition) spielt zunächst die Aufmerksamkeitszuwendung eine wichtige Rolle. Die Annahme eines Modells als solches kann von bestimmten Eigenschaften (z. B. muss das Modell mit seinem

Verhalten Erfolg haben, für die Beobachterin ein attraktives Verhalten zeigen, Prestigeposition des Modells), Charakteristika der Beobachterin (z. B. Beeinflussbarkeit, Selbstsicherheit, Informiertheit, soziale Isolation) und der Beziehung zum Modell abhängen. Die Beobachtung findet meist in Alltagssituationen zufällig oder absichtlich statt. Es ist nicht wichtig, ob das Modell als Person anwesend ist. Modelle können auch Romanfiguren oder Filmfiguren sein. In einem zweiten Schritt der Aneignungsphase spielen Gedächtnisprozesse eine wichtige Rolle, in der die Beobachterin das Verhalten des Modells kognitiv verarbeitet und speichert. In der Ausführungsphase (Performanz) kommt es zu motorischen Reproduktionsprozessen sowie Verstärkungs- und Motivationsprozessen. Bei den motorischen Reproduktionsprozessen ist die Beobachterin in der Lage, die Verhaltensweisen des Modells konkret aufzuführen, d. h. sie übersetzt die gespeicherten Schemata in Verhaltensweisen. Beim Fußballspielen stellen sich Kinder z. B. vor, wie sie einen Angriff aufs Tor vorbereiten. Die Ausführung selbst ist abhängig von der Erwartung, die die Beobachterin an ihr Verhalten knüpft und von der anschließenden Verstärkung.

Die Bobo-Doll-Studie von Bandura

Ein bekanntes Experiment zur Erforschung von Gewalt, ist die Bobo-Doll-Studie von Bandura (1994). In dieser Studie sahen vier- bis fünfjährige Kinder einen Film, in dem ein Hauptakteur »Rocky« sich gegenüber der Plastikpuppe »Bobo Doll« aggressiv verhielt, sie trat, auf sie einschlug und beschimpfte. Der Film hatte jeweils unterschiedliche Enden: Rocky wurde für sein Verhalten entweder belohnt, bestraft oder es wurden keine Konsequenzen gezeigt. Die Kinder ahmten das gezeigte Verhalten Rockys gegenüber der Bobo Doll nach. Hierbei gab es jedoch folgende Unterschiede: Kinder, die die Belohnung und Ermutigung Rockys gesehen hatten, zeigten aggressiveres Verhalten, Mädchen dabei noch mehr als Jungen. Kinder, die den Film mit einer Bestrafung Rockys gesehen hatten, waren deutlich weniger aggressiv. Die Gewaltbereitschaft der Kinder konnte aber durch Aufforderung wieder erhöht werden. Kinder, die den Film mit unkommentiertem Ende gesehen hatten, unterschieden sich kaum von der Gruppe, die das Ende mit Lob und Belohnung gesehen hatte.

Soziales Lernen findet meist in sozialen Kontexten wie Familie, Kindergarten, Schule oder Freundeskreis statt. Aufgrund der Verbindung von kognitiven und sozialen Elementen wird diese Art des Lernens auch als sozial-kognitives Lernen bezeichnet. Bei dieser Form des Lernens spielen Verhaltenskonsequenzen eine wichtige Rolle, wobei diese auch Erwartungen an Situationen oder Handlungen beinhalten. Dabei hat die Einschätzung eigener Kompetenzen sowie der Selbstwirksamkeit einen Einfluss.

Die *sozial-kognitive Lerntheorie* nach Bandura (1976, 1979) verknüpft Konditionierungseinflüsse mit Selbstregulationsprozessen. Durch die Ergänzung um kognitive Prozesse wird darauf hingewiesen, dass Lernen nicht rein durch klassisches und operantes Konditionieren sowie Modelllernen erklärt werden kann, sondern dass auch eine persönliche Kontrolle durch Denkvorgänge in Lernprozessen gegeben ist.

D. h., es spielen auch motivationale und sonstige selbststeuernde Prozesse eine Rolle, so dass das beobachtbare Verhalten einer Person nicht unverändert übernommen, sondern durch diese aufgeführten Prozesse auf die Person angepasst wird. Die reziproke Kontrolle beschreibt dabei, dass ein Verhalten aufgrund von Verstärkungskontingenzen eine Funktion der Umwelt ist und zugleich die Umwelt durch das Verhalten einer Person beeinflusst wird.

Entsprechende Modifikationstechniken zum Aufbau von sozial kompetentem Verhalten sind beispielsweise strukturierte Rollenspiele, Videoszenen oder auch Selbstinstruktionstechniken. Zusätzlich können Tokensysteme integriert werden, um über Verstärkungskontingenzen Motivationsprozesse günstig zu beeinflussen.

Für die Selbstwirksamkeit bilden Wirksamkeits- und Ergebniserwartungen zentrale kognitive Vorgänge (Bandura, 1977). Unter Selbstwirksamkeitserwartung wird verstanden, Ziele zu erreichen und Situationen bzw. andere Personen beeinflussen zu können, und somit mit dem eigenen Handeln und Verhalten einen erwünschten Effekt erzielen zu können.

2.4 Lerntheoretische Modelle zur Ätiologie psychischer Störungen

In der Ätiologie für verschiedene psychische Störungen spielen lerntheoretische Annahmen eine wichtige Rolle. Bei der *Zwei-Faktoren-Theorie der Angst* (Mowrer, 1960) werden klassische und operante Konditionierung miteinander kombiniert. Es handelt sich um ein lerntheoretisches Modell zur Entstehung und Aufrechterhaltung von Ängsten. Die Entstehung der Angst wird hierbei durch klassische Konditionierung erklärt. Bei der Aufrechterhaltung spielt die operante Konditionierung eine bedeutende Rolle, insbesondere die negative Verstärkung bzw. das Vermeidungslernen. Der erste Teil der Theorie, also die klassische Konditionierung, wurde vielfach kritisiert und die Theorie wird als nicht ausreichend angesehen, um Phobien zu erklären (Fields, 2006). Bei vielen Menschen gibt es keine Lernerfahrung im Sinne der klassischen Konditionierung, die die Phobie ausgelöst hat (z. B. Hundebiss bei einer Hundephobie). Auch entwickeln nicht alle Menschen, die ein traumatisches Ereignis erleben, eine Phobie und können z. B. nach einem Hundebiss trotzdem weiterhin Hunden ohne Angst begegnen. Laut der *Three-Pathways-Theorie* von Rachman (1977) kann Angst zusätzlich zur klassischen Konditionierung auch durch Instruktionslernen (Vermittlung verbaler Informationen) und Modelllernen (indirekte Exposition) erworben werden. Ausgehend von der Theorie der klassischen Konditionierung sollte zudem die Angst abnehmen, wenn der unkonditonierte Reiz (Hund) wiederholt ohne traumatisches Ereignis auftritt (Hund geht freundlich auf einen zu, es erfolgt kein Biss). Häufig ist allerdings das Gegenteil zu beobachten, die Angst vor Hunden nimmt trotz der Korrekturerfahrungen weiter zu. Auch das Konzept der Prepardness (Seligman, 1970) ist ein Argument, welches die Kritik an der Zwei-Faktoren-Theorie stützt, da nicht alle Reize die gleiche Wahrscheinlichkeit haben, als phobische Auslöser zu fungieren.

Das *Verstärker-Verlust Modell* (Lewinsohn, 1974) als ein Ätiologiemodell für depressive Störungen basiert auf der Lerntheorie der operanten Konditionierung. Wenn aufgrund einer Veränderung von Lebensumständen bisherige positive Verstärker entfallen und keine neuen hinzukommen, kann dies zu depressiven Symptomen führen, im Sinne von Rückzug und Antriebsmangel. Diese Symptome führen dann häufig zu einem weiteren Verstärker-Verlust, ein Teufelskreislauf entsteht. Hierbei kommt es auch auf die Anzahl verfügbarer Verstärker und die Kompensationsmöglichkeiten (Copingstrategien) an.

2.5 Überprüfung der Lernziele

- Beschreiben Sie die Vierfeldertafel zum operanten Lernen.
- Was versteht man unter latenter Hemmung?
- Was sind Voraussetzungen für das Lernen bedingter Reaktionen?
- Beschreiben Sie die Durchführung der Auszeit.
- Durch welche Faktoren wird die Wahrscheinlichkeit einer Nachahmung im Rahmen des sozial-kognitiven Lernens erhöht?
- Beschreiben Sie die Three-Pathways Theorie von Rachman.

3 Entwicklungspsychologie

> **Lernziele**
>
> - Sie wissen welche entwicklungspsychologischen Faktoren in der Verhaltenstherapie relevant sind.
> - Sie können Bereiche der exekutiven Funktionen benennen.
> - Sie können Entwicklungsaufgaben definieren.

Kenntnisse aus der Entwicklungspsychologie, insbesondere zur kognitiven und emotionalen Entwicklung, führen an vielen Stellen zu einem besseren Verständnis der Verhaltenstherapie bei Kindern und Jugendlichen. Selbstverständlich gehört dazu auch die sprachliche Entwicklung, welche einen Einfluss darauf hat, wie ein Kind mit Emotionen umgeht und wie es sich verhält. Mit der Möglichkeit, Gefühle sprachlich auszudrücken, können Kinder beispielsweise schimpfen statt zu schlagen oder sich beschweren statt zu weinen (▶ Tab. 3.1).

Pauen und Vonderlin (2019) beschreiben drei Kernthemen, bei denen sich die Relevanz entwicklungspsychologischer Forschung als Grundlage der Verhaltenstherapie mit Kindern und Jugendlichen verdeutlicht: Entwicklungsnormen, Entwicklungsaufgaben und altersabhängige Kompetenzen.

Die Berücksichtigung von Entwicklungsnormen, d. h. was ist je nach Alter normal bzw. abweichend, ist beispielsweise in der Diagnostik und der Klassifikation zu berücksichtigen. Während Trennungsängste bei Kindern mit einem Jahr entwicklungstypisch sind, können diese im Alter von zehn Jahren eine Störung darstellen.

Entwicklungsaufgaben sind Anforderungen, die eine Person in einem bestimmten Lebensabschnitt zu bewältigen hat beispielsweise Aufbau von Bindung, Autonomie, soziale Anpassung oder Identitätsfindung. Ausgehend von diesen Entwicklungsaufgaben können sich aufgabentypische soziale Störungsquellen ergeben, die möglicherweise Schwierigkeiten zur Folge haben und dann wiederum Therapieziele darstellen. Soziale Störungsquellen in der frühen Kindheit können z. B. zu wenig Interaktionen oder Diskontinuitäten in der Interaktion sein. In der Kindheit können eine unter- oder überfordernde erzieherische Umgebung, autonomiehemmende familiäre Bedingungen oder unangemessene Modelle soziale Störungsquellen darstellen. In der Adoleszenz stellt z. B. die Tabuisierung der Sexualität eine aufgabentypische soziale Störungsquelle dar.

Altersentsprechende kognitive, emotionale und soziale Kompetenzen geben Hinweise darauf, wie mit zunehmender Entwicklung dieser Kompetenzen auch die

Tab. 3.1: Entwicklungsschritte im Alter von 1 bis 6 Jahren

Alter (in Jahren)	Emotionale Entwicklung	Lern- und Spielverhalten	Soziale Entwicklung/Selbstständigkeit	Sprache	Grobmotorik/Feinmotorik
1	• liebkost Stofftier • erwidert Zärtlichkeiten • kann Aufforderung durch Protest ablehnen	• befühlt und untersucht Dinge mit Hand, Mund, Augen • führt gezielte Handlungen aus	• befolgt Aufforderung • rollt Ball zu Spielpartnerin • hält Trinkbecher selbstständig	• imitiert Laute • gebraucht »Mama« & »Papa«	• geht 2-3 Schritte alleine • steht frei • zeigt mit Zeigefinger
2	• sucht Trost, wenn es traurig ist • lernt, dass es einen eigenen Willen hat	• probiert über Versuch-Irrtum • interessiert sich für Geschichten	• spielt gerne mit Gleichaltrigen • isst mehr oder weniger selbstständig	• spricht erste Zweiwortsätze • versteht Äußerungen	• klettert auf Spielgeräte • wirft im Stehen Bälle • Treppensteigen im Nachstellschritt • liebt es, mit Klötzen zu spielen
3	• versucht zu trösten • möchte vieles selber tun • drückt Gefühle aus, kann auch trotzen	• spielt mit Puppe, Teddy, Autos • interessiert sich für Bilderbücher	• spielt gerne mit Gleichaltrigen • erkennt seine Kleidung • zieht Schuhe selber an und aus	• gebraucht Wörter wie »Ich« & »Du« • freut sich über Reime, Lieder • versteht Bilderbücher	• kann Treppensteigen • klettert auf Kinderspielgeräten • kann Turm bauen • isst selbstständig mit Gabel, Löffel
4	• kann seine Affekte regulieren und akzeptieren	• bringt sich in Rollenspiele ein • hört sich mind. 5 Minuten Geschichten an • kann alleine spielen	• zieht sich selbstständig an und aus • kann abwarten	• kann Bildinhalt erkennen und beschreiben • fragt oft • spricht komplexe Sätze	• klettert, balanciert, hüpft, • kann rückwärts-gehen • schneidet mit Schere eine Linie entlang • kann mit Knete umgehen

Tab. 3.1: Entwicklungsschritte im Alter von 1 bis 6 Jahren – Fortsetzung

Alter (in Jahren)	Emotionale Entwicklung	Lern- und Spielverhalten	Soziale Entwicklung/ Selbstständigkeit	Sprache	Grobmotorik/Feinmotorik
5	• kann seine Stimmung benennen	• beginnt Handlungen zu planen • trifft im Rollenspiel Absprachen	• beginnt erste Freundschaften zu schließen • kann teilen, einfache Regeln einhalten	• erfasst eine Geschichte • begleitet Spiel mit Sprache • kann einfache Lieder auswendig	• kann auf einem Bein stehen • fängt Ball mit beiden Händen • hält Stift zwischen Daumen und Zeigefinger • geschickt im Umgang mit Werkzeugen
6	• kann mit Frustrationen umgehen • äußert Bedürfnisse verbal	• kann sich ausdauernd im Spiel vertiefen • orientiert sich an der Realität • mag Tausch-Spiele	• hält sich meist an bekannte Regeln im Alltag • besucht Spielkameraden	• kann sich gut verständlich ausdrücken • erzählt ein Erlebnis verständlich	• fährt Kinderfahrrad • beherrscht Hampelmann-sprung • geht mit Schere und Stift geschickt um • beginnt, seinen Namen zu schreiben

Auswahl von Interventionsmöglichkeiten beeinflusst wird. Dieser Aspekt wird von Pauen und Vonderlin (2019) ausführlich im Zusammenhang mit verschiedenen Lernformen und ihrer Entwicklung dargestellt. Im Folgenden werden einige Aspekte komprimiert dargestellt.

3.1 Lernprozesse

Es ist bekannt, dass Konditionierungsprozesse von Geburt an möglich sind, so dass man davon ausgehen kann, dass bereits das Verhalten von Säuglingen über klassische und operante Konditionierung gesteuert werden kann, insbesondere nach der neuronalen Reorganisation, die in den ersten drei Lebensmonaten stattfindet. Dabei ist anzunehmen, dass die Prinzipien der Kontingenz, der Reihenfolge und der Wiederholung für alle Altersgruppen relevant sind. Im Hinblick auf Verstärker ist sicherlich zu beachten, dass soziale Verstärker, wie Zuwendung von Geburt an, wesentlich sind.

Für den Einsatz von Token, die dann zu einem späteren Zeitpunkt eingetauscht werden können, ist Symbolverständnis notwendig; Token-Systeme sind ab dem Grundschulalter gut anwendbar. Mit zunehmender Gedächtnisentwicklung kann Belohnung auch verzögert erfolgen (Belohnungsaufschub), wobei der Zusammenhang von Verhalten und Konsequenz dennoch eindeutig sein sollte. Die Fähigkeit zum Belohnungsaufschub im Vorschulalter ist auch ein wichtiger Prädiktor für verschiedene Bereiche der Entwicklung, z. B. soziale Kompetenz oder Übergewicht (Mischel et al., 1988; Seeyave et al., 2009).

Das Beobachtungslernen beginnt bereits in den ersten Lebensmonaten. Die Bedeutung von Beobachtungslernen verstärkt sich insbesondere in der Kleinkind- und in der Kindergartenzeit. Dazu gehören auch Rollenspiele, in denen die Kinder unterschiedliche Personen nachahmen. In der Psychotherapie wird dies genutzt, indem die Therapeutin selbst als Modell fungiert oder stellvertretende Personen bzw. andere Kinder als Modell dienen (als symbolisches, medienvermitteltes Modelllernen). Das Lernen durch Einsicht braucht zuerst ein Verständnis, warum zwischenmenschliche Regeln wichtig sind. Dies ist im Kindergartenalter besonders relevant und entwickelt sich bis ins Jugendalter hinein. Einsicht in das eigene Verhalten wiederum ist eine Voraussetzung für eine Verhaltensmodifikation.

Weitere Bereiche, die für die Umsetzung verhaltenstherapeutischer Konzepte bedeutsam sind, sind kognitive, emotionale und soziale Grundfunktionen. Dazu zählen:

- Kognitive Grundfunktionen: Aufmerksamkeit sowie Lernen und Gedächtnis
- Emotionale Grundfunktionen: emotionale Wahrnehmung, Ausdrucksfähigkeit und Selbstregulation
- Soziale Grundfunktionen: Sprache und Kommunikation, Sozialverhalten und soziale Fertigkeiten

3.2 Kognitive Grundfunktionen

Eine bedeutsame Rolle insbesondere für externalisierende Störungen spielen die exekutiven Funktionen. Diese exekutiven Kontrollfunktionen umfassen die Kernbereiche Arbeitsgedächtnis, Inhibition und kognitive Flexibilität. Zahlreiche Studien zeigen, dass z. B. ADHS mit Defiziten der exekutiven Funktionen einhergeht (Barkley, 1997). Das Konzept der »effortful control« hängt damit zusammen und beschreibt die Fähigkeit, Aufmerksamkeit und Verhalten aktiv zu initiieren, zu modulieren und zu hemmen. Therapeutische Methoden, die an diesen Konzepten anschließen, sind die Selbstinstruktionen oder Techniken wie der Reaktionsstopp oder Hinweisreize, die an das Zielverhalten erinnern. Auch das Problemlösetraining zählt dazu, das jedoch erst bei Schulkindern wirksam ist. Insgesamt sind in diesem Zusammenhang auch Vorgehensweisen zur Steigerung der Selbstwirksamkeit aufzuführen.

Im diagnostischen Prozess und in der Therapie ist die Aufmerksamkeitsspanne zu berücksichtigen. Je jünger die Kinder sind, desto kürzer ist ihre Aufmerksamkeitsspanne. Diese kann beeinflusst werden, wenn sich die Kinder aktiv mit etwas befassen. Es ist naheliegend, dass eine Intervention nur dann erfolgen sollte, wenn das Kind aufmerksam und aufnahmebereit ist.

3.3 Emotionale Grundfunktionen

Zentrale Schlüsselfertigkeiten für emotionale Kompetenz sind nach Saarni (1999):

- die Bewusstheit der eigenen Emotionen,
- die Fähigkeit, Emotionen Anderer zu verstehen und zu unterscheiden,
- die Fähigkeit, einen emotionalen Wortschatz zu besitzen und diesen zu verwenden,
- die Fähigkeit zur Empathie,
- die Fähigkeit, interne emotionale Erfahrungen vom externen emotionalen Ausdruck zu differenzieren,
- die Fähigkeit der adaptiven Bewältigung von aversiven Emotionen und belastenden Situationen,
- die Bewusstheit von emotionaler Kommunikation innerhalb von Beziehungen,
- die Fähigkeit zur emotionalen Selbstwirksamkeit.

Bereits in der frühen Kindheit entwickeln sich wichtige Grundsteine der emotionalen Kompetenzen. In der Verhaltenstherapie ist es für die Arbeit mit Emotionen zunächst wichtig, emotionale Kompetenzen zu erfassen und dann ggf. zu verbessern.

3.4 Soziale Grundfunktionen

Zu den sozialen Grundfunktionen gehört selbstverständlich die Sprache. Wann ist die Sprachentwicklung soweit, dass man mit Kindern ein Gespräch führen kann? Des Weiteren hat der sprachliche Ausdruck auch Konsequenzen für das Verhalten, d. h. Kinder können sich z. B. beklagen, anstelle zu schlagen. Mit dem Grundschulalter haben sich viele Aspekte der Sprache so weit entwickelt, dass eine »normale« Unterhaltung mit den Kindern möglich ist. Im Bereich des Sozialverhaltens können sich bei Kindern mit psychischen Störungen Schwierigkeiten zeigen, z. B. Defizite beim Perspektivenwechsel oder der Rollenübernahme. Daher ist es bei externalisierenden Störungen, aber auch bei internalisierenden Störungen häufig wichtig, soziale Kompetenzen zu trainieren.

3.5 Überprüfung der Lernziele

- Welche entwicklungspsychologischen Faktoren sind in der Verhaltenstherapie relevant?
- Was gehört zu exekutiven Funktionen?
- Definieren Sie Entwicklungsaufgaben.

4 Entwicklungspsychopathologie

> **Lernziele**
>
> - Sie können Risiko- und Schutzfaktoren definieren.
> - Sie können die Aufgaben der Entwicklungspsychopathologie benennen.
> - Sie wissen was mit differenzieller Suszeptibilität gemeint ist.

Die Entwicklungspsychopathologie setzt sich nach Sroufe und Rutter (1984) mit der Entstehung, den Ursachen und dem Verlauf individueller Muster abweichenden Verhaltens auseinander. Es werden verschiedene Einflüsse (biologische, affektive, kognitive und soziale) der normalen Entwicklung auf die Genese psychopathologischer Symptome sowie der Einfluss psychopathologischer Symptome auf die normale Entwicklung untersucht, d. h. es wird ein biopsychosozialer Ansatz verfolgt. Hervorzuheben ist ebenfalls, dass explizit Ressourcen im Entwicklungsverlauf berücksichtigt werden. Es sind also bei den Einflussfaktoren sowohl die negativen (Risikofaktoren) als auch die positiven Einflüsse (Schutzfaktoren, Kompensationsfaktoren) auf die Entwicklung von Interesse. Zu berücksichtigen sind zudem Interaktionen von Risiko- und Schutzfaktoren.

Die Entwicklungspsychopathologie hat folgende Aufgaben (Petermann & Ulrich, 2019):

- Untersuchung von biologischen, psychischen und sozialen Ursachen von Verhalten
- Vergleich von auffälligen und unauffälligen Entwicklungsverläufen
- Untersuchung von Kontinuität (Stabilität) und Diskontinuität (Veränderung) im Verhalten
- Klärung von Prädiktoren einer zukünftigen Entwicklung
- Untersuchung von Schutz- und Risikofaktoren und ihrer Wirkungsweise
- Untersuchung von Vulnerabilität und Resilienz

Grob kann zwischen belastenden Faktoren (Risikofaktoren, Vulnerabilität) und Ressourcen (Schutz- und Kompensationsfaktoren, Resilienz) von Personen unterschieden werden. Die jeweiligen Begrifflichkeiten werden im Folgenden definiert.

4.1 Risikofaktor

Ein Risikofaktor stellt ein Merkmal, eine besondere Erfahrung oder ein belastendes Ereignis dar, welches die Wahrscheinlichkeit einer Entwicklungsabweichung erhöht und dadurch eine Störung begünstigt. Es kann zwischen kindbezogenen (internen) und umgebungsbezogenen (externen) Faktoren unterschieden werden. Kindbezogene Risikofaktoren sind z. B. Temperament, biologische Faktoren vor, während und nach der Geburt. Umgebungsbezogene Risikofaktoren beschreiben psychosoziale Stressoren aus dem familiären und sozialen Umfeld des Kindes; einer der bedeutsamsten umgebungsbezogenen Faktoren ist eine elterliche psychische Erkrankung. Es ist jedoch zu beachten, dass es oft ein komplexes Zusammenspiel zwischen den Faktoren gibt. Bei den umgebungsbezogenen Risikofaktoren kann zusätzlich zwischen distalen und proximalen Risikofaktoren unterschieden werden. Distale Risikofaktoren wirken indirekt ungünstig auf die kindliche Entwicklung wie z. B. geringer Bildungsstand, Psychopathologie der Eltern und beengte Wohnverhältnisse. Proximale Risikofaktoren sind beispielsweise Schwierigkeiten der Eltern-Kind-Interaktion und im Erziehungsverhalten. Risikofaktoren wirken nicht universell, sondern stellen ein Risiko im Hinblick auf einen negativen Entwicklungsverlauf dar. Von Bedeutung ist dabei auch, zu welchem Zeitpunkt der Risikofaktor im Entwicklungsverlauf auftritt.

> **Ausgewählte Risikofaktoren: Temperament und elterliche Psychopathologie**
>
> Temperament. Bei Kleinkindern wird häufig zwischen einem schwierigen und einem unauffälligen, einfachen Temperament unterschieden. Kinder mit einem schwierigen Temperament sind meist leicht irritierbar, besitzen eine geringe Selbstregulation und verfügen über eine verminderte willentliche Kontrolle und verhaltensbezogene Hemmung. Ein Kind mit einem einfachen Temperament verfügt über eine gute Selbstkontrolle. Ein schwieriges Temperament kann z. B. einen Risikofaktor für die Entwicklung von ADHS darstellen (Millenet et al., 2013).
> Ein bedeutsamer Risikofaktor für die Entwicklung von Angststörungen ist das Temperamentsmerkmal Verhaltenshemmung (Behavioral Inhibition) (Hirshfeld-Becker et al., 2007; Hudson et al., 2011). Kinder mit hoher Verhaltenshemmung reagieren bereits im frühen Kindesalter auf neue Situationen und unbekannte Personen mit Zurückhaltung, Schüchternheit oder Vermeidung (Kagan, 1994).
> Elterliche Psychopathologie. Ein allgemeiner Risikofaktor für die Entwicklung psychischer Störungen ist die elterliche Psychopathologie (McLaughlin et al., 2012). Einen Elternteil mit einer psychischen Störung zu haben, ist daher einer der bedeutendsten Risikofaktoren für die Entstehung psychischer Störungen: 30-50 % der Kinder psychisch erkrankter Eltern weisen selbst psychische Störungen auf. In der Allgemeinbevölkerung sind es im Vergleich dazu 25 % der Kinder, die bis zum Erwachsenenalter an einer psychischen Störung erkranken

(Christiansen et al., 2014). Es hat sich gezeigt, dass nicht nur die Gene für dieses erhöhte Risiko verantwortlich sind. Es braucht dazu ein Zusammenspiel von Genen und Umweltfaktoren. So begünstigt eine elterliche Angsterkrankung Angsterkrankungen bei den Kindern, wohingegen elterliche depressive Störungen nicht zwangsläufig zu internalisierenden Störungen der Kinder führen, sondern auch externalisierende Störungen begünstigen können (van Santvoort et al., 2015). D. h., dass mit hoher Wahrscheinlichkeit genetische Faktoren eine Rolle spielen, aber auch Umweltfaktoren, wie z. B. Modelllernen.

4.2 Vulnerabilität

Als Vulnerabilität wird jene Konstitution bezeichnet, die ein Individuum gegenüber negativen Entwicklungseinflüssen in besonderer Weise empfindlich bzw. anfällig macht, z. B. eine genetische Vulnerabilität oder eine chronische Krankheit. Es kann unterschieden werden zwischen primärer und sekundärer Vulnerabilität. Primäre Vulnerabilität beschreibt eine Anfälligkeit, die das Kind von Geburt an aufweist, während bei der sekundären Vulnerabilität die Anfälligkeit in der Auseinandersetzung mit seiner Umwelt erworben wird.

Vulnerabilitätsfaktoren wirken indirekt, durch eine Interaktion mit auftretenden Risikofaktoren. Ist ein Kind vulnerabel, reichen wenige Risikofaktoren aus, um eine Störung zu begünstigen.

4.3 Ressourcen

Ressourcen sind für die kindliche Entwicklung sehr wichtig. Dies sind alle Formen von Potenzialen, die dem Kind zur Verfügung stehen. Diese können in eigene Ressourcen des Kindes und Umgebungsressourcen unterschieden werden. Kindbezogene Ressourcen sind z. B. eine hohe Intelligenz oder physische Gesundheit. Umweltressourcen sind z. B. soziale Unterstützung, gute Wohnverhältnisse.

4.4 Schutzfaktoren

Schutzfaktoren haben eine risikomildernde oder -abpuffernde Wirkung, d. h. diese bestehen schon vor dem Auftreten von Störungen und werden durch das Auftreten von Risikofaktoren aktiv. Sie können genetisch vererbt oder erworben werden. Schutzfaktoren wirken nicht universell, sondern stellen immer einen Schutz vor etwas Bestimmten dar. Sie gehören zu den Ressourcen eines Kindes. Schutzfaktoren können in interne und externe Faktoren unterteilt werden. Beispiele für interne/kindbezogene Schutzfaktoren sind z. B. gute Intelligenz oder günstiges Temperament. Externe/umgebungsbezogene Schutzfaktoren können z. B. positive Freundschaftsbeziehungen, unterstützende Eltern oder ein kompetenter Umgang der Eltern mit dem Kind sein.

4.5 Kompensationsfaktoren

Kompensationsfaktoren stellen eine Ressource des Kindes dar, die genutzt werden kann, um Fehlentwicklungen auszugleichen. Als Beispiel können Kinder mit chronischen Schmerzen von Entspannungsübungen profitieren, um mit ihrer Krankheit umzugehen. Kompensationsfaktoren werden im Gegensatz zu Schutzfaktoren erst nach Störungsbeginn wirksam.

4.6 Resilienz

Resilienz beschreibt die Widerstandsfähigkeit gegenüber dem negativen Einfluss von Risikofaktoren einer Person. D. h., dass manche Kinder trotz ungünstiger und widriger Entwicklungsbedingungen im späteren Entwicklungsverlauf keine psychischen Auffälligkeiten zeigen. Beispiele für Resilienzfaktoren sind z. B. Selbstwirksamkeitsüberzeugungen oder ein aktives Bewältigungsverhalten. Es ist zu beachten, dass Resilienz und Vulnerabilität keine absoluten, stabil überdauernden Persönlichkeitseigenschaften darstellen.

4.7 Sensible Phasen

Eine sensible Phase beschreibt einen Lebensabschnitt mit einer erhöhten Bereitschaft des Menschen, bestimmte Verhaltensweisen, Fertigkeiten oder Fähigkeiten zu erwerben. Es liegen für viele Anforderungen im Entwicklungsverlauf Zeitfenster vor, in denen im Vergleich zu früheren und nachfolgenden Phasen, spezifische Erfahrungen besondere Wirkung haben, bzw. Neues besonders schnell gelernt werden kann.

4.8 Entwicklungsaufgaben

Entwicklungsaufgaben sind lebensalterstypische Herausforderungen, die an ein Individuum gestellt werden. Eine erfolgreiche Bewältigung führt zu Fertigkeiten und Kompetenzen, die künftige Entwicklungsaufgaben erleichtern (Havighurst, 1972).

4.9 Kontinuität

Bei Kontinuität bzw. Stabilität ist nicht von absoluter Stabilität auszugehen. Es wird zwischen heterotypischer Kontinuität und homotypischer Kontinuität unterschieden. Unter heterotypischer Kontinuität versteht man, wenn sich z. B. aggressive Verhaltensweisen altersentsprechend über den Entwicklungsverlauf in unterschiedlichen Verhaltensausprägungen (z. B. deren Intensität) zeigen. Dagegen versteht man unter homotypischer Kontinuität, die Beibehaltung gleichartiger Verhaltensweisen über die Zeit.

4.10 Differenzielle Suszeptibilität

Die differenzielle Suszeptibilität beschreibt interindividuelle Unterschiede in der Sensitivität gegenüber Umweltbedingungen. Temperament oder biologische Merkmale können zu diesen unterschiedlichen Empfindlichkeiten beitragen. Das Konzept stellt eine Erweiterung des Vulnerabilitäts-Stress-Modells dar und besagt, dass dieselben Faktoren, die eine Vulnerabilität gegenüber widrigen Umweltbedingungen darstellen, unter unterstützenden Umweltbedingungen entwicklungsförderlich sein können (Belsky & Pluess, 2009). Damit ist gemeint, dass es Personen gibt, die eine höhere Plastizität aufweisen und stärker auf negative, aber auch stärker auf positive und unterstützende Umweltfaktoren reagieren, während weniger suszeptible Personen weniger stark auf Stress reagieren, aber auch weniger von Unterstützung profitieren. Diese noch junge Hypothese bedarf jedoch noch empirischer Nachweise.

Die Psychopathologie im Kindes- und Jugendalter ist oft nur im Entwicklungskontext zu erkennen und zu verstehen. So ist dann auch die Therapieplanung dem Entwicklungsstand eines Kindes anzupassen. Dazu ist es notwendig, differenzierte Kenntnisse über die normale und abweichende Entwicklung zu haben. Sowohl Risiko- als auch Schutzfaktoren sollten im diagnostischen Prozess (z. B. Anamnese, Verhaltensanalyse) als auch der Behandlung berücksichtigt werden. Wichtige Erkenntnisse liefert die Entwicklungspsychopathologie zudem für die Erstellung von

Entwicklungsprognosen. Werden Vorläufer von Störungen erkannt, können präventive Maßnahmen eingesetzt werden.

4.11 Überprüfung der Lernziele

- Definieren Sie Risiko- und Schutzfaktoren.
- Was sind Aufgaben der Entwicklungspsychopathologie?
- Was versteht man unter Differenzieller Suszeptibilität?

5 Psychotherapie

> **Lernziele**
>
> - Sie können Psychotherapie definieren.
> - Sie kennen allgemeine Wirkfaktoren der Psychotherapie.

Unter Psychotherapie versteht man die Behandlung von Menschen mit psychischen Störungen mit psychologischen Mitteln. Gemäß dem deutschen Psychotherapiegesetz (PsychThG, 1999) ist Psychotherapie eine mittels wissenschaftlich anerkannter Verfahren vorgenommene Tätigkeit zur Feststellung, Heilung oder Linderung von Störungen mit Krankheitswert, bei denen Psychotherapie indiziert ist.

Bekannt und durchaus noch aktuell ist die Definition von Psychotherapie nach Strotzka (1975): »Psychotherapie ist ein bewusster und geplanter interaktionaler Prozess zur Beeinflussung von Verhaltensstörungen und Leidenszuständen, die in einem Konsensus [Patientin, Therapeutin, Bezugsgruppe] für behandlungsbedürftig gehalten werden, mit psychologischen Mitteln (durch Kommunikation) meist verbal, aber auch non-verbal, in Richtung auf ein definiertes, nach Möglichkeit gemeinsam erarbeitetes Ziel (Symptomminimalisierung) mittels lehrbarer Techniken auf der Basis einer Theorie des normalen und pathologischen Verhaltens. In der Regel ist dazu eine tragfähige Bindung notwendig.«

Zu den Kriterien von Psychotherapie kann folgendes erläutert werden:

- Psychotherapie als geplanter zielorientierter Prozess: Dabei geht es darum, dass Psychotherapie auf explizite Regelsysteme – Verhaltensstörungen und Leidenszustände – Bezug nimmt, d. h. wie, warum und mit welchen Mitteln ein Interventionsziel erreicht werden kann. Damit einhergehend sind therapeutische Ziele konkret und teilweise kurzfristig.
- Veränderung psychischer Prozesse mittels psychologischer Mittel auf der Grundlage einer Theorie: Eine Veränderung seelischer Merkmale und Prozesse wird explizit durch den Einsatz psychologischer Verfahren bewirkt (in Abgrenzung zum Einfluss von Medikamenten).
- Interaktiver Charakter und emotionale Komponente: Damit werden die spezifische Rollenstrukturierung – Therapeutin und Patientin – und die therapeutische Beziehung angesprochen. Für die therapeutische Beziehung gibt es klare Regeln der Interaktion. Jedoch ist diese auch ein allgemeiner Wirkfaktor und in Kombination mit spezifischen Methoden ein zentraler Aspekt für das therapeutische Lernen.

- Lehr- und Lernbarkeit: Damit wird festgehalten, dass die Verfahren und Prozesse operationalisiert werden, z. B. durch den Einsatz von Manualen.

Das Ziel der Psychotherapie ist die Reduktion oder Heilung von psychischem Leiden sowie der jeweiligen Symptomatik – in Form von belastenden Gefühlen oder bestimmten Symptomen – sollte aber auch die Funktionsfähigkeit und die Lebensqualität der Betroffenen und des Umfeldes verbessern.

Für das Kindes- und Jugendalter kann ergänzt werden, dass Psychotherapie meistens das Umfeld (Eltern, Lehrpersonen, andere Bezugspersonen) einbezieht.

Allgemeine Rahmenbedingungen

Eine Psychotherapie kann in verschiedenen Einrichtungen und in verschiedenen Settings durchgeführt werden. So kann die Psychotherapie ambulant, teilstationär oder stationär erfolgen, sowie individuell oder in der Gruppe, bzw. in einer Kombination davon. Für welche Patientinnen, welche Form des Settings am wirksamsten ist, kann derzeit nur ungenügend beantwortet werden. Faktoren, die eine Rolle spielen können, sind das Alter der Patientinnen, der Schweregrad der Störungen, Fremd- und Selbstgefährdung, Funktionsfähigkeit, bisheriger Behandlungsverlauf, soziales/familiäres Umfeld, sowie Risiko- und Schutzfaktoren wie oben ausgeführt.

5.1 Allgemeine Wirkfaktoren

Für einen Therapieerfolg sind spezifische und allgemeine Wirkfaktoren zu sichern und zu berücksichtigen (für einen Überblick siehe Pfammatter et al., 2012). Zunächst ist vor der Anwendung und Durchführung von verschiedenen Methoden, der Aufbau einer ausreichend guten therapeutischen Beziehung, sowohl zu den Kindern oder Jugendlichen als auch zu den Bezugspersonen, eine Grundvoraussetzung für eine erfolgreiche psychotherapeutische Arbeit. Grundwerte sind Feinfühligkeit, Empathie, Kongruenz und Authentizität.

Die Psychotherapieforschung zu therapeutischen Wirkfaktoren bei Kindern und Jugendlichen findet deutlich seltener statt als die Wirksamkeitsforschung. Dabei untersucht die Prozessforschung die Wirkfaktoren einer psychotherapeutischen Intervention, mit dem Ziel, diese zu identifizieren und so gut wie möglich zu optimieren. Des Weiteren betrachtet die Prozess-Ergebnis-Forschung den Einfluss des Therapieprozesses auf das Therapieergebnis. Daher sind Verlaufsmessungen zur Analyse des therapeutischen Prozesses für ein Gelingen der Therapie sinnvoll.

Ein bekanntes Modell zu den allgemeinen therapeutischen Wirkfaktoren hat Grawe (1995) mit seinem Modell einer allgemeinen Psychotherapie vorgelegt. Nachfolgend werden die vier auf Grawe (1995) zurückgehenden Wirkfaktoren, Problembewältigung, Motivationale Klärung, Ressourcenaktivierung und Problemaktualisierung, beschrieben und für die Kinder- und Jugendlichenpsychotherapie angewandt.

Die Ressourcenaktivierung dient nicht nur der Steigerung des allgemeinen Wohlbefindens, sondern auch der Kompensation pathogener Zustände, die beispielsweise durch unreife Verhaltensweisen die Bewältigung weiterer Entwicklungsaufgaben behindern (Flückiger & Studer, 2009; Petermann & Schmidt, 2006). Außerdem können durch Ressourcenaktivierung die Erfolgserwartung bezüglich der Therapieziele, die Motivierung zur Verhaltensänderung und die Entwicklung einer guten therapeutischen Beziehung, sowohl mit der Patientin als auch mit den Bezugspersonen gefestigt werden (Döpfner, 2013; Flückiger & Studer, 2009; Grawe & Grawe-Gerber, 1999). Die therapeutische Beziehung wird bei Grawe als ein Element der Ressourcenaktivierung zugeordnet. Die Bedeutung der Arbeitsallianz ist unabhängig von der therapeutischen Grundausrichtung unumstritten (Döpfner, 2009a; Shirk & Karver, 2003) und kann als notwendige, wenn auch nicht hinreichende Basis für weitere psychotherapeutische Maßnahmen gesehen werden (Lammers & Schneider, 2009; Martin, Garske & Davis, 2000). Der Wirkfaktor Problemaktualisierung ist definiert als das unmittelbare Erfahrbarmachen der eigenen Probleme (Grawe, 1995), welche nur dann wirksam verändert werden können, wenn sie als solche benannt und ausgearbeitet werden (Döpfner, 2013). Bei der Klärungsperspektive geht es darum, dass die Therapeutin die Patientin und ihre Bezugspersonen darin unterstützt, sich ihrer Ziele, Motive und Werte klarer zu werden (Döpfner, 2013; Eckert, 2000; Grawe 1995). Dabei steht die gemeinsame Erarbeitung eines konkreten Störungskonzeptes und einer Interventionsstrategie im Vordergrund (Döpfner, 2013). Die aktive Hilfe zur Problembewältigung steht im Zentrum der therapeutischen Arbeit. Die Therapeutin hat die Aufgabe, die Patientin bei der Bewältigung ihrer Probleme aktiv zu unterstützen, sodass diese lernen kann, problematische Verhaltensweisen, Gefühle und Gedanken nachhaltig zu verändern (Grawe, 1995; Lammers & Schneider, 2009).

5.2 Überprüfung der Lernziele

- Definieren Sie Psychotherapie.
- Beschreiben Sie allgemeine Wirkfaktoren von Psychotherapie.

6 Psychotherapieforschung

> **Lernziele**
>
> - Sie kennen methodische Probleme der Psychotherapieforschung.
> - Sie wissen, wo Sie sich über aktuelle Empfehlungen zu Psychotherapie informieren können.
> - Sie können Nicht-Überlegenheitsstudien einschätzen.
> - Sie kennen die Richtlinien zur Erstellung von Metaanalysen bzw. Psychotherapiestudien.
> - Sie können ein Double- und Multiple-Baseline-Design beschreiben.
> - Sie wissen um den Einfluss verschiedener Parameter auf die statistische Signifikanz.

Interessanterweise wird immer wieder subtil oder auch direkt der Sinn von Psychotherapieforschung infrage gestellt. Beispielsweise werden im Hochschulstudium und der postgradualen psychotherapeutischen Ausbildung Methodik und Ergebnisse evidenzbasierter Psychotherapie sehr umfassend vermittelt, finden dann aber in der klinischen Praxis einiger Kinder- und Jugendlichenpsychotherapeutinnen erstaunlich wenig Anwendung. Von Anderen wird die Möglichkeit, ein psychotherapeutisches Verfahren überhaupt zu evaluieren, infrage gestellt mit zweifelhaften Begründungen, die auf die (fragliche) Einmaligkeit und Komplexität des Therapieprozesses abzielen. Somit sei zu Beginn dieses Kapitels die für manche vielleicht trivial erscheinende Frage erlaubt, warum wir überhaupt Psychotherapieforschung betreiben und ernst nehmen sollten.

6.1 Warum überhaupt Psychotherapieforschung?

Ein Klischee, das der Psychotherapie trotz gleichzeitiger Stigmatisierung nach wie vor anhaftet ist, dass sie ausschließlich Gutes, im schlechtesten Fall gar nichts bewirkt. Das Thema Nebenwirkungen von Psychotherapie wurde lange Zeit sehr stiefmütterlich behandelt und ist auch heute noch nicht ins Bewusstsein aller Anwenderinnen, geschweige denn der breiten Öffentlichkeit vorgedrungen. Dabei ist eine

Vielzahl von negativen Auswirkungen denkbar, einige kurze Fallbeispiele sind im Folgenden geschildert:

Fallbeispiele

- Miriam ist 16 Jahre alt und leidet unter einer depressiven Episode sowie einer sozialen Phobie. Das Mädchen ist extrem angepasst und hat große Schwierigkeiten, ihre Wünsche zu äußern und ihre Rechte durchzusetzen. Im Rahmen der psychotherapeutischen Behandlung arbeitet die Therapeutin verstärkt an der Autonomieentwicklung des Mädchens. Dies hat zur Folge, dass Miriam sich jetzt häufiger ihren Eltern widersetzt. Nebenwirkung: Es kommt zu heftigen Streitigkeiten in der Familie.
- Max ist sieben Jahre alt und leidet unter ADHS. Er hat nur wenige Freunde, was ihm sehr zu schaffen macht. Im Fußballverein wurde er als herausragender Stürmer von den anderen Jungen geschätzt, was ihm viel Selbstbewusstsein verliehen hat. Dadurch, dass er seit kurzer Zeit psychotherapeutisch behandelt wird und die Behandlung zur Zeit des Fußballtrainings stattfindet, kann er dieses nicht mehr besuchen. Nebenwirkung: Die verstärkenden Erlebnisse im Fußballtraining bleiben aus, Max hat noch weniger Freunde, sein Selbstbewusstsein sinkt.
- Lena ist neun Jahre alt und sozial ängstlich. Sie hat besonders große Schwierigkeiten, mit anderen Kindern zu interagieren, der Kontakt zu Erwachsenen fällt ihr leichter. Seit einem Jahr geht sie dreimal wöchentlich zu einer einzeltherapeutischen Spieltherapie. Die Fahrtzeit beträgt für den Hin- und Rückweg eine Stunde, die Therapie dauert 50 Minuten. In der verbleibenden Zeit am Nachmittag muss Lena ihre Hausaufgaben erledigen und lernen. Nebenwirkung: Lena interagiert noch weniger mit Gleichaltrigen und hat damit weniger Lerngelegenheit für soziale Kompetenzen.
- Micha ist 14 Jahre alt und hat eine Störung des Sozialverhaltens. Er nimmt an einem sozialen Kompetenztraining mit acht anderen Jugendlichen teil. Sechs dieser Jugendlichen zeigen dieselbe Symptomatik wie Micha. Nebenwirkung: Micha wird für deviantes Verhalten von den anderen Jugendlichen verstärkt und lernt noch neue deviante Verhaltensweisen dazu.

Diese kurzen Fallbeispiele zeigen, dass es im Rahmen von Psychotherapie zu unerwünschten Effekten kommen kann. Das an sich ist noch kein Grund für eine Nichtbehandlung, die selbstverständlich auch nicht ohne Folgen bliebe. Allerdings ist der Anspruch, dass *die positiven Wirkungen einer Behandlung die negativen mit großer Wahrscheinlichkeit überwiegen* uneingeschränkt gerechtfertigt. Und genau das, die valide Aussage, dass eine Behandlung diese Nettobilanz aufweist bzw. keinen ernsthaften Schaden zufügt, lässt sich nur mit empirischer Psychotherapieforschung nachweisen. Alle anderen Argumente, die häufig ins Feld geführt werden und leider oft allzu überzeugend klingen – persönliche Erfahrungen und Einzelfallbeispiele – genügen nicht den Standards, die wir an die Evaluation eines Verfahrens stellen sollten. Für viele medizinische Behandlungen würden wir diesen Anspruch überhaupt nicht anzweifeln – einem Kind ein Medikament zu verabreichen, über dessen Wirkung und Nebenwirkung man noch überhaupt nichts weiß, oder einer OP zu unterziehen, deren Folgen man weder im Positiven noch im Negativen kennt, käme sicher für viele Eltern nicht infrage. Psychische Störungen stehen der Tragweite und Ernsthaftigkeit somatischer Erkrankungen in nichts nach und die Behandlungsmethoden sollten deshalb mit der gleichen Gewissenhaftigkeit auf ihre Wirksamkeit überprüft werden.

6.2 Methodische und inhaltliche Aspekte von Psychotherapieforschung

Im Folgenden sollen die verschiedenen Fragen, die die Psychotherapieforschung zu beantworten versucht, methodische Herangehensweisen an diese Fragen und ihre Fallstricke näher beleuchtet werden.

6.2.1 Fragen und Paradigmen der Psychotherapieforschung

Die Psychotherapieforschung beschäftigt sich mit unterschiedlichen Fragen, die in empirischen Studien überprüft werden. Einige Beispiele und ihre Implikationen werden im Weiteren besprochen:

Wie wirkt eine Behandlung X im Vergleich zu einer Nichtbehandlung der Symptomatik?

Die Überprüfung dieser Frage zielt auf die geringste Anforderung an eine Psychotherapie ab, nämlich, dass sie, im Vergleich dazu, dass nichts unternommen wird, eine Wirkung zeigt. Dabei ist die Frage alles andere als trivial, denn es ist natürlich auch denkbar, dass die Behandlung nicht, wie erhofft, eine positive, sondern eine negative Wirkung erzielt, die Symptomatik sich also verschlechtert oder einen anderweitigen Schaden anrichtet. Auch ein mit der Nichtbehandlung vergleichbares Therapieergebnis würde gegen die Anwendung der Maßnahme sprechen, da mit ihr ja diverse Kosten verbunden sind – von den Behandlungskosten über Zeitkosten von Kind und Eltern, Kosten durch Nichtteilnahme z. B. am Freizeitaktivitäten wie Fußball oder Musikunterricht. Um die Frage zu untersuchen, bieten sich grundsätzlich zwei Studiendesigns an (▶ Abb. 6.1, ▶ Abb. 6.2). In Abbildung 6.1 ist ein Kontrollgruppendesign dargestellt, bei dem eine Gruppe von Patientinnen die zu untersuchende Behandlung erhält, die andere Gruppe nicht.

Statistisch gesehen werden ein unabhängiger Faktor »Gruppe« und ein abhängiger Faktor »Zeit« unterschieden. Die Zuweisung zur Gruppe erfolgt randomisiert, um systematische Unterschiede zwischen den Gruppen so weit wie möglich zu minimieren. Für das Therapieergebnis ist die Wechselwirkung »Gruppe x Zeit« zur Beurteilung der Wirksamkeit der Behandlung entscheidend: Ein signifikanter

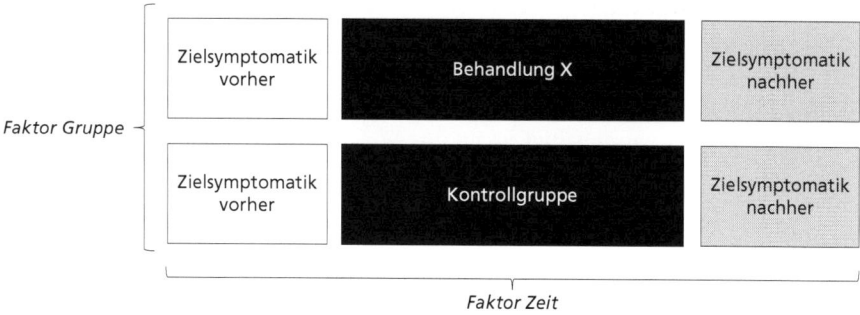

Abb. 6.1: Kontrollgruppen-Design zur Überprüfung einer Behandlung im Vergleich zur Nichtbehandlung der Symptomatik

Haupteffekt Gruppe würde bedeuten, dass sich die Gruppen unabhängig vom Zeitpunkt hinsichtlich ihrer Symptomatik unterscheiden, also die Randomisierung nicht erfolgreich war. Ein signifikanter Haupteffekt Zeit würde bedeuten, dass sich alle Patientinnen unabhängig von der Behandlung über die Zeit hinweg in ihrer Symptomatik verändert haben. Die signifikante Wechselwirkung zeigt schließlich an, dass sich die Gruppen über die Zeit hinweg unterschiedlich entwickelt haben – optimalerweise so, dass sich die Symptomatik in der Behandlungsgruppe zum Messzeitpunkt nach der Behandlung stärker reduziert hat als in der Kontrollgruppe.

Bei der Beurteilung eines Studienergebnisses ist zu berücksichtigen, dass die Kontrollgruppe inhaltlich ganz unterschiedlich gestaltet werden kann. Es kann sich um eine Gruppe handeln, die gar keine Behandlung erhält, z. B. eine »Wartelistenkontrollgruppe«, bei der man den Umstand ausnutzt, dass in der Regel sowieso eine Zeit zwischen Anmeldung und Therapiebeginn liegt. Andere Kontrollgruppen erhalten eine Placebobehandlung, also eine Behandlung mit einer Scheinintervention, bei der man davon ausgeht, dass sie keine pharmakologische oder psychotherapeutische, möglicherweise aber eine psychosoziale Wirkung auf die Zielsymptomatik hat. Bei dieser Art der Kontrollgruppe erhalten die Patientinnen im gleichen Maße Zuwendung/Zeit wie in der Experimentalgruppe, so dass eine Wirkung unspezifischer Faktoren gleich gehalten wird. Eine sehr starke Kontrollgruppenbedingung ist die sog. »treatment as usual (TAU)« Bedingung, bei der die Patientinnen nach herkömmlichen Standards im Rahmen der Regelversorgung behandelt werden können, ohne dass durch die Studie Einfluss darauf genommen wird. Die Auswahl der Kontrollgruppenbedingung sollte unbedingt nach ethischen Gesichtspunkten getroffen und bei der Interpretation der Ergebnisse berücksichtigt werden.

Die in der folgenden Abbildung dargestellte Versuchsanordnung zeigt ein Double- oder Multiple-Baseline-Design (► Abb. 6.2)

Hier wird nur eine Gruppe von Patientinnen getestet und Veränderung, die ohne Behandlung in der Zeit zwischen einer ersten Messung T_0 und einer zweiten Messung T_1 stattfindet als Kontrollbedingung behandelt und mit der Veränderung unter Behandlung von T_1 zu T_2 verglichen. Als Double-Baseline-Design bezeichnet man dabei eines, bei dem die Zeit zwischen den ersten beiden Messzeitpunkten für alle Probandinnen gleich gehalten wird, beim Multiple Baseline-Design kann diese Zeit

Faktor Zeit

Abb. 6.2: Double-/Multiple-Baseline-Design zur Überprüfung einer Behandlung im Vergleich zur Nichtbehandlung der Symptomatik

zwischen den Probandinnen variieren. Letztere Bedingung spiegelt z. B. die individuell unterschiedliche Wartezeit zwischen Anmeldung und Behandlungsbeginn in vielen Ambulanzen oder Praxen wider.

Vergleicht man die beiden Designs, ergeben sich verschiedene Vor- und Nachteile. Das Kontrollgruppendesign macht eine größere Stichprobe erforderlich, da hier zusätzlich zu dem Zeitfaktor auch der Gruppen- und Interaktionsterm überprüft werden. Insbesondere bei seltenen Störungen ist es mitunter nicht einfach, eine so große Anzahl an Probandinnen für ein Forschungsprojekt zu gewinnen. Gleichzeitig eignet sich das Kontrollgruppendesign wesentlich besser für Störungsbilder, deren Symptomatik einer natürlichen Schwankung unterliegen, wie z. B. die Depression. Das Double-/Multiple-Baseline-Design sollte dagegen nur dann eingesetzt werden, wenn es sich bei der zu behandelnden Symptomatik um eine sehr stabile handelt, wie z. B. bei ADHS oder der Autismus-Spektrum-Störung.

Äquivalenzstudie (inferiority)

Studien zur Äquivalenz zielen auf den Nachweis, dass es zwischen Behandlungen keine beziehungsweise keine wesentlichen Unterschiede hinsichtlich der Wirksamkeit gibt.

Wesentlich ist somit die Definition, was »gleich gut« heißt. Diese Parameter sind im Studienprotokoll festzuhalten. Dabei wird eine untere und obere Grenze für die noch zu akzeptierenden Abweichungen von demjenigen Wert dieses Parameters festgesetzt, welcher bei identischer Wirksamkeit der Behandlungen vorliegt. Diese Äquivalenzgrenzen werden auch als equivalence margins bezeichnet.

Es ist nicht zulässig, einen herkömmlichen zweiseitigen Test zu verwenden und aus einem negativen Ergebnis auf Äquivalenz zu schließen. Die konfirmatorische Auswertung von Äquivalenzstudien geschieht auf der Basis von Konfidenzintervallen.

Nichtunterlegenheitsstudie (non-inferiority)

Studien mit der Frage der Nichtunterlegenheit zielen auf den Nachweis, dass eine Behandlung nicht wesentlich schlechter ist als die Referenzbehandlung. Was eine relative Verschlechterung wäre, wird dabei durch eine untere Schranke (margin) festgehalten. Diese müssen a priori festgelegt werden. Es ist daher in der Planung der Studie essenziell festzuhalten, bis zu welcher Grenze gleich gut oder leicht schlechtere Ergebnisse einer Maßnahme noch akzeptiert werden können. Nichtunterlegenheitsstudien benötigen eine oftmals größere Stichprobe (siehe Wellek & Blettner, 2012).

Wie groß ist der Behandlungseffekt?

Nicht nur die Signifikanz eines Gruppenunterschiedes über die Zeit hinweg spielt eine Rolle für die Beurteilung einer psychotherapeutischen Maßnahme, sondern darüber hinaus auch die Größe des erzielten Effekts. Man kann sich das an einem einfachen Beispiel verdeutlichen:

Beispiel Effektgröße

Frau Müller hat eine Behandlung für depressive Störungen bei Kindern und Jugendlichen entwickelt und möchte diese nun evaluieren. Sie entscheidet sich für ein Kontrollgruppendesign und teilt die Patientinnen randomisiert der Behandlungsgruppe (EG) und einer Kontrollgruppe (KG), die ein Entspannungstraining erhält, zu. Das Ergebnismaß ist der T-Wert, den die Patientinnen in einem Depressionsinventar erzielen. Ein T-Wert ist ein normierter Wert, der immer den Mittelwert $M = 50$ und die Standardabweichung $SD = 10$ hat. Frau Müller ermittelt die folgenden Kennwerte für die beiden Gruppen (▸ Tab. 6.1):

Tab. 6.1: Beispiel Kontrollgruppendesign (EG = Experimentalgruppe, KG = Kontrollgruppe, M = Mittelwert, SD = Standardabweichung

	vor Behandlung (prä)		nach Behandlung (post)	
	M	SD	M	SD
EG	82,5	1,0	77,4	1,0
KG	82,7	1,1	80,0	1,0

Die statistische Auswertung ergibt, dass sowohl der Faktor Zeit ($p = .04$) als auch der Interaktionsterm Zeit x Gruppe ($p = .001$) signifikant sind. Letzterer Befund zeigt in Zusammenschau mit den Mittelwerten, dass die EG über die Zeit hinweg mehr an Symptomatik verloren hat als die KG und die Therapie von Frau Müller somit wirksam war. Wirft man nun aber einen Blick auf die mittleren T-Werte, sieht man, dass trotz des statistisch signifikanten Ergebnisses auch die EG nach Beendigung der Behandlung weit überdurchschnittliche Werte im Depressionsinventar aufwies. Der durch die Behandlung erzielte Fortschritt ist somit für die klinische Praxis kaum relevant. Bei der Beurteilung der Wirksamkeit einer Therapie sollte also neben der statistischen Signifikanz auch immer die *klinische Relevanz* berücksichtigt werden.

Ein weiterer Umstand, der das alleinige Heranziehen der statistischen Signifikanz zur Beurteilung der Wirksamkeit ungeeignet erscheinen lässt, ist, dass diese von Parametern wie der Stichprobengröße, Repräsentativität der Stichprobe und der Varianz der Symptomatik in der Stichprobe abhängen. Beispielsweise lässt sich mit einer hinreichend großen Stichprobe ein signifikanter Mittelwertsunterschied leichter erzielen als mit einer kleinen Stichprobe. Aus diesem Grund wird für die Beurteilung ein weiterer Kennwert herangezogen, die Effektstärke. Diese ist unabhängig von der Skalierung der abhängigen Variable und von der Stichprobengröße. Mit einem solchen Maß, wie dem der standardisierten Mittelwertsdifferenz Cohens d, kann die Größe des (statistischen) Effekts beurteilt werden. So geht man bei einem $d \geq .20$ und $< .50$ von einem kleinen, bei einem $d \geq .50$ und $< .80$ von einem mittleren und $d \geq .80$ von einem großen Effekt aus.

Wie nachhaltig ist der Behandlungseffekt?

Natürlich ist es nicht das Ziel einer psychotherapeutischen Behandlung, nur kurzfristig positive Effekte zu erzielen, sondern optimalerweise sollten diese auch nach Therapieende weiter aufrechterhalten werden oder sich sogar verstärken. Es kann durchaus auch vorkommen, dass sich positive Effekte einer Art »Sleeper-Effekt« entsprechend erst mit verzögerter Wirkung überhaupt entfalten, also z. B. zum Therapieende noch keine positive Wirkung zu sehen ist, diese dann aber nach Behandlungsende eintritt, was möglicherweise damit zu erklären ist, dass die in der Therapie erlernten Inhalte erst für einige Zeit angewandt werden müssen, um einen positiven Effekt zu bewirken.

Methodisch wird die Nachhaltigkeit dadurch untersucht, dass dem klassischen Prä-Post-Design (▶ Abb. 6.1, ▶ Abb. 6.2) ein weiterer Erhebungszeitpunkt (Follow-up, Katamnesezeitpunkt) hinzugefügt wird, der einige Zeit hinter dem Behandlungsende liegt. In dieser Zeit findet keine Behandlung mehr statt. Idealerweise sollte der zeitliche Abstand natürlich möglichst groß sein, realistischer Weise werden aber in Psychotherapiestudien recht kurze Zeitabstände von drei Monaten bis zu einem Jahr gewählt. Die pragmatischen Gründe dafür sind einerseits die schwierige Finanzierbarkeit (Studien werden nur über einen bestimmten Zeitraum hinweg gefördert, was es sehr schwer macht, Längsschnittstudien über einen größeren Zeitraum hinweg durchzuführen) und der mit zunehmender Dauer ansteigende Verlust an Probandinnen, die noch bereit sind, an einer Untersuchung teilzunehmen (Dropout). Letzterem Problem kann in begrenztem Umfang statistisch begegnet werden, z. B. durch die Anwendung Multipler Imputationen.

Ist der Behandlungseffekt generalisierbar?

Ziel einer jeden psychotherapeutischen Behandlung muss es sein, dass die Patientin ihren Alltag wieder (besser) bewältigen kann. Dazu ist es in der Regel notwendig, dass die im Rahmen der Therapie erlernten Inhalte auf alltägliche Situationen und Gegebenheiten in der Lebenswelt der Patientin angewandt werden können. Bei der Wahl der abhängigen Variablen werden deshalb neben den Maßen, die sehr nah an den Inhalten der Therapie sind (z. B. Konzentrationstest), auch solche gewählt, die entweder globaler (z. B. Lebensqualität) oder alltagsnäher (z. B. Konzentration im Schulunterricht) sind. Die Wahrscheinlichkeit, Effekte auf diese Variablen zu finden, ist geringer, jedoch sind diese Effekte zur Beurteilung der Behandlung extrem wichtig.

Wie groß ist der Behandlungseffekt unter optimalen im Vergleich zu realen Bedingungen?

Um die Wirksamkeit einer Behandlung zu untersuchen, werden initial normalerweise optimale Bedingungen für eine Psychotherapiestudie hergestellt, indem die interne Validität maximiert wird. Beispielsweise wird der Ablauf der Therapie durch Manualisierung und Training der Behandlerinnen stark standardisiert, die Qualität der Durchführung wird kontrolliert und diverse Einflussgrößen wie Komorbiditäten werden entweder durch methodische Maßnahmen wie Randomisierung oder Ausschlusskriterien kontrolliert oder erfasst und statistisch kontrolliert. Diese Art der Studien nennt man »*Efficacy-Studien*«, mit ihnen erfasst man also, welchen *maximalen Effekt* man mit einer Behandlung unter *optimalen Bedingungen* erzielen könnte. Dagegen untersuchen »*Effectiveness-Studien*« die Wirksamkeit unter durchschnittlichen, realen Bedingungen der Routineversorgung, also einer maximalen ökologischen Validität. Hier ist die Standardisierung deutlich geringer, zumeist findet ein quasiexperimentelles Design ohne Randomisierung Anwendung, und die Therapeutinnen erhalten kein spezielles Training, ihnen wird lediglich das Manual zur Verfügung gestellt, und sie werden auch in ihrer Umsetzung des Manuals nicht kontrolliert. Dementsprechend sind die therapeutischen Effekte, die mit Effectiveness-Studien erzielt werden, für gewöhnlich deutlich geringer als diejenigen in Efficacy-Studien. Leider liegen für viele Behandlungsmethoden keine Effectiveness-Studien vor, dabei wäre es von höchstem Interesse, welche Behandlungserfolge unter realen Bedingungen erzielt werden.

Wie wirkt eine Behandlung X im Vergleich zu einer anderen Behandlung Y?

Gibt es bereits eine etablierte und evaluierte Therapie für eine bestimmte Symptomatik, bietet es sich bei der Entwicklung einer neuen Behandlungsmethode an, diese mit der alten zu vergleichen. Hierzu wird das Kontrollgruppendesign (▶ Abb. 6.1) um eine weitere Gruppe, die mit der herkömmlichen Therapiemethode behandelt wird, ergänzt. Gegebenenfalls kann zusätzlich auch eine Kombinationstherapie überprüft werden, was manchmal bei der vergleichenden Untersuchung von Psychotherapie und Psychopharmakotherapie gemacht wird. Genauso ist es möglich, zusätzliche Bausteine zu einer Therapie im Hinblick auf ihren Mehrwert zu überprüfen. Dies wäre beispielsweise der Fall, wenn man untersucht, ob ein Elterntraining, das zusätzlich zur Einzeltherapie durchgeführt wird, die Symptomatik mehr verbessert als die alleinige Einzeltherapie.

Welche Merkmale der Behandlung, der Patientin und ihrer Familie und der Therapeutin beeinflussen die Wirkweise einer Behandlung X? Wie interagieren diese Faktoren miteinander?

Während lange Zeit Psychotherapie in ihrer Wirkweise pauschal untersucht wurde, beschäftigen sich modernere Ansätze vermehrt mit der Frage, welche individuellen Merkmale einen Einfluss auf die Wirkweise der Behandlung haben. Dies können Aspekte der Behandlung selbst sein, z. B. die Frage, welche Komponenten einer Therapie besonders wichtig und unerlässlich für den Erfolg sind und auf welche verzichtet werden kann, oder die Überprüfung von Dosis-Wirkungs-Beziehungen. Merkmale der Patienten können ebenfalls einen Einfluss auf den Erfolg haben, beispielsweise die Ressourcen, über die eine Patientin und ihre Familie verfügen, oder auch die Schwere der psychischen Störungen und die Anzahl an Komorbiditäten. Schließlich können theoretisch auch Therapeutinnenmerkmale einen Einfluss auf den Behandlungserfolg haben, beispielsweise die Erfahrung, über die eine Therapeutin verfügt oder ihre kommunikativen Fertigkeiten. Und natürlich können diese *Moderatoren* und *Mediatoren* miteinander interagieren.

Selbstverständlich lassen sich noch zahlreiche weitere Fragen im Rahmen der Psychotherapieforschung untersuchen.

> **Mediator**
>
> Ein Mediator *vermittelt* oder stellt die Beziehung zwischen zwei oder mehr Variablen her. Die vollständige Mediation beschreibt, dass der scheinbare Einfluss einer Variable auf eine andere verschwindet, wenn die Mediatorvariable kontrolliert wird. Eine teilweise oder partielle Mediation beschreibt, dass der Zusammenhang zweier Variablen reduziert wird, wenn die Mediatorvariable eingeführt wird. Bei der ADHS hat sich z. B. ein negativer elterlicher Erziehungsstil als partieller Mediator für den Behandlungserfolg erwiesen.
>
> **Moderator**
>
> Als Moderator wird eine Variable bezeichnet, die einen Einfluss auf den Zusammenhang zwischen zwei anderen Variablen hat. Bei der ADHS haben sich z. B. komorbide Störungen, elterliche psychische Erkrankungen und die Schwere der Symptomatik als signifikante Moderatoren für den Therapieerfolg erwiesen.

6.2.2 Wie beurteilt man die Wirksamkeit einer Psychotherapie?

Psychotherapiestudien werden mit dem Ziel durchgeführt, mehr über die Wirksamkeit eines Verfahrens zu erfahren. Doch ab wann gilt eine Therapie als wirksam?

Im letzten Abschnitt haben wir bereits gesehen, dass ein signifikanter Effekt allein noch nicht als Hinweis auf eine hinreichende Wirksamkeit interpretiert werden kann. Aber auch, wenn in einer einzelnen Studie ein signifikanter Effekt mit klinischer Bedeutsamkeit und hinreichend großer Effektstärke nachgewiesen wurde, können noch berechtigte Zweifel an der Allgemeingültigkeit des Ergebnisses geäußert werden. Es gibt deshalb verschiedene Arten, sich diesem Thema zu nähern: Einerseits können formale Kriterien mittels Konvention festgelegt werden, ab wann eine Therapie als wirksam gilt, andererseits lassen sich auf methodische Weise Daten aggregieren, um zu einer zuverlässigeren Aussage über die Wirksamkeit mehrerer Studien zusammengenommen zu gelangen als dies mittels einer einzelnen Studie möglich ist. Drei dieser Ansätze sollen im Folgenden vorgestellt werden.

Chambless-Kriterien

Bereits im Jahr 1993 wurde von der American Psychological Association (APA) eine »Task Force on Promotion and Dissemination of Psychological Procedures« gegründet, die Kriterien für verschiedene Abstufungen von Wirksamkeitsnachweisen festlegte (▶ Tab. 6.2). Ihr folgten noch weitere Arbeitsgruppen, die leicht veränderte Kriterien veröffentlichten, wobei sich diejenigen für die höchsten Kategorien nicht veränderten (Chambless, 2001).

Tab. 6.2: Chambless Kriterien zur Beurteilung der Wirksamkeit psychotherapeutischer Behandlungsverfahren (nach American Psychological Association & Procedures, 1993; Chambless & Hollon, 1998; Chambless, 2001)

Gut abgesicherte Behandlungen
I. Mindestens zwei gute Gruppen-Vergleichsstudien zeigen die Wirksamkeit auf eine oder mehrere der folgenden Weisen: A Überlegenheit gegenüber einer medikamentösen oder psychotherapeutischen Placebobehandlung oder einer anderen Behandlung   B Äquivalenz zu einer bereits etablierten Behandlung in Studien mit einer angemessenen Stichprobengröße   ODER   II. eine große Serie von Einzelfallstudien zeigt eine Wirksamkeit. Dabei müssen die Studien   A ein gutes experimentelles Design haben   B die Intervention mit einer anderen Behandlung vergleichen   III. die Studien müssen mit Behandlungsmanualen oder einer vergleichbar guten Beschreibung der Behandlung durchgeführt worden sein   IV. Stichprobencharakteristika müssen beschrieben sein   V. die Effekte müssen durch mindestens zwei verschiedene Forscher*innen oder Arbeitsgruppen gezeigt worden sein

Tab. 6.2: Chambless Kriterien zur Beurteilung der Wirksamkeit psychotherapeutischer Behandlungsverfahren (nach American Psychological Association & Procedures, 1993; Chambless & Hollon, 1998; Chambless, 2001) – Fortsetzung

Wahrscheinlich wirksame Behandlungen
I. zwei experimentelle Studien müssen Überlegenheit gegenüber einer Wartelisten-Kontrollgruppe gezeigt haben
ODER
II. mindestens eine experimentelle Studie erfüllt die Kriterien IA oder IB, III, und IV, aber nicht V
ODER
III. Wirksamkeit in einer kleinen Serie von experimentellen Einzelfallstudien, die die Kriterien II, III und IV erfüllen
Experimentelle Behandlungen
Die Behandlung wurde noch nicht in Studien überprüft, die die methodischen Kriterien erfüllen

Diese Kriterien teilen psychotherapeutische Verfahren in gut etablierte, wahrscheinlich wirksame und sich in der Probephase befindliche ein. Bislang können nur wenige psychotherapeutische Verfahren für das Kindes- und Jugendalter die Voraussetzungen erfüllen, um als gut etabliert zu gelten, die meisten – auch sich in Anwendung befindlichen Verfahren – erfüllen diese Standards (noch) nicht.

In Deutschland werden Anträge auf wissenschaftliche Anerkennung von psychotherapeutischen Verfahren und Methoden anhand des sog. Methodenpapiers überprüft, das vom Wissenschaftlichen Beirat Psychotherapie erstellt wurde und im Internet eingesehen werden kann.

CONSORT-Kriterien (*CON*solidated *S*tandards *O*f *R*eporting *T*rials; Schulz et al., 2010).

Um Psychotherapiestudien vergleichbar in Fachzeitschriften darstellen zu können, liegen Kriterien vor, die vorgeben, welche Informationen bei der Publikation von RCTs berücksichtigt werden sollten. Dies sind beispielsweise die Bestimmung der Fallzahl, die Ein-/Ausschlusskriterien der Probandinnen oder die Definition primärer und sekundärer Endpunkte.

6.2.3 Reviews und Metaanalysen

Eine weitere gute Möglichkeit, sich über die Wirksamkeit eines psychotherapeutischen Verfahrens ein Bild zu machen, sind Literaturübersichten, sog. Reviews und Metaanalysen. Beide Übersichtsarten bearbeiten eine bestimmte wissenschaftliche Fragestellung, der sie sich systematisch nähern und die vorhandene Literatur zu diesem Thema möglichst erschöpfend zusammenfassen bzw. auch statistisch aufarbeiten.

Ein Literatur-Review wird in der Regel mit dem Zusatz »systematisch« versehen, wenn es bestimmte qualitative Standards erfüllt, die auch vorausgesetzt werden sollten, wenn man das Review als Grundlage für die Entscheidung über ein therapeutisches Vorgehen heranziehen will. Dazu gehört, dass die Autorinnen die Quellen, aus denen sie ihre Literatur bezogen haben, aufführen. Zu diesen gehören meist einschlägige Literaturdatenbanken, Literaturangaben in den dadurch identifizierten Fachartikeln und Dissertationsschriften. Weiterhin werden die Suchbegriffe genannt, die für die Literaturrecherche verwendet, und die Einschlusskriterien für die Auswahl der Artikel, die schlussendlich in die Übersicht einbezogen wurden. Dadurch wird gewährleistet, dass die Suche replizierbar ist. Darüber hinaus sollten die Autorinnen spezifizieren, wie sie bei der Selektion der initial identifizierten Literatur zur final verwendeten vorgegangen sind. Meistens werden dabei die folgenden Schritte verfolgt, die in optimalerweise in einem Flow-Chart (▶ Abb. 6.3) dargestellt sind.

In einer solchen Abbildung sollten die konkrete Anzahl an Artikeln pro Schritt sowie die Gründe für den Ausschluss verzeichnet sein. Im Weiteren wird die Literatur dann anhand der Forschungsfrage zusammengefasst, Abweichungen zwischen verschiedenen Studien interpretiert und Lücken werden im Hinblick auf weiterführenden Forschungsbedarf aufgezeigt.

Die Metaanalyse geht über diese systematische Darstellung der Literatur hinaus, indem sie die Ergebnisse der Primärstudien neben der kritischen Würdigung auch quantitativ zusammenfasst. Das Ziel ist eine reliable Einschätzung der Größe eines Effekts. Die Vorteile, die die Metaanalyse gegenüber einer einzelnen Originalarbeit bietet, sind der deutlich größere Stichprobenumfang und die größere Repräsentativität der Ergebnisse, da diese aus einer vielfältigen Stichprobenzusammensetzung und unterschiedlichen Methoden, mit denen dasselbe Konstrukt erfasst wird, resultieren. Das Vorgehen der Metaanalyse ist in den ersten Schritten vergleichbar mit dem eines systematischen Reviews. Nach der Auswahl der einzuschließenden Originalstudien werden die Effektgrößen aus den einzelnen Studien extrahiert und zusammengefasst. Die Darstellung erfolgt in der Regel in einem Baumdiagramm, in dem die Effektgrößen und Konfidenzintervalle der einzelnen Studien sowie die mittlere Effektgröße über alle Studien gewichtet mit der jeweiligen Stichprobengröße dargestellt sind. Darüber hinaus wird noch eine Homogenitätsanalyse durchgeführt, die Aufschluss darüber gibt, in welchem Ausmaß die Studienergebnisse voneinander abweichen, also methodische Aspekte als Moderatoren einen Einfluss auf das Zustandekommen der Ergebnisse haben. Deutet die Homogenitätsanalyse auf einen starken Einfluss von Moderatoren hin, kann es sinnvoll sein, die Effektgröße nicht im Mittel über die gesamte Anzahl an Studien, sondern über homogenere Subgruppen hinweg anzugeben, was aber natürlich mit einer Verringerung der statistischen Power einhergeht. Unabhängig von der Homogenität macht die Subgruppenbildung auch hinsichtlich anderer Aspekte Sinn, so kann man z. B. die Ergebnisse von Studien, die höheren Qualitätsansprüchen genügen, mit solchen vergleichen, die dies nicht tun, oder solche Ergebnisse, die in Peer-Reviewed-Journals veröffentlicht wurden mit denjenigen, die anderen Quellen, wie beispielsweise

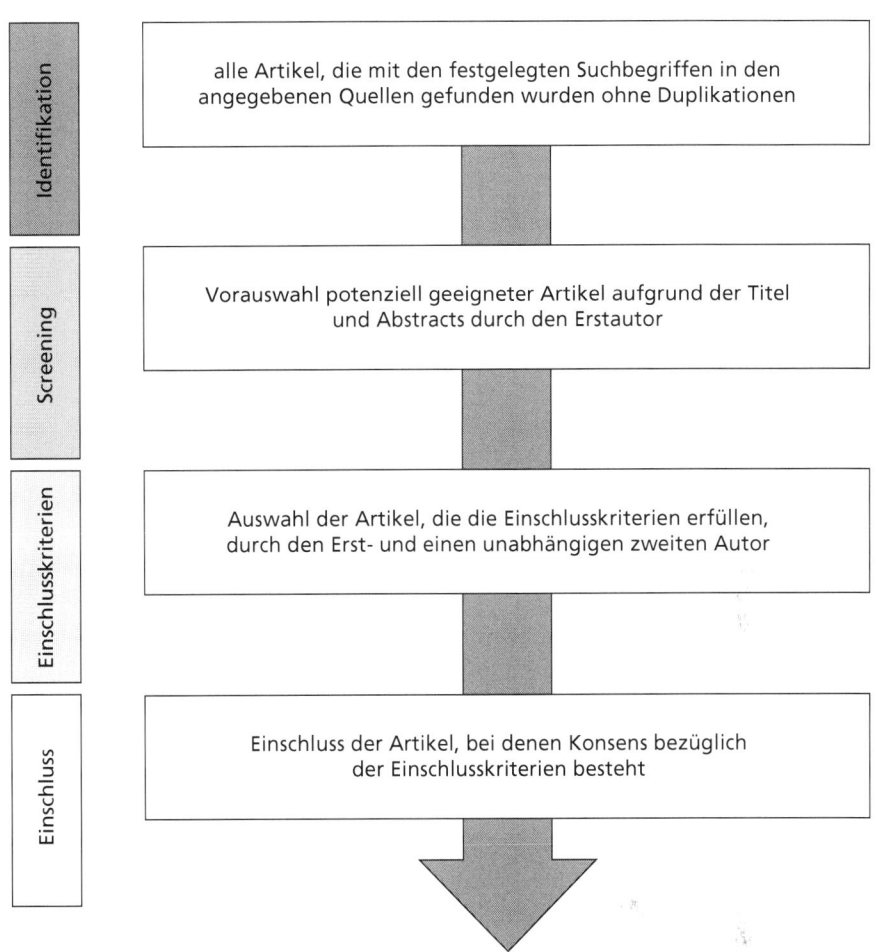

Abb. 6.3: Mögliches Vorgehen bei der Literaturauswahl für ein systematisches Literatur-Review dargestellt in einem Flowchart

Dissertationsschriften, entnommen wurden. Der letztere Vergleich liefert einen Hinweis auf den sog. Publikations-Bias (▶ Kap. 6.2.4). Neben dem Vergleich von Studien unterschiedlicher Qualitätsstandards bestehen noch die Möglichkeiten, Grundstandards als Einschlusskriterien festzulegen und Studien unterschiedlicher Qualitäten unterschiedlich stark zu gewichten, um den Einfluss der methodischen Qualität auf die Ergebnisse der Metaanalyse zu regulieren. Um die Güte einer Metaanalyse zu beurteilen, kann die Einhaltung der PRISMA-Richtlinien (**P**referred **R**eporting **I**tems for **S**ystematic Reviews and **M**eta-**A**nalyses; Moher et al., 2009; Fiegler et al., 2011; www.prisma-statement.org), die Kriterien für qualitative Standards bei der Erstellung einer solchen Analyse vorgeben, herangezogen werden.

Cochrane Reviews

Im Zusammenhang mit der Bewertung therapeutischer Verfahren sei noch auf eine spezielle Form der Literaturübersicht hingewiesen, die Cochrane Reviews (www.cochrane.org). Diese systematischen Reviews werden durch internationale Netzwerke von Wissenschaftlerinnen mit dem Ziel erstellt, therapeutische Verfahren für unterschiedliche Erkrankungen auf ihre Wirksamkeit hin zu überprüfen und Praktikerinnen Behandlungsentscheidungen zu erleichtern. Eine der Prämissen der Cochrane Review-Gruppen ist, dass sie unabhängig von einer finanziellen Förderung durch die Industrie arbeiten und ihre Arbeit vorwiegend durch Universitäten, Stiftungen oder Gesundheitsbehörden finanziert wird. Weiterhin sind die sehr hohen methodischen Standards zu erwähnen, die der Erstellung der Reviews zugrunde liegen. Zu jedem der sehr ausführlichen Reviews liegen laienverständlich formulierte Zusammenfassungen vor, und die vollständigen Reviews sind ein Jahr nach ihrer Veröffentlichung frei im Internet für die Allgemeinheit zugänglich, was einen großen Vorteil gegenüber den häufig für die therapierende Allgemeinheit nicht, oder nur unter erheblichem finanziellen Aufwand, zugänglichen Fachzeitschriften darstellt.

6.2.4 Methodische Probleme in der Psychotherapieforschung

Wie alle wissenschaftlichen Untersuchungen sind auch Psychotherapiestudien anfällig für methodische Fehler. Davon sind einige spezifisch für Psychotherapiestudien, andere betreffen Forschung im Allgemeinen, haben aber bei der Beurteilung des Behandlungserfolgs mittels bestimmter Verfahren möglicherweise größere Auswirkungen. Vier der auswirkungsreichsten methodischen Probleme sollen im Folgenden kurz skizziert werden.

Publikations-Bias

Die gängigste Form der Verbreitung von Studienergebnissen ist diejenige in wissenschaftlichen Fachzeitschriften. Obwohl das Phänomen seit Langem bekannt ist und recht einhellig von der wissenschaftlichen Community kritisiert wird, finden nach wie vor solche Forschungsergebnisse eher positive Beachtung, die Hypothesen bestätigen und Effekte nachweisen konnten. Diese Ergebnisse können leichter und eher in höherrangigen Fachjournalen publiziert werden, obwohl natürlich Ergebnisse, die nicht mit den Hypothesen konform sind, einen vergleichbaren wissenschaftlichen Gewinn darstellen. Bezogen auf Psychotherapiestudien hat dies also den Effekt, dass tendenziell eher Studienergebnisse publiziert werden, die einen positiven Therapieeffekt nachweisen konnten als solche, bei denen sich der Behandlungserfolg nicht von der Placebobedingung unterscheidet oder sogar negative Effekte gezeigt werden konnten. Dies kann zu einer Überschätzung der Effektivität psychotherapeutischer Maßnahmen führen. Aus diesem Grund sind Replikationsstudien – möglichst von unabhängigen wissenschaftlichen Gruppen – mindestens genauso wichtig wie die initialen Studien.

Stichprobenselektion

Ein weiteres Problem von wissenschaftlichen Untersuchungen im Allgemeinen und Psychotherapiestudien im Besonderen ist die oftmals fehlende Repräsentativität der Stichproben dieser Studien. Dies kann mehrere Gründe haben. Zum einen ist ein gewisses Funktionsniveau erforderlich, um an einer psychotherapeutischen Behandlung und darüber hinaus noch an einer wissenschaftlichen Studie teilzunehmen. Das zugrundeliegende Problem und die Behandlungsbedürftigkeit müssen erkannt und ein entsprechendes Behandlungsangebot muss ausfindig gemacht werden. Termine müssen vereinbart und eingehalten werden, was sowohl einen zeitlichen als auch für manche Familien einen finanziellen Aufwand bedeutet (z. B. Fahrtkosten etc.). D. h., dass diejenigen Patientinnen und ihre Familien, die ein sehr geringes Funktionsniveau haben und möglicherweise am stärksten betroffen sind, eventuell gar keinen Zugang zu der Studie finden und in den Daten unterrepräsentiert sind. Ein Beispiel könnte eine Studie zur Behandlung sozialer Ängste im Kindesalter sein: Diejenigen Kinder, die am stärksten betroffen sind, haben mit höherer Wahrscheinlichkeit auch Eltern, die unter sozialen Ängsten leiden. Die Eltern sind aber diejenigen, die eine Behandlung und Studienteilnahme initiieren, was den selbst stark sozial ängstlichen Eltern besonders schwerfallen dürfte. Zum anderen wird auch von der Seite der Wissenschaftlerinnen manchmal eine Beeinträchtigung der Stichprobenrepräsentativität herbeigeführt, indem überzogene Ein- und Ausschlusskriterien für die Studienteilnahme definiert werden. Beispielsweise findet man viele ältere Psychotherapiestudien zum Störungsbild ADHS, in denen Komorbiditäten als Ausschlusskriterium festgelegt wurden. Da aber schätzungsweise 80 % der Kinder mit einer ADHS mindestens eine weitere psychische Störung haben, lassen sich die Studienergebnisse mit diesem Ausschlusskriterium nur noch auf eine Minderheit der Patientinnengruppe verallgemeinern.

Abhängige Variablen

Die Auswahl der abhängigen Variablen in einer Psychotherapiestudie kann ebenfalls Schwierigkeiten mit sich bringen, die bei der Interpretation der Daten berücksichtigt werden sollten. Einerseits werden erstaunlicherweise von manchen Wissenschaftlerinnen Variablen gewählt, die weder die Kernsymptome einer Störung noch Auswirkungen höherer Ordnung betreffen. Dabei sollte natürlich eine Psychotherapie für ein bestimmtes Störungsbild dazu dienen, die Symptomatik der Störung, für die die Therapie konzipiert wurde, zu vermindern. Ein Beispiel hierfür wäre, das Sozialverhalten als abhängige Variable für die Beurteilung einer Therapie für Kinder mit ADHS zu wählen. Als Kernsymptome würden sich Aufmerksamkeit, Hyperaktivität und Impulsivität, als Variablen höherer Ordnung Lebensqualität oder Schulleistungen anbieten. Das Sozialverhalten jedoch betrifft vielmehr eine zwar häufige und eine an sich zu behandelnde Komorbidität der ADHS, nämlich die Störung des Sozialverhaltens, nicht aber die Kernsymptomatik von ADHS oder Variablen höherer Ordnung. Eine andere Problematik geht mit der unterschiedlichen Wahrnehmung von Verhaltensverbesserungen durch verschiedene Beobachterinnen einher. So bewerten die Eltern Therapieerfolge zumeist positiv, während Lehrkräfte die Erfolge kritischer einstufen. Das bedeutet nicht, dass es sich um Fehlurteile handelt, sondern spiegelt vielmehr die Tatsache wider, dass sich die Sichtweisen auf ein Problem stark unterscheiden können. Allerdings lassen sich Therapieeffekte, die durch unterschiedliche Beurteilerinnen eingeschätzt wurden, nur schwer vergleichen.

Komorbiditäten

Die meisten psychotherapeutischen Verfahren sind symptomorientiert, seltener findet man kompetenzorientierte Verfahren. Das bedeutet, dass sich bestimmte Therapien an Patientinnen mit bestimmten Störungsbildern richten. Die klinische Realität sieht jedoch so aus, dass psychische Störungen selten allein vorkommen, sondern häufig mit Komorbiditäten einhergehen, und bei Weitem nicht immer kann eine Störung als im Vordergrund stehend identifiziert werden. Neuere Trends greifen dieses Dilemma auf und beschäftigen sich mit Möglichkeiten, Psychotherapie zu individualisieren, d. h. die Verfahren und Module an die individuellen Bedürfnisse der Patientin anzupassen, um so ein möglichst gutes Behandlungsergebnis zu erzielen. Das anspruchsvolle Vorgehen der Auswahl und Priorisierung von Zielsymptomen, Behandlungsbausteinen und Monitoring des therapeutischen Vorgehens steht dabei für die Altersgruppe der Kinder noch in den Kinderschuhen, zeigt aber für den Erwachsenenbereich bereits eindrückliche Verbesserungen der herkömmlichen Therapieergebnisse (Ng & Weisz, 2015).

6.3 Ergebnisse von Psychotherapieforschung im Kindes- und Jugendalter

Zum Abschluss dieses Kapitels soll ein kurzer Überblick über den aktuellen Stand der Psychotherapieforschung im Kindes- und Jugendalter gegeben werden. Dabei geht es nicht um die Bewertung einzelner Verfahren für einzelne Störungsbilder, sondern um eine generelle und zusammenfassende Bewertung psychotherapeutischer Maßnahmen für diese Altersgruppe.

Während ältere Metaanalysen den Effekt von Psychotherapie bei Kindern und Jugendlichen noch recht optimistisch einschätzten, kommen aktuellere Studien zu eher ernüchternden Ergebnissen. Dabei fassten die älteren Studien vorwiegend Studienergebnisse zusammen, die aus einem Vergleich von psychotherapeutischer Behandlung mit einer Wartelisten-Kontrollgruppe resultierten. Aktuellere Studien fokussieren eher einen Vergleich von manualisierter Psychotherapie mit einer nicht vorgegebenen Standardbehandlung, was sicherlich einen Teil der Differenz zwischen älteren und neueren Befunden erklärt.

Im Detail konnten ältere Metaanalysen für Psychotherapie bei Kindern und Jugendlichen mittlere bis starke Effektstärken zwischen $d = .71$ und $d = .88$ finden (Casey & Berman, 1985; Kazdin, Bass, Ayers, & Rodgers, 1990; Weisz, Weiss, Han, Granger, & Morton, 1995), was den bei erwachsenen Patientinnen gefundenen Effektstärken entspricht. Darüber hinaus weisen die Ergebnisse auf eine bessere Wirksamkeit behavioraler Verfahren gegenüber nicht-behavioralen Verfahren hin, jugendliche Mädchen profitierten besonders stark von Psychotherapie gegenüber jüngeren Mädchen und Jungen, und in psychotherapeutischen Methoden angelernte nicht professionelle Therapeutinnen wie Eltern oder Lehrkräfte erzielten interessanterweise bessere Effekte als professionelle Therapeutinnen und angehende Therapeutinnen, wobei die professionellen Therapeutinnen die besten Ergebnisse bei internalisierenden Störungen erreichten (Weisz et al., 1995).

In einer aktuellen Metaanalyse, in die $k = 52$ randomisiert-kontrollierte Studien einbezogen wurden, die eine Psychotherapie mit einer Standardbehandlung (TAU) verglichen, zeigte sich die Psychotherapie mit einer kleinen Effektstärke von $d = .29$ gegenüber TAU überlegen (Weisz et al., 2013). Von einer Vielzahl von Moderatoren, die in die Analyse einbezogen wurden, zeigten sich bedeutsame Effekte für:

- *den Ort*, an dem die Studie durchgeführt wurde: Hier waren die Effekte größer, wenn die Studie in den USA ($d = .33$) durchgeführt wurde im Vergleich zu Studien, die außerhalb der USA durchgeführt wurden ($d = .06$);
- *den Schweregrad* der Symptomatik: Es zeigten sich größere Effekte, wenn nur einige oder keine der Probandinnen die Diagnosekriterien voll erfüllten ($d = .45$) im Vergleich zu Studien, bei denen alle Probandinnen diese Kriterien erfüllten ($d = .09$);
- *den Informantinnen*: Hier zeigten sich nach Einschätzung der Jugendlichen ($d = .30$) die besten Effekte gefolgt von den Eltern ($d = .24$), Lehrkräften ($d = .10$) und Therapeutinnen ($d = -.12$).

Eine wesentlich größere Metaanalyse derselben Arbeitsgruppe, die auch andere Kontrollbedingungen als TAU berücksichtigte, kam zu einem nur leicht positiveren Ergebnis (Weisz et al., 2017). Insgesamt wurden in dieser Analyse $k = 447$ Studien aus den vergangenen 50 Jahren mit insgesamt $N = 30\,431$ Kindern und Jugendlichen im Alter von vier bis 18 Jahren berücksichtigt. Mittels einer Multilevel-Analyse ergab sich eine mittlere Effektstärke für den Post-Treatment-Zeitpunkt von $d = .46$ und für den Follow-up-Zeitpunkt von $d = .36$. Somit lag der Effekt deutlich unter den in älteren Studien gefundenen Effekten und insgesamt im kleinen Effektstärkebereich. Für diese Reduktion der Effektstärke führen die Autorinnen selbst vor allem methodische Gründe an: In den älteren Metaanalysen wurden die Effektstärken nicht in Bezug auf die Stichprobengröße gewichtet, so dass Studien mit kleineren Stichproben, die in der Regel größere Effekte produzieren, verstärkt in die Ergebnisse eingingen und diese damit in positiver Richtung verzerrten. Aktuelle Metaanalysen korrigieren diesen Effekt durch eine Gewichtung, so dass die Effekte realistischer eingeschätzt werden können.

Die Moderatoranalyse, die insgesamt elf Moderatoren auf verschiedenen Ebenen berücksichtigte, zeigte einen bedeutsamen Einfluss der folgenden Variablen:

- Ort, an dem die Studie durchgeführt wurde: Hier waren die Effekte, anders als in der Analyse von 2013, größer, wenn die Studie außerhalb der USA ($d = .54$, k = 130 Studien) durchgeführt wurde im Vergleich zu Studien, die in den USA durchgeführt wurden ($d = .42$, k = 303 Studien).
- Art des Problemverhaltens: Die größten Effektstärken – und die einzigen im mittleren Effektstärkenbereich – ergaben sich für die Behandlung von Angststörungen (Post: $d = .61$, k = 143 Studien; Follow-up: $d = .55$, k = 34 Studien), gefolgt von Störungen des Sozialverhaltens (Post: $d = .46$, k = 158 Studien; Follow-up: $d = .44$, k = 46 Studien), ADHS (Post: $d = .34$, k = 82 Studien; Follow-up: $d = .22$, k = 28 Studien), Depression (Post: $d = .29$, k = 47 Studien; Follow-up: $d = .22$, k = 27 Studien) und multiplen Problemen (Post: $d = .15$, k = 13 Studien; Follow-up: $d = .02$, k = 5 Studien). Berücksichtigt man die überwiegende Häufigkeit, mit der psychische Störungen im Kindes- und Jugendalter in kombinierter Form bzw. komorbid auftreten, ist das letzte Ergebnis besonders bemerkenswert, da der Effekt für die Psychotherapie von multiplen psychischen Problemen nicht signifikant wurde.
- Informantin: Bezüglich der Informantin, die über die psychischen Probleme berichten sollte, ergaben sich die größten Effekte für das Elternurteil ($d = .48$, k = 209 Studien), gefolgt vom Selbsturteil der Patientinnen ($d = .43$, k = 239 Studien) und dem Lehrerinnenurteil ($d = .27$, k = 108 Studien).
- Kontrollbedingung: Erwartungsgemäß zeigten sich die größten Effektstärken für den Vergleich einer Behandlung zu einer Nichtbehandlung ($d = .53$, k = 234 Studien), gefolgt von einer psychotherapeutischen Placebobehandlung ($d = .41$, k = 113 Studien), Fallbetreuung ($d = .39$, k = 34 Studien) und Standardbehandlung ($d = .30$, k = 59 Studien). Nicht signifikant überlegen war die Psychotherapie einer Behandlung mit einer medikamentösen Placebobehandlung (k = 5 Studien).

Auch eine Interaktion zwischen den Moderatoren wurde von den Autorinnen untersucht, indem der Effekt der Informantinnen mit anderen Moderatoren in Verbindung gebracht wurde. Bezüglich der Art der Störung konnten bedeutsame Effekte über alle drei Informantinnen hinweg für Angststörungen und Störungen des Sozialverhaltens, nicht aber für ADHS, Depression und multiple Probleme gefunden werden. Hinsichtlich der Art der Therapie ergaben sich nur für die patientenfokussierten behavioralen Verfahren bedeutsame Effekte über alle Informantinnen, in Bezug auf die Kontrollbedingung für die Nichtbehandlung und die Psychotherapie-Placebobehandlung. Ein sehr positives Ergebnis ergab sich hinsichtlich der Studienqualität: Hier zeigten sich keine bedeutsamen Hinweise auf einen Publikations-Bias und die Merkmale der Studienqualität hatten keinen bedeutsamen Einfluss auf die Effektstärke. Insgesamt ist also festzuhalten, dass aktuelle Studien mit hoher Studienqualität und angemessenen statistischen Korrekturen methodischer Schwächen wesentlich geringere Effekte nachweisen konnten als dies in älteren Analysen der Fall war. Nur für die Angststörungen konnten Effekte im mittleren Bereich sowohl für den Post- als auch den Follow-up-Messzeitpunkt nachgewiesen werden. Weiterhin ist natürlich anzumerken, dass für viele Störungsbilder im Kindes- und Jugendalter noch gar nicht genügend Psychotherapieevaluationsstudien vorliegen, um eine metaanalytische Abschätzung der Effekte vornehmen zu können.

Auch in der Behandlung von Kindern und Jugendlichen mit psychischen Störungen geht der Trend hin zu einer an die Bedürfnisse der Patientinnen zugeschnittenen individualisierten Psychotherapie. Noch existiert für diese Altersgruppe wenig Forschung, die herkömmliche Psychotherapie mit individualisierter vergleicht, aus diesem Grund wird hier eine gut konzipierte und eine vergleichsweise große Stichprobe umfassende einzelne Studie dargestellt, in der $N = 174$ Kinder im Alter von sieben bis 13 Jahren mit unterschiedlichen psychischen Störungen untersucht wurden (Weisz, 2012). Die Patientinnen wurden randomisiert einer der drei Behandlungsbedingungen (a) manualisierte Behandlung für ein bestimmtes Störungsbild (Angststörung, Depression oder Störung des Sozialverhaltens), (b) modularisiert-individualisierte Behandlung oder (c) der Standardbehandlung ohne Vorgaben durch die Studienleiterin (treatment as usual, TAU) zugeordnet. Es zeigte sich ein deutlicher Vorteil der modularisiert-individualisierten Therapie gegenüber den beiden anderen Bedingungen, die sich nicht in ihrer Wirksamkeit voneinander unterschieden. Dabei erwies sich die modulare Therapie den beiden anderen überlegen, bei Verwendung eines Maßes, das aus Eltern- und Kind-Urteil gebildet und vor und nach der Therapie erhoben wurde (mittlere Effektstärke: $d = .54 - .71$). Darüber hinaus verbesserte sich die Symptomatik in der modularisierten Gruppe schneller als in den beiden anderen Gruppen. Nach der Behandlung wiesen außerdem Kinder, die mit der modularisierten Therapie behandelt worden waren, signifikant weniger Diagnosen auf als solche, die mit der Standardbehandlung behandelt worden waren.

6.4 Leitlinien

Eine sehr wichtige Informationsquelle, wenn es um die Auswahl der geeigneten evidenzbasierten Diagnostik und Behandlung einer Störung geht, sind die Leitlinien der Arbeitsgemeinschaft der Wissenschaftlichen Medizinischen Fachgesellschaften e.V. (AWMF). Sie sind kostenfrei im Internet einzusehen (www.awmf.org) und bieten eine gute Möglichkeit, sich zusammenfassend über den aktuellen Kenntnisstand bezüglich Diagnostik und Behandlung, ggf. auch Prävention und Rehabilitation, in Hinblick auf ein Störungsbild zu informieren und wesentliche Qualitätsstandards in der Versorgung von Patientinnen einzuhalten. Die Leitlinien geben den aktuellen Kenntnisstand aus wissenschaftlicher Evidenz und Praxiserfahrung wieder und dienen sowohl Behandlerinnen als auch Patientinnen als wichtige Entscheidungshilfe. Leitlinien existieren für alle medizinischen Fachbereiche, für den Bereich psychischer Störungen im Kindes- und Jugendalter sind vor allem die Leitlinien der Deutschen Gesellschaft für Kinder- und Jugendpsychiatrie, Psychosomatik und Psychotherapie (DGKJP) relevant (https://www.awmf.org/leitlinien/aktuelle-leitlinien/ll-liste/deutsche-gesellschaft-fuerkinder-und-jugendpsychiatrie-psychosomatik-und-psychotherapie.html). Auch die Deutsche Gesellschaft für Psychologie (DGPs) hat Leitlinien für die Behandlung psychischer Störungen bei Kindern, Jugendlichen und Erwachsenen entwickelt. Bislang sind Leitlinien zur Psychotherapie von Schizophrenie, somatoformer Störungen und assoziierter Syndrome, Sozialer Angststörung, Panikstörung und Agoraphobie und Affektiver Störungen erschienen, weitere Leitlinien befinden sich in Vorbereitung.

6.4.1 Wie kommen die Leitlinien zustande?

Die Entwicklung von Leitlinien folgt einem klaren, vorgegebenen Schema und vor einer Publikation der Leitlinie wird sie anhand eines Regelwerks, dem »Deutschen Instrument zur methodischen Leitlinien-Bewertung (DELBI)« begutachtet. Das Vorgehen bei der Erstellung einer Leitlinie umfasst die folgenden Schritte, für die jeweils DELBI-Kriterien, an denen sich die Entwicklerinnen orientieren können und sollen, existieren:

- Planung und Organisation
- Anmeldung
- Leitlinienentwicklung
- Redaktion
- Implementierung und Evaluierung
- Fortschreibung und Aktualisierung
- Publikation

Beispiele für die Kriterien der höchsten methodischen Klassifikationsstufe sind: Die Zusammensetzung der Gruppe, die die Leitlinie verfasst, soll für den Kreis der Adressatinnen repräsentativ sein. Entsprechend sollen unterschiedliche Fachgesellschaften, Berufsverbände, Organisationen, die Anwenderinnen und Patientinnen repräsentieren, durch Mandatsträgerinnen vertreten sein. Diese multiprofessionelle und interdisziplinäre Herangehensweise gewährleistet im optimalen Fall eine Ausgewogenheit und Vermeidung von Einflussnahme der Interessen einzelner Gruppierungen. Interessenskonflikte und das Finanzierungskonzept für das Leitlinienprojekt sind offenzulegen, und die Entwicklung der Leitlinien und einzelnen Empfehlungen sind genau zu dokumentieren.

6.4.2 Wie sind die Empfehlungen in den Leitlinien zu bewerten?

Die Leitlinien haben zum Ziel, die bestehende Evidenz und Praxiserfahrung zur Diagnostik und Behandlung von bestimmten Störungsbildern zu sichten, auszuwerten und daraus Empfehlungen abzuleiten. Diese Empfehlungen sollen also den aktuellen wissenschaftlichen Kenntnisstand möglichst gut repräsentieren. Nicht immer aber liegt hinreichend viel Evidenz für jedes Störungsbild und jede Teilfragestellung vor, um mit entsprechender Sicherheit die erforderlichen Schlüsse daraus ziehen zu können. Gerade im Bereich der Behandlung von Kindern und Jugendlichen mit psychischen Erkrankungen bestehen noch immer erhebliche Lücken in der Erforschung einzelner Fragestellungen. Gleichzeitig sind idealerweise unterschiedliche Gruppierungen an der Leitlinienentwicklung beteiligt, so dass nicht immer ein Konsens über die Empfehlungen herrscht. Schließlich ist aufgrund des erheblichen zeitlichen und auch finanziellen Aufwandes nicht immer eine Leitlinienentwicklung auf dem angestrebten, höchsten Niveau möglich.

Um zu bewerten, wie hoch das methodische Niveau bei der Leitlinienentwicklung bzw. wie stark die Evidenzbasierung und der Konsens der Leitliniengruppe bezüglich einzelner Empfehlungen sind, werden verschiedene Klassifikationen vorgenommen. Dies ermöglicht es der Anwenderin, die jeweilige Leitlinie zu beurteilen.

S-Klassifikation

Die S-Klassifikation ermöglicht eine Einschätzung des methodischen Vorgehens, das bei der Entwicklung der Leitlinie verfolgt wurde. Die Entwicklerinnen müssen dabei schon frühzeitig eine Entscheidung darüber treffen, auf welchem Niveau sie die Leitlinie erstellen bzw. bearbeiten wollen. Dabei werden vier Stufen unterschieden (▶ Tab. 6.3):

Tab. 6.3: Stufenklassifikation nach dem AWMF-Regelwerk (in Anlehnung an Muche-Borowski & Kopp, 2011)

Stufe	Methodischer Hintergrund	Merkmale
S3	Evidenz- und konsensbasierte Leitlinie	Die Entwicklungsgruppe besteht aus einem repräsentativen Gremium. Die Literatur wird systematisch und nach transparenten Kriterien recherchiert, ausgewählt und hinsichtlich des Evidenzgrades bewertet. Die Konsensfindung innerhalb der Entwicklungsgruppe erfolgt strukturiert unter neutraler Moderation und mit Angabe der Konsensstärke.
S2e	Evidenzbasierte Leitlinie	Die Literatur wird systematisch und nach transparenten Kriterien recherchiert, ausgewählt und hinsichtlich des Evidenzgrades bewertet.
S2k	Konsensbasierte Leitlinie	Die Entwicklungsgruppe besteht aus einem repräsentativen Gremium. Die Konsensfindung innerhalb der Entwicklungsgruppe erfolgt strukturiert unter neutraler Moderation und mit Angabe der Konsensstärke.
S1	Handlungsempfehlungen von Expertengruppen	Die Konsensfindung innerhalb der Entwicklungsgruppe erfolgt in einem informellen Verfahren.

Dementsprechend stellen S3-Leitlinien diejenigen mit dem höchsten methodischen Niveau bei der Entwicklung dar, S1-Leitlinien diejenigen mit dem geringsten Niveau.

Evidenz- und Empfehlungsgrad

Evidenz- und Empfehlungsgrad werden für Leitlinien der Stufen S3 und S2e angegeben. Beide hängen eng zusammen, müssen aber nicht zwangsläufig deckungsgleich sein, da in den Empfehlungsgrad auch klinische Erfahrungswerte von Anwenderinnen und Patientinnen einfließen, die im Evidenzgrad nicht berücksichtigt sind. Die Evidenzstärke lässt sich in vier Klassen einteilen, wobei die Klasse I einer hohen Evidenzstärke, die Klasse II einer moderaten und die Klassen III und IV einer geringen entsprechen. Die Einteilung des Empfehlungsgrades umfasst drei Kategorien: A (starke Empfehlung), B (Empfehlung) oder 0 (Empfehlung offen). Entsprechend dem Empfehlungsgrad ist die Semantik der Empfehlungen gestaltet. Eine starke Empfehlung wird durch »soll/soll nicht« gekennzeichnet, Kategorie B durch »sollte/sollte nicht« und Kategorie C durch »kann erwogen werden/kann verzichtet werden«.

Bei der Festlegung des Evidenz- und Empfehlungsgrades für S3-Leitlinien werden die folgenden Kriterien berücksichtigt (AWMF):

- Konsistenz der Studienergebnisse
- klinische Relevanz der Endpunkte und Effektstärken
- Nutzen-Risiko-Verhältnis
- ethische, rechtliche, ökonomische Erwägungen
- Patientinnenpräferenzen
- Anwendbarkeit auf die Patientinnenzielgruppe und das deutsche Gesundheitssystem
- Umsetzbarkeit im Alltag/in verschiedenen Versorgungsbereichen

Konsensgrad

Da die Empfehlungen im Optimalfall unter neutraler Moderation in einer multiprofessionellen und interdisziplinären und damit heterogenen Gruppe abgestimmt werden, ist es möglich, dass in der Gruppe keine Einigkeit erzielt wird. Um dies zu beurteilen, wird zusätzlich zum Empfehlungsgrad noch die Konsensstärke angegeben, also eine prozentuale Angabe der zustimmenden Mandatsträgerinnen. Zum Teil werden auch zusammenfassende Hinweise darauf gegeben, wie die einzelnen beteiligten Gruppierungen abgestimmt haben, z. B. indem neben der Konsensstärke für die gesamte Entwicklungsgruppe noch diejenige für die Fachgesellschaften angegeben oder Sondervoten aufgeführt werden.

6.4.3 Rechtliche Verbindlichkeit von Leitlinien

Die Leitlinien sind zwar rechtlich nicht bindend, im Gegensatz zu Richtlinien, die z. B. vom Gemeinsamen Bundesausschuss erlassen werden. Im Einzelfall ist jedoch zu überprüfen und zu begründen, warum von den Leitlinien abgewichen wird, was z. B. beim Vorliegen von bestimmten Konstellationen an Komorbiditäten oder Präferieren anderer Verfahren durch die Patientin der Fall sein kann. Gleichzeitig ist insbesondere bei S3-Leitlinien, einem hohen Evidenz- und Empfehlungsgrad sowie großer Konsensstärke davon auszugehen, dass sie einem »medizinischen Standard« gleichkommen. Im Falle eines Rechtsstreits stellen diese Leitlinien eine mögliche Grundlage für eine Begutachtung dar, insofern muss eine Abweichung von ihnen im Einzelfall fachlich gut begründet werden.

6.5 Überprüfung der Lernziele

- Was ist bei Nicht-Überlegenheitsstudien zu beachten?
- Welche Kriterien sind bei der Erstellung einer Metaanalyse bzw. der Planung von Psychotherapiestudien zu beachten?
- Beschreiben Sie ein Double- und Multiple-Baseline-Design.
- Von welchen Parametern ist die statistische Signifikanz abhängig?
- Beschreiben Sie methodische Probleme der Psychotherapieforschung.
- Wo können Sie sich über aktuelle Empfehlungen zu Psychotherapie informieren?

Teil 2

7 Ethische Grundprinzipien

> **Lernziele**
>
> - Sie kennen die ethischen Grundprinzipien der Psychotherapie.
> - Sie verstehen, was mit der Paternalismus-Debatte gemeint ist.

Fallbeispiele

Emma (3 Jahre): Nach der Geburt ihres kleinen Bruders (2 Jahre) Einhalten des Stuhlgangs. Dadurch mehrfach Verstopfungen mit klinischer Behandlungsnotwendigkeit, Harnwegsinfektionen, starke emotionale Belastung der Eltern, sehr lange Toilettengänge, Veränderung der Ernährung (keine Süßigkeiten, stattdessen Milchzucker, Backpflaumen). In der Untersuchungssituation ruhiges, zurückhaltendes Kind, kann sich gut allein still beschäftigen.

Leopold (9 Jahre): Seit dem 4. Lebensjahr wechselnde motorische (beispielsweise Lippen lecken, Nase rümpfen, Kopfnicken, springen) und vokale (beispielsweise Ausstoßen von Lauten, Singen) Tics; seit einem Jahr ausgeprägtes Waschverhalten (Gesicht, Hände):

- nach jedem Toilettengang äußerst gründliche Reinigung (Verbrauch bis zu einer halben Rolle Toilettenpapier); und abduschen des Penis;
- aktuell ausgeprägtes Waschverhalten besonders in Zusammenhang mit Nikotinkonsum von Mitmenschen:
  - Leopold könne niemanden anfassen, der vorher geraucht habe;
  - sei er in einem Raum, wo geraucht würde, würde Leopold sich danach Nasenlöcher, Hände und Mund auswaschen;
  - gehe er spazieren und trete aus Versehen auf eine Zigarettenkippe, würde er sich danach gründlich waschen, auch die Schuhe, insbesondere die Sohlen;
  - nach Besuch von Rauchern müsse Mutter alle Stühle und Gegenstände, die angefasst worden seien, gründlich abwaschen.

Aktuell starker Einbezug der Umgebung in seine Zwangshandlungen (nimmt Schwester/Mitschülerinnen an den Händen und führe sie zum Waschbecken, wenn diese sich nach ihrem Toilettengang nicht gründlich die Hände gewaschen haben). Die Mutter gibt an, dass bis auf Leopold die gesamte Familie unter diesen Handlungen stark leide.

Franziska (16 Jahre): Anorexia Nervosa seit ca. einem ¾ Jahr. Eltern ist verändertes Essverhalten anfangs nicht aufgefallen. Bei einem Badeurlaub waren sie dann schockiert von der veränderten Figur der Tochter. Franziska hat keinerlei Therapiemotivation, findet Gewichtsabnahme positiv (Selbstwertstärkung) und kompensiert darüber Selbstwertzweifel (schlechte Integration in Klasse, sozial ängstlich, zurückhaltend, scheu). Die Eltern sind völlig ratlos, wissen nicht, was sie tun sollen, sind emotional sehr engagiert, z. T. überengagiert, was zu passivem Verhalten von Franziska in der Therapie und zu weiterer Nahrungsverweigerung führt.

Zu den *ethischen Grundprinzipien* der Psychotherapie gehört:

- die Betonung der Autonomie und Selbstregulation der Patientinnen,
- die Betonung der aktiven Rolle bei der Gestaltung ihres eigenen Lebens,
- die Maximierung der persönlichen Freiheit,
- die Betonung des prinzipiellen Wertepluralismus,
- die Konzeption eines ganzheitlichen Personenmodells,
- die Berücksichtigung der Entwicklungsdynamik,
- ein vorsichtiger therapeutischer Optimismus,
- eine empirisch-wissenschaftliche Orientierung,
- ein pragmatischer Standpunkt: wissenschaftliche Ergebnisse/Methoden nach Nutzen beurteilen und einsetzen (Mattejat et al., 2006).

Die Psychotherapie will Menschen helfen, bestimmte Situationen besser zu bewältigen und damit im Leben unbelasteter zurechtzukommen. Dazu unterstützen wir in der Psychotherapie den Menschen individuell und in seinen sozialen Bezügen. Der Lernerfolg, die Verhaltensänderung in einer Problemkonstellation kann letztlich auch eine Veränderung von Lebensentwurf und Wertesystem bedeuten, so dass eine erfolgreiche Behandlung den Menschen verändern kann. Daran schließt sich die Definitionsfrage an was eigentlich »normal« ist und was »gestört«:

- Wer definiert, was normal ist, wer legt fest, was eine therapiebedürftige Störung ist?
- Wann ist z. B. Angst normales Schutzverhalten, wo wird sie zum Problem?
- Die Abgrenzung von Normalität und Störung ist stark vom Wertesystem und den Verhaltensnormen in einer Gruppe oder Gesellschaft abhängig (Hungerige & Päßler, 1999).

Im Vordergrund der praktischen therapeutischen Arbeit stehen:

- Maximierung der Entscheidungsfreiheit und Eigenverantwortung der Patientinnen;
- das Prinzip der minimalen Intervention;

- die gemeinsame Definition von Problemen und Zielen;
- Arbeit unter einer systembezogenen Perspektive: Interventionen beziehen sich auf Teilbereiche des individuellen und sozialen Systems, aber immer unter Berücksichtigung des gesamten Hintergrundes;
- prinzipielle Vorläufigkeit und Flexibilität des Vorgehens;
- die Therapie als professionelle Interaktion mit enger Verbindung zwischen Wissenschaft und Praxis (Mattejat et al., 2006).

Aber, Veränderungen, die von außen an einen herangetragen werden, schränken die persönliche Freiheit ein, lösen häufig Ambivalenzen und Ängste aus und können zu Widerstand führen. Widerstand ist dabei ein »normaler« Bestandteil von Veränderungen, denn diese werden zunächst als bedrohlich wahrgenommen und Widerstand ist der Versuch, sich vor dieser Bedrohung zu schützen (Stabilisierungsversuche; Bolten, 2011). In den eingangs aufgeführten Fallbeispielen zeigen weder Emma noch Leopold oder Franziska einen Leidensdruck und Widerstand gegenüber der Symptomatik. In allen drei Fällen definieren die Eltern, was normal, was nicht-normal ist, wie auch die Probleme und Ziele für Emma, Leopold und Franziska. Bei allen drei war das Aufsuchen der Therapie keine autonome Entscheidung der Kinder, sondern der Eltern: »Psychotherapy is most often the idea of some adults, rather than of the child« (Koocher, 1983, S. 112). Somit erfolgte keine Maximierung der persönlichen Freiheit von Emma, Leopold oder Franziska, sondern eine Einschränkung der Autonomie und damit die Verletzung eines der ethischen Grundprinzipien der Psychotherapie. Mit Bezug auf die U.N.-Konvention über die Rechte des Kindes aber gilt: »Wenn Kinder den Konsens zur Psychotherapie verweigern, berührt das die Konvention; dies gilt auch, wenn sie (gegen elterlichen Willen) Psychotherapie oder eine andere Art der Behandlung oder Beratung aufsuchen und in Anspruch nehmen wollen (Art. 27, 39, 23).« (Hungerige & Päßler, 1999).

7.1 Paternalismus-Debatte

Was ist, wenn die Patientin die Therapie/Beratung nicht auf eigenen Wunsch aufsucht z. B. im Rahmen des Strafvollzugs, bei psychiatrischer Zwangseinweisung oder wenn Eltern ihre Kinder vorstellen, obwohl diese das nicht wollen? Dies resultiert in zwei Fragen:

- Unter welchen Bedingungen kann ich der Patientin maximale Autonomie zuschreiben, d. h. Autonomie wahren und fördern?
- Unter welchen Bedingungen bin ich bereit, die Autonomie der Patientin einzuschränken? (Hungerige & Päßler, 1999).

Kinder sind aufgrund ihrer gesetzlichen »Unmündigkeit« in ihrer Autonomie von vornherein eingeschränkt und abhängig von ihren Eltern/relevanten Bezugspersonen. Je jünger das Kind ist, desto weniger kann es Hilfsmöglichkeiten einschätzen und eigene Therapieentscheidungen treffen. Kinder sind nur partielle Auftraggeberinnen, d. h. sie haben oftmals keinen Leidensdruck und keinen Therapiewunsch (▶ Fallbeispiele). Der Behandlungsvertrag wird in der Regel primär mit den Eltern abgeschlossen, wobei darauf zu achten ist, dass Kinder entsprechend ihres Entwicklungsstandes in die Entscheidungen einbezogen und v. a. altersadäquat aufgeklärt werden (Mattejat et al., 2006). Dazu bietet sich das freiwillige und informierte Einverständnis an (free and informed consent). Dafür müssen der Patientin alle Informationen vermittelt werden, die notwendig sind, damit eine vernunftbegabte Person (reasonable person) zu einem sachlichen Urteil gelangen kann (reception). Dann muss die Person die dargestellte Information verstehen (comprehension). Die aufgenommene und verstandene Information muss schließlich zur Entscheidungsfindung verwendet werden (utilization), bis letztlich von einem informierten Einverständnis gesprochen werden kann (Hungerige & Päßler, 1999). Bei Kindern ist dabei der kognitive Entwicklungsstand zu berücksichtigen, damit die Informationen entsprechend kindgerecht und verständlich sind, und ihnen muss ausreichend Zeit zur Verfügung gestellt werden, um eine eigene Entscheidung treffen zu können. Oft ist es nicht die Therapie selbst, die von Kindern abgelehnt wird, sondern die begleitenden Umstände wie ein unbekannter Ort, fremde Personen, das Gefühl, etwas falsch gemacht zu haben. In der Praxis zeigt sich, dass diese Ängste dem Kind in der Regel bereits während der ersten Therapiestunden genommen werden können. Um dem Kind aber diese Erfahrung zu ermöglichen, muss die Therapeutin bereit sein, die Entscheidungsfreiheit des Kindes für eine gewisse Zeit zu beschränken (Hungerige & Päßler, 1999).

Fallbeispiele

Emma (3 Jahre) hatte mit ihrem Verhalten eigentlich kein Problem, fing allerdings an, an den Folgen (Harnwegsinfektionen und sanktionierendes Elternverhalten) zu leiden. So stand die Arbeit mit den Eltern im Vordergrund. Emma kam zwar mit zu den Gesprächen, spielte dann aber mit dem vorhandenen Spielmaterial und mit den Eltern wurde ein Punkteplan sowie alternatives Elternverhalten beim Toilettengang erarbeitet. Nach Einführung des Punkteplans und Veränderung der elterlichen Verhaltensweisen dauerte es insgesamt drei Wochen, bis Emma allein und regelmäßig ihren Stuhlgang auf der Toilette vornahm. Durch die Reduktion dieses Konfliktfeldes verbesserte sich zudem die Eltern-Kind-Beziehung sehr positiv.

Bei **Leopold (9 Jahre)** stand eine gemeinsame Problemdefinition im Vordergrund. Leopold litt darunter, dass es seiner Mutter mit seinem Verhalten nicht gut ging und die Beziehung zur Mutter belastet war. Dies war für ihn ein Grund, sich auf die Therapie einzulassen. Die Zwangsgedanken waren für ihn für die Dauer der Therapie so unangenehm, dass diese vollständig »indirekt« er- und bearbeitet wurden, indem Leopold eine Geschichte über einen 9-jährigen Jungen namens Ludwig erzählte, der Angst hatte, Kopfkrebs zu bekommen. Der Verlauf der Geschichte spiegelte die Kranken- und Behandlungsgeschichte von Leopold wider und die Konfrontation der Ängste erfolgte mit Hilfe dieser Geschichte. Darauf konnte sich Leopold gut einlassen.

Bei **Franziska** (**16 Jahre**) stand die Krankheitseinsicht im Vordergrund. Nur aufgrund des massiven Drucks der Eltern und angedrohter Sanktionen ließ Franziska sich zunächst überhaupt darauf ein, zur Therapie zu kommen. In den ersten Sitzungen, zu denen Franziska allein kam, gelang es langsam, eine therapeutische Beziehung aufzubauen und Franziska konnte die Anorexie zunehmend als schwere Erkrankung wahrnehmen. Franziska war in den Gesprächen oftmals recht still, gab an, keine Ideen zu haben, konnte sich aber auf Vorschläge gut einlassen und setzte diese tatsächlich um. Mit Zunahme an positiven Veränderungen veränderte sich dieses Verhalten zu mehr Eigeninitiative und aktiver Gestaltung.

7.2 Überprüfung der Lernziele

- Nennen Sie die ethischen Grundprinzipien der Psychotherapie.
- Beschreiben Sie die Paternalismus-Debatte.

8 Gesprächsführung

> **Lernziele**
>
> - Sie kennen die Grundregeln der motivierenden Gesprächsführung.
> - Sie können den Einfluss der therapeutischen Beziehung auf das Therapieergebnis einordnen.

Zur Reduktion von Ängsten und Sorgen, die bei Kindern mit dem Aufsuchen einer Therapie verbunden sind, kann bereits die räumliche Gestaltung beitragen. Je freundlicher und kindgerechter bzw. für Jugendliche ansprechend die Räume gestaltet sind, desto wohler fühlen sich die Kinder und Jugendlichen, wenn sie zum ersten Termin kommen. Auch sollten Möglichkeiten vorhanden sein, dass sich Kinder in einem Bereich, der für sie ansprechend ist, aufhalten können, wenn z. B. die Gesprächssituation aufgeteilt wird, um auch allein mit den Eltern sprechen zu können. Es hat sich im ersten Kontakt zwischen Therapeutin, Eltern und Kind bewährt, zunächst alle Beteiligten gemeinsam zu begrüßen und ressourcenorientiert das Kind ins Zentrum des einleitenden Gesprächs zu stellen. Das Kind sollte direkt angesprochen werden und Fragen z. B. nach Alter, Namen, Schule, Klasse, Freundinnen, Hobbys etc. sollten direkt an das Kind gestellt und nicht über die Eltern erfasst werden. Dann sollte zunächst das Kind gefragt werden, warum gemeinsam mit den Eltern die Ambulanz aufgesucht wurde. Therapeutische Aufgabe ist, den Gesprächsverlauf genau zu beobachten und festzustellen, welche Themen ggf. Unbehagen oder »Wortkargheit« bei Kind oder Eltern/Bezugspersonen auslösen. Es empfiehlt sich, dann nicht direkt »nachzubohren« und die Gesprächssituation ggf. zu trennen.

Bei Jugendlichen hat es sich bewährt, nach einem ersten gemeinsamen Gespräch mit ihnen allein zu sprechen. Unter Umständen ist es dann auch gar nicht nötig, allein mit den Eltern zu sprechen. Gerade bei skeptischen, misstrauischen Jugendlichen, die von Eltern zur Therapie »gezwungen« wurden, muss deutlich gemacht werden, dass sie die Auftraggeberinnen sind. Es hat wenig Sinn, Themen zu bearbeiten, zu denen die Jugendlichen nicht bereit sind. Oftmals ist es so, dass ein solches Einlassen auf die Jugendlichen im Verlauf dazu führt, dass sie sich öffnen und dann auch andere Themen zulassen. Prinzipiell ist die Beziehung zwischen Therapeutin und Jugendlicher durch einen generationalen Unterschied geprägt. Eine wichtige Entwicklungsaufgabe für Jugendliche ist die Autonomie gegenüber Erwachsenen, so dass es ihnen schwerfallen kann, Rat- und Hilflosigkeit gegenüber Erwachsenen zu zeigen (Therapieteilnahme vs. Entwicklungstendenz). Häufig sind Therapieaufträge von Kindern auch nicht verbal explizit, sondern die Therapeutin muss aus indirekten Hinweisen folgern, ob die Interventionen hilfreich sind oder nicht (Fremdsteuerung vs. Selbststeuerung). Kinder prüfen, ob ihre momentanen Zustände normabweichend, veränderbar, situationsspezifisch und kontrollierbar sind. Diese Überprüfung wird v. a. durch Emotionen beeinflusst, die durch den jeweiligen Leidensdruck, den sozialen Druck und die Rahmenbedingungen ausgelöst werden (Bolten, 2011). Nach dem Modell der Handlungs-Ergebnis-Erwartung (Heckhausen & Heckhausen, 2006) lassen sich Kinder nur dann auf eine Behandlung ein, wenn ihre Bedürfnisse und Motive (und die der Eltern) in der Therapie angesprochen werden. Motivationsversuche, die an den Bedürfnissen und Lebensmotiven der Patientinnen vorbeigehen, laufen ins Leere. Der Motivationsbegriff ist wichtig für die Handlungsauslösung, also für die Beweggründe, eine Therapie aufzusuchen, d. h.

1. die Motivation, sich auf die Therapie einzulassen;
2. die Motivation, sich in der therapeutischen Beziehung zu engagieren;
3. die Motivation, sich tatsächlich zu ändern (Bolten, 2011).

8.1 Motivierende Gesprächsführung

Nach dem Health-Belief-Modell (Rosenstock, 1982) verhalten sich Menschen nur dann gesundheitsfördernd, wenn sie minimale Kenntnisse darüber haben, was Krankheit ausmacht und wie man Gesundheit aufrechterhalten kann. Patientinnen werden ihr Verhalten nur ändern, wenn sie überzeugt sind, dass sie die Verhaltensänderungen umsetzen können und diese zum Erfolg führen (Ergebnis-Kompetenzerwartung). Therapeutisch ist zu beachten, dass Änderungsmotivation häufig mit Ambivalenzen einhergeht (Annäherungs-Vermeidungs-Konflikt) und Kosten-Nutzen-Analysen ausschlaggebend sind. Wenn der Aufwand zu groß oder steigend ist, fällt diese negativ aus, und bei Kindern sind die kurzfristigen Kosten-Nutzen häufig relevanter als die langfristigen (Bolten, 2011). Motivierende Gesprächsführung (Miller & Rollnick, 2002) kann die Bereitschaft von Kindern erhöhen, sich auf eine Therapie einzulassen, sich in der therapeutischen Beziehung zu engagieren und sich tatsächlich zu ändern. Bei der motivierenden Gesprächsführung werden Gründe für und gegen eine Veränderung erwogen und die Patientinnen sollen zur Fürsprecherin der eigenen Veränderung gemacht werden. Widerstandsphänomene sollten dabei als Informationsquelle genutzt werden, um die Problem- und Zieldefinition zu verbessern.

Grundregeln der Motivierenden Gesprächsführung sind:

- Beobachtungen sollen offen angesprochen werden;
- die Therapeutin muss genau nachfragen, um genau zu verstehen;
- Tempo runter und Fokus auf Details und die emotionale Bedeutung;

- nicht argumentieren und überzeugen, sondern zuhören;
- Fragen und Zweifel besprechen;
- Verantwortung und Entscheidung für Veränderungen bei der Patientin lassen;
- Erarbeitung konkreter Veränderungsziele (positiv, realistisch, attraktiv), bei Globalzielen konkrete Teilziele erarbeiten.

Beispieldialoge der Therapeutin (T) mit Emma (E), Leopold (L) und Franziska (F)

Emma

E: Warum bin ich hier?
T: Deine Eltern haben erzählt, dass du oft in die Hose machst. Deshalb warst du auch schon krank und musstest ein Medikament nehmen, sagen deine Eltern.
E: Hm.
T: Findest du das auch?
E: Hm.
T: Wie ist das denn, wenn du auf die Toilette musst?
E: Blöd.
T: Was ist denn blöd?
E: Das tut weh.
T: Auch Pipi?
E: Nee, das nicht.
T: Was denn dann?
E: Kacke.
T: Was tut denn dann weh?
E: Der Popo.
T: Wenn du Kacke machen musst, tut dir der Popo weh?
E: Hm.
T: D. h., weil das so weh tut, versuchst du, nicht auf Toilette zu gehen?
E: Ja.
T: Aber, wenn du nicht auf Toilette gehst, wenn die Kacke raus will, wird das immer schlimmer, dann tut das immer mehr weh.
E: Hm.
T: Stört dich das?
E: Ja.
T: Wollen wir mal gucken, was wir machen können, damit das nicht mehr so weh tut und blöd ist?
E: Geht das denn?
T: Ja, das kennen wir gut. Es gibt viele Kinder, denen geht es wie dir. Wir können dir und den anderen Kindern gut helfen, dass das nicht so weh tut und nicht mehr blöd ist. Wollen wir das zusammen versuchen?
E: Na gut.

Leopold

T: Hallo Leopold.

L: Hallo.
T: Wir treffen uns heute hier um gemeinsam zu überlegen, was du machen kannst, um keine Angst vor Rauchern zu haben.
L: Ich habe keine Angst vor Rauchern.
T: Das ist ja interessant. Wovor hast du denn Angst?
L: Ich hab' gar keine Angst.
T: Hm. Deine Mutter hat erzählt, dass es immer viel Ärger gibt, wenn Raucher zu Besuch bei euch waren. Dann muss sie immer alles putzen, was die Raucher angefasst haben.
L: Hm.
T: Findest du das denn auch so?
L: Die Mama soll schon putzen, wenn die Raucher da waren.
T: Warum denn?
L: Weil das eklig ist.
T: Was ist denn eklig?
L: Dass die immer alles anfassen.
T: Aber andere fassen doch auch alles an, wenn sie zu Besuch bei euch sind.
L: Ja, aber die rauchen nicht.
T: Das Rauchen stört dich?
L: Ja.
T: Was stört dich denn daran?
L: Das ist eklig.
T: Okay, du findest Rauchen eklig und deshalb soll alles geputzt werden.
L: Ja.
T: Aber für deine Mutter ist das viel Arbeit und die will eigentlich nicht alles putzen. Deine Mutter findet die Raucher auch nicht eklig. Die rauchen ja auch nicht bei euch zu Hause.
L: Na und?
T: Wegen der Raucher gibt es ja auch viel Streit zwischen dir und deiner Mutter.
L: Hm.
T: Wie findest du denn das mit dem Streit?
L: Das ist schon blöd.
T: Würdest du gern weniger mit deiner Mutter streiten.
L: Hm, ja schon.
T: Wollen wir gemeinsam überlegen, wie du es schaffen kannst, weniger mit deiner Mutter zu streiten?
L: Okay.

Franziska

F: Ich hab' überhaupt keinen Bock hier zu sein. Ich versteh' auch nicht, warum meine Eltern so eine Welle machen. Ich bin überhaupt nicht zu dünn. Ganz viele in meiner Klasse sind genauso dünn. Vorher war ich einfach fett.
T: Du findest also, dass du eigentlich gar nicht hier sein solltest, weil mit dir alles okay ist?
F: Ja, genau.
T: Aber du bist heute hergekommen.

F: Ja, weil mich meine Scheißeltern gezwungen haben, herzukommen. Sonst darf ich nicht zum Reiten.
T: Das Reiten ist dir so wichtig, dass du deshalb heute zu mir gekommen bist?
F: Ja, genau. Das ist Erpressung.
T: Ja, stimmt. Was meinst du denn, warum deine Eltern dich erpressen?
F: Keine Ahnung.
T: Tun die das sonst auch?
F: Was, erpressen?
T: Ja.
F: Nee, sonst nicht.
T: Könnte es sein, dass deine Eltern sich große Sorgen um dich machen und deshalb wollen, dass du hierher kommst?
F: Keine Ahnung, die sind hysterisch.
T: Du findest deine Eltern hysterisch.
F: Ja, die machen diese Riesenwelle, obwohl ich nur ein bisschen abgenommen habe.
T: Du hast aber nicht nur ein bisschen abgenommen, sondern du hast im letzten dreiviertel Jahr 20 Kilogramm abgenommen, das ist sehr viel.
F: Ja, aber vorher war ich auch fett.
T: Na ja, vorher waren 25 % der Mädchen in deinem Alter dicker als du. Jetzt sind 75 % der Mädchen in deinem Alter dicker als du. D. h. nur 25 % der Mädchen in deinem Alter sind so dünn wie du. Das ist sehr wenig. Die Mehrzahl wiegt mehr.
F: Hm.
T: Wenn Jugendliche so schnell so viel abnehmen und vorher mehr gewogen haben, macht das Eltern Sorgen. Und mir auch.
F: Warum denn?
T: Weil das nicht gesund ist. Weil du jetzt zu dünn bist. Und weil zu dünn sein häufig mit Veränderungen einhergeht, die gefährlich werden können. Z. B. verändert sich die Wahrnehmung – obwohl du sehr dünn bist, denkst du, du seist dick.
F: Ich bin auch dick.
T: Du glaubst, du bist dick. Was meinst du, bist du dicker oder dünner als die Mehrzahl deiner Klassenkameradinnen?
F: Dicker.
T: Okay, du glaubst, du bist dicker als die meisten Mädchen in deiner Klasse. Hast du zufällig ein Klassenfoto, das du mal mitbringen könntest, damit wir zusammen gucken?
F: Ja, schon.
T: Wäre es okay, wenn wir mal zusammen gucken?
F: Hm, können wir schon machen.
T: Alles klar, dann bringst du, wenn wir uns das nächste Mal treffen, ein Foto von deinen Klassenkameradinnen mit und wir gucken mal, ob die wirklich alle dünner sind als du.
F: Na gut, können wir so machen.

8.2 Therapeutische Beziehung

Eine gute therapeutische Beziehung sowohl zum Kind als auch zu den Eltern ist eine Grundvoraussetzung für die Behandlung psychischer Störungen. Unter therapeutischem Basisverhalten sind unter anderem Feinfühligkeit, Empathie und Authentizität zu verstehen, d. h. die Patientin soll sich in der Therapie verstanden, ernst genommen und akzeptiert fühlen. Grawe (2004) hat die therapeutische Beziehung als einen Wirkfaktor in der Psychotherapie identifiziert.

Schulte (2008) beschreibt die therapeutische Beziehung als besondere Interaktion, welche aus Beziehungsregeln (wie soll die Therapeutin etwas tun oder sagen) und Beziehungsaspekten (non- und paraverbal – Art und Weise, wie gesprochen wird) des Verhaltens besteht. Eine therapeutische Methode zeigt sich auch im und durch das Verhalten der Therapeutin, sowohl im Inhalt (Sprache) als auch im Ausdrucksverhalten (non- und paraverbal). Zum einen bewirkt das Therapeutinnenverhalten ein verändertes Verhalten und Erleben bei der Patientin, und zum anderen nimmt die Therapeutin das Verhalten der Patientin wahr und reagiert darauf, im Sinne eines reziproken Prozesses. Schulte (2008) hält zudem fest, dass Beziehung über Erwartung wirkt und die Erfolgserwartung wesentlich durch die *Selbstwirksamkeitserwartung* der Patientinnen beeinflusst wird.

Eine aktuelle Meta-Analyse von Karver et al. (2018) untersuchte den Zusammenhang von therapeutischer Beziehung und Therapieerfolg in der Psychotherapie mit Kindern und Jugendlichen. Unter Berücksichtigung von 28 Studien zeigte sich ein kleiner bis mittlerer Effekt (d = .39). Dies ist übereinstimmend mit Studien im Erwachsenenalter und früheren Meta-Analysen bei Kindern und Jugendlichen (z. B. Shirk & Karver, 2003; McLeod, 2011). In der Meta-Analyse von Karver et al. (2018) zeigten sich mehrere kategorische Moderatoren, welche zu einem Gruppenunterschied beitrugen. Randomisiert kontrollierte Studien (RCTs) hatten einen geringeren Beziehungs-Ergebnis-Zusammenhang als nicht-RCTs, ambulante Behandlungen zeigten einen stärkeren Zusammenhang als stationäre Behandlungen, behaviorale Behandlungen hatten einen stärkeren Beziehung-Ergebnis-Zusammenhang als eine Mischung aus behavioralen und nicht-behavioralen Verfahren. Als potenzielle Mediatoren wurden Therapieteilnahme, Durchführung von Hausaufgaben und Sitzungsanwesenheit in Zusammenhang mit Therapieerfolg gefunden. Jedoch zeigte keine Studie eine Beziehung-Ergebnis-Mediation, wobei hier insbesondere methodische Einschränkungen wie eine zu geringe Power, geringe Stichprobengröße und eingeschränkte Verfahren zur Erfassung von Therapiebeziehung und Therapieerfolg angemerkt wurden.

Für die Beziehungsgestaltung in der Therapie verweisen die Ergebnisse darauf, dass man die Patientin motivieren sollte, regelmäßig die Therapiestunden wahrzunehmen, sie aktiv in die Gestaltung der Therapie einbeziehen, Therapie-Hausaufgaben vorgeben und diese entsprechend nachbesprechen sollte.

Für die Arbeit mit Kindern und Jugendlichen ist es wichtig, die Beziehungsgestaltung an den Entwicklungsstand des Kindes anzupassen und gleichzeitig mit den Eltern, Institutionen oder dem Umfeld auf Erwachsenenebene zu kommunizieren. Es kann festgehalten werden, dass eine gute therapeutische Beziehung wichtig ist, um das Leiden der Patientinnen zu reduzieren, Therapieziele zu erreichen und die Zufriedenheit mit der Therapie zu fördern, dass aber auch die therapeutischen Methoden notwendig sind, um die Symptomatik zu reduzieren. Grundsätzlich sollte die Therapeutin ein deutliches Interesse an der Person des Kindes und an seiner Sicht der Dinge zeigen. Bezüglich des Settings sollte die Therapeutin dieselbe Augenhöhe wie das Kind einnehmen, z. B. sitzen beide auf einem Sitzsack und können sich so in die Augen sehen, ohne dass das Kind hoch- oder die Therapeutin heruntersehen muss.

Ideen und Methoden für die Beziehungsgestaltung nach Altersgruppen

Kinder im Vorschulalter: Einsatz von Handpuppen, Kuscheltieren, Malen, Spielen und Reden
Schulalter: Beginnen mit Fragen nach Hobbies, Spielen und Reden, Interesse an Sichtweise der Kinder zeigen
Jugendalter: Rollen- und Perspektivenwechsel, eigene Wünsche und Ziele in den Vordergrund stellen (was tun, damit die Eltern, Lehrpersonen Ruhe geben), Metakommunikation, Interesse an Sichtweise der Jugendlichen zeigen

Therapeutische Beziehung auch in Online-Therapien ausgesprochen gut

Anderson et al. (2012) untersuchten die therapeutische Beziehung in einer online Therapiestudie für Jugendliche mit Angststörungen. Die online-basierte Behandlung war aufgebaut auf dem BRAVE-Programm (Spence et al., 2008). Das BRAVE online (March et al., 2009) ist minimal therapeutinnenbegleitet, also keine Selbsthilfe. Der Therapeutinnenkontakt bestand aus wöchentlichen Emails und einem kurzen 15-minütigen Telefonkontakt zur Erstellung der Angsthierarchie. In der ambulanten face-to-face Therapie wurde das Manual BRAVE durchgeführt, bestehend aus 10 Sitzungen mit den Jugendlichen und 5 Elternsitzungen. Die Wirksamkeit der Therapie war in beiden Gruppen vergleichbar. Es zeigten sich keine Gruppenunterschiede zwischen dieser online-basierten und einer ambulanten KVT Behandlung (Cohens $d = 0.15$). In beiden Gruppen zeigten sich hohe Werte in der therapeutischen Beziehung. Weder in der onlinegestützten noch in der ambulanten Bedingung zeigten sich signifikante Korrelationen zwischen den Jugendlichen und den Eltern im Hinblick auf die therapeutische Beziehung.

8.3 Überprüfung der Lernziele

- Beschreiben Sie die Grundregeln der motivierenden Gesprächsführung.
- Diskutieren Sie den Einfluss der therapeutischen Beziehung auf das Therapieergebnis.

9 Erstkontakt

> **Lernziele**
>
> - Sie kennen verschiedene Formen von Stigmatisierung.
> - Sie können Suizidalität erheben.
> - Sie kennen Warnsignale für suizidales Verhalten.
> - Sie wissen, wer bei gemeinsamem Sorgerecht für die Diagnostik und Therapie des Kindes einwilligen muss.
> - Sie können ein Aufklärungsgespräch in der Probatorik führen.
> - Sie kennen die verschiedenen Bereiche der Anamnese.

Der Erstkontakt mit einer psychotherapeutischen Praxis oder Ambulanz erfolgt häufig telefonisch. Dabei werden der Anmeldegrund und soziodemografische Angaben erhoben sowie Informationen zum weiteren Vorgehen (z. B. Terminvereinbarung für Sprechstunde, ggf. ausgefüllte Fragebögen, Zeugnisse und Vorbefunde zur Sprechstunde mitbringen, Sorgerecht) vermittelt. Ein Beispiel für einen Anmeldebogen kann unter https://dl.kohlhammer.de/978-3-17-035653-5 heruntergeladen werden.

> **Exkurs: Sorgerecht**
>
> Bereits vor Vereinbarung eines ambulanten Termins zum Erstgespräch oder spätestens im Erstgespräch müssen Sie die Sorgerechtssituation klären. Besteht gemeinsames Sorgerecht, müssen beide Elternteile in eine Diagnostik und Behandlung einwilligen. Willigt ein Elternteil nicht ein, dürfen Sie keine Termine mit dem Kind/Jugendlichen vereinbaren: »In Angelegenheiten, deren Regelung für das Kind von erheblicher Bedeutung sind, ist gegenseitiges Einvernehmen der Erziehungsberechtigten erforderlich (§ 1687 Abs. 1 BGB). Das Elternteil, bei dem das Kind sich gewöhnlich aufhält, darf in Angelegenheiten des täglichen Lebens allein entscheiden, hierzu zählen im gesundheitlichen Bereich die Behandlung leichter Erkrankungen und die alltägliche Gesundheitsvorsorge, nicht aber die Psychotherapie. Verweigert ein sorgeberechtigtes Elternteil die Zustimmung zur Psychotherapie, kann die Behandlung erst nach einer gerichtlichen Entscheidung durchgeführt werden.« (Deutsche Psychotherapeutenvereinbarung, 1.3.1 (1) Ki-Ju Therapie Rahmenbedingung).

Die Kontaktaufnahme kann für viele Betroffene eine große Überwindung sein, daher ist es wichtig, die Kontaktaufnahme zu verstärken und zu validieren. Damit sollte die Vermittlung von Hoffnung auf Veränderung einhergehen.

Hemmschwellen zur Inanspruchnahme von Psychotherapie

Trotz hoher Prävalenzraten, dem Vorliegen wirksamer Psychotherapien und den mit psychischen Störungen einhergehenden hohen individuellen und sozialen Beeinträchtigungen, liegt die Inanspruchnahme von Psychotherapie bei Kindern und Jugendlichen mit psychischen Störungen mit 17 % im niedrigen Bereich (Hintzpeter et al., 2014). Neben Wissensdefiziten in Bezug auf Psychotherapie und psychische Störungen stellen vor allem Angst vor Stigmatisierung und Selbststigmatisierung bedeutsame Hemmschwellen für hilfesuchendes Verhalten dar (Gulliver, Griffiths, & Christensen, 2010; Schomerus & Angermeyer, 2008). Bei der Selbststigmatisierung richten Menschen bestehende Vorurteile gegen sich selbst und gliedern diese in das eigene Selbstkonzept ein (Corrigan, 2005). Für das Kindes- und Jugendalter gibt es bisher nur wenige Studien zu diesem Thema (Bluhm, Covin, Chow, Wrath, & Osuch, 2014; Moses, 2009). In einer Pilotstudie mit Jugendlichen zeigten sich gering ausgeprägte öffentliche Stigmata bezüglich der Inanspruchnahme von Psychotherapie, allerdings eine bedeutende Rolle von Selbststigmata (»Wenn jemand anderes aufgrund seiner psychischen Erkrankung eine Psychotherapie aufnimmt, ist das mutig, ich selbst würde mich aber als verrückt und schwach empfinden«). In einer weiteren Pilotstudie mit 178 Jugendlichen ($M = 16{,}82$ Jahre, $SD = 2{,}82$), in der öffentliche Stigmata und Selbststigmata mittels eines Fallvignettendesigns untersucht wurden, bestätigte sich der oben genannte Befund (Pfeiffer & In-Albon, 2018). In einer dritten Pilotstudie, in der mittels des Impliziten Assoziationstests (Greenwald, McGhee & Schwartz, 1998) implizite Einstellungen zur Psychotherapie im Vergleich zu einer ärztlichen Behandlung erfasst wurden, bestätigte sich ebenfalls der geringe Einfluss eines öffentlichen Stigmas (Pfeiffer & In-Albon, 2018).

Um Stigmatisierung entgegenzuwirken, bedarf es daher bei Betroffenen der Informationsvermittlung (z. B. Wann spricht man von psychischen Störungen? Was kann helfen?), Transparenz über Diagnosen und das Vorgehen in der Therapie und Einbezug in Entscheidungsprozesse. Des Weiteren hat sich auch gezeigt, dass bei Jugendlichen soziale Unterstützung – sei dies durch Peers, Eltern und professionelle Helferinnen – zentral ist für die Aufnahme einer Psychotherapie.

Stigmatisierung

Ein Stigma beschreibt einerseits die Wahrnehmung der negativen Einstellungen anderer und andererseits die Internalisierung negativer Einstellungen der Gesellschaft, die die eigenen Überzeugungen gegenüber sich selbst angreifen (Watson et al., 2005).

Selbststigmatisierung

Selbststigmatisierung liegt nach Rüsch und Berger (2012) vor, »wenn ein Mitglied einer stigmatisierten Gruppe die Vorurteile gegen die eigene Gruppe teilt und damit gegen sich selbst wendet« (S. 5). Selbststigmatisierung bezieht sich somit auf die Internalisierung und Akzeptanz dieser Einstellungen bei den Betroffenen selbst (Aydin & Fritsch, 2015). Selbst-Stereotype enthalten eine negative Meinung über sich selbst (z. B. Charakterschwäche, Inkompetenz). Aus der Zustimmung zu den Selbst-Stereotypen folgen Selbst-Vorurteile und negative emotionale Reaktionen, was in einem niedrigen Selbstwert und in niedriger Selbstwirksamkeit resultieren kann. Die daraus folgenden Verhaltensreaktionen auf das Vorurteil können dann zu Selbst-Diskriminierung führen (Corrigan, 1998; Rüsch & Berger, 2012).

Öffentliche Stigmatisierung

Öffentliche Stigmatisierung bezeichnet die Reaktionen der Gesellschaft gegenüber einer stigmatisierten Gruppe (Corrigan & O'Schaughnessy, 2007). Die Allgemeinheit scheint eine psychische Störung von bestimmten Hinweisen abzuleiten, wie Symptomen, Defiziten in der sozialen Kompetenz, der physischen Erscheinung und Etikettierungen (Corrigan, 2000; Penn & Martin, 1998).

9.1 Sprechstunde

Nach den neuen Psychotherapierichtlinien (April 2018; https://www.g-ba.de/richtlinien/20/; ►Tab. 9.1) ist vor der Aufnahme einer Psychotherapie eine Sprechstunde durchzuführen. Patientinnen müssen mindestens 50 Minuten in einer Sprechstunde gewesen sein, bevor sie weitere psychotherapeutische Leistungen in Anspruch nehmen können. Ein Ausnahmefall besteht dann, wenn in einer Klinik bereits eine Indikation festgestellt wurde; die Therapeutin kann in diesem Fall aber dennoch eine Sprechstunde durchführen. Bei Kindern und Jugendlichen können zehn 25-minütige (5 x 50 Minuten) Termine durchgeführt werden, wovon bis zu 100 Minuten nur mit den Eltern vereinbart werden können. Die Leistungen der Sprechstunde sind weder anzeige- noch antragspflichtig. Zu den Leistungen der Sprechstunde gehört die orientierende Abklärung und Diagnosestellung nach ICD-10, bei Bedarf eine differentialdiagnostische Abklärung und ggf. Prüfung, welches therapeutische Verfahren geeignet ist. Dabei sind Instrumente einzusetzen (Diagnosechecklisten, strukturierte klinische Interviews oder Teile von Diagnosesystemen) und eine Indikationsstellung für das weitere Vorgehen und sowie Entscheidung, ob ggf. Einzel- oder Gruppentherapie erfolgen soll, sind zu treffen. Nach Durchführung der orientierenden Diagnostik wird zunächst eine Verdachtsdiagnose (V neben dem Diagnoseschlüssel der ICD) gestellt. Dies ist ausreichend, um eine

Therapie beginnen zu können. Am Ende des diagnostischen Prozesses wird dann die Diagnose als gesichert vergeben (G neben dem Diagnoseschlüssel der ICD).

Wird in der Sprechstunde die Indikation für eine Psychotherapie festgestellt, so ist dies der Patientin mitzuteilen und Empfehlungen für das weitere Vorgehen sind mit ihr zu besprechen. Dabei muss ausführlich über die Störung aufgeklärt und über eine empfohlene Behandlung und mögliche Behandlungsalternativen informiert werden. Die Patientinnen bekommen außer den allgemeinen Patientinneninformationen (PTV 10) mit dem Formblatt PTV 11 eine Zusammenfassung mit den weiteren Empfehlungen ausgehändigt, womit sie sich ggf. an eine weiterbehandelnde Therapeutin wenden können. Die Sprechstunde kann als offene Sprechstunde (ohne Terminvergabe) oder als Sprechstunde mit vorheriger Terminvergabe angeboten werden.

Richtlinie Psychotherapie

Sprechstunde: max. 10 x 25 Minuten (5 x 50 Minuten). Davon max. 100 Minuten nur mit Eltern möglich. Formulare: PTV 10 und 11. Voraussetzung für eine weitergehende Behandlung ist eine Sprechstunde von mind. 50 Minuten Dauer.
Akutbehandlung: 24 Gespräche mit jeweils mind. 25 Minuten (insgesamt bis zu 600 Minuten), ggf. unter Einbeziehung von relevanten Bezugspersonen. Akutbehandlung ist anzeigepflichtig (PTV 12).
Probatorik: Mit Kindern und Jugendlichen können zwei bis sechs probatorische Sitzungen von je 50 Minuten Dauer stattfinden. Diese können nur als Einzelbehandlung durchgeführt werden. Bei Kindern und Jugendlichen ist auch eine Einbeziehung der relevanten Bezugspersonen möglich.
Rezidivprophylaxe: Bei Kindern und Jugendlichen können im Falle der Hinzuziehung von relevanten Bezugspersonen bei einer Behandlungsdauer von 40 oder mehr Stunden maximal 10 Stunden und bei einer Behandlungsdauer von 60 oder mehr Stunden maximal 20 Stunden für die Rezidivprophylaxe genutzt werden.

Indikationsstellung

Unter Indikationsstellung versteht man in der Psychotherapie die Beantwortung der Frage, ob eine Psychotherapie angezeigt (= indiziert) ist, unter welchen Rahmenbedingungen die Therapie stattfinden soll (z. B. Setting, Modalitäten), welche Methoden für die Patientin geeignet erscheinen und in welcher Weise diese genutzt werden können.

Tab. 9.1: Psychotherapierichtlinie: Überblick

Psychotherapierichtlinie

Versorgungsangebot		Bewilligungsschritte für Einzeltherapie/Gruppentherapie bei Kindern (K) und Jugendlichen (J) in Therapieeinheiten		
		Schritt 1	Schritt 2	Erläuterungen
Sprechstunde Bis zu 10x à 25 Min. Einheiten von 25 und 50 Min. *Hinweis:* 50 Min. Sprechstunde ab 1. April 2018 verpflichtend für weitere psychotherapeutische Behandlung		anzeigepflichtig		
	Akutbehandlung Bis zu 24x à 25 Min. • Einheiten von 25 oder 50 Min.			Erbrachte Stunden der Akutbehandlung sind mit einer ggf. anschließenden Kurz- oder Langzeittherapie zu verrechnen
	Probatorik Verpflichtend für Einleitung einer Kurz- oder Langzeittherapie 2 bis 6x 50 Min.			
	Kurzzeittherapie (VT, TP oder AP)	Bis zu 12 antragspflichtig; grundsätzlich nicht mehr gutachterpflichtig	Bis zu 24 antragspflichtig; grundsätzlich nicht mehr gutachterpflichtig	Umwandlung in Langzeittherapie ist gutachterpflichtig
	Verhaltenstherapie (VT) Langzeittherapie	Bis zu 60 antragsund gutachterpflichtig	Bis zu 80 antragspflichtig: Gutachterpflicht liegt im Ermessen der Krankenkassen	Rezidivprophylaxe Ein begrenzter Anteil noch nicht in Anspruch genommener Therapieeinheiten aus dem Langzeit-Kontingent kann zwei Jahre zur Rezidivprophylaxe genutzt werden (Anzeige des Therapieendes durch Therapeutin erforderlich)
	Tiefen-psychologisch fundierte Psychotherapie (TB)	K: bis zu 70/Gruppe: 60 J: bis zu 90/Gruppe: 60 antrags- und gutachterpflichtig	K: bis zu 150/Gruppe: 90 J: bis zu 180/Gruppe 90 antragspflichtig; Gutachterpflicht liegt im Ermessen der Krankenkassen	

Tab. 9.1: Psychotherapierichtlinie: Überblick – Fortsetzung

Psychotherapierichtlinie

Analytische Psychotherapie (AP)	K: bis zu 70/Gruppe: 60 J: bis zu 90/Gruppe: 60 antrags- und gutachterpflichtig	K: bis zu 150/Gruppe: 90 J: bis zu 180/Gruppe: 90 antragspflichtig; Gutachterpflicht liegt im Ermessen der Krankenkassen

9.2 Akutbehandlung

Nach der aktuellen Psychotherapierichtlinie ist die Akutbehandlung für Patientinnen gedacht, die schnell Hilfe und Unterstützung benötigen und die ohne eine solche Unterstützung das Risiko haben, schwerer zu erkranken; sie soll zu einer »Besserung akuter psychischer Krisen- und Ausnahmezuständen« führen und Chronifizierung vermeiden. Besonders zu berücksichtigen sind eine mögliche Eigen-, Fremd- oder Kindeswohlgefährdung. Die Akutbehandlung kann kurzfristig nach der Sprechstunde begonnen und es können bis zu 24 Gespräche mit jeweils 25 Minuten durchgeführt werden. Vor der Akutbehandlung muss, wie auch bei der Kurz- oder Langzeittherapie, eine konsiliarische ärztliche Untersuchung erfolgen, so dass es sich empfiehlt, den Konsiliarbericht bereits nach der ersten Sprechstunde einzuholen. Die Akutbehandlung muss der Krankenkasse gegenüber angezeigt werden (PTV 12). Ist nach der Akutbehandlung ein weiterer Behandlungsbedarf der Patientinnen erkennbar, so kann eine Kurz- oder Langzeittherapie angeschlossen werden, die bei der Krankenkasse zu beantragen ist. Die Stunden der Akutbehandlung werden dann auf das beantragte Therapiekontingent angerechnet, wodurch sich der Leistungsumfang der beantragten Therapie reduziert.

9.3 Erstgespräch

Mit dem Erstgespräch ist meistens die erste Sitzung gemeint, die die Therapeutin nach der Sprechstunde mit dem Kind durchführt. Das Erstgespräch kann aber auch im Rahmen der Sprechstunde durchgeführt werden. Im Erstgespräch muss sich die Therapeutin einen ersten Eindruck über das Kind und seine Lebenssituation (relevante Bezugspersonen, Geschwister, Schule, Freizeit, Freundinnen und Freunde...) verschaffen. In der Regel kommen Kinder in Begleitung ihrer Eltern/Bezugspersonen zu diesem Gespräch. Das ist auf der einen Seite gut, da die Therapeutin so gleich die relevanten Personen kennenlernen kann und auch wie die Personen miteinander interagieren. Auf der anderen Seite kann dies aber auch schwierig sein, z. B. wenn Eltern und Kind zerstritten sind, die Eltern sich scheuen, vor dem Kind Probleme zu benennen oder so viele Probleme angeben, dass es beim Kind sichtlich Unbehagen verursacht. Die Aufgabe für die Therapeutin ist es also, zum einen relevante Informationen zu erhalten und zum anderen dafür zu sorgen, dass die Beteiligten sich in der Situation wohlfühlen können. Dafür empfiehlt sich ein geplantes, strukturiertes Vorgehen (▶ Anhang A, *Erstgesprächsleitfaden*).

Eltern und Kind sowohl getrennt als auch zusammen zu befragen, ist sinnvoll aber auch altersabhängig: bei jüngeren Kindern sind Eltern stärker einzubeziehen als bei älteren Kindern. Bei Jugendlichen kann die Befragung der Eltern sicherlich ebenfalls hilfreich sein, ist aber nicht unbedingt erforderlich, v. a. bei konflikthaften Beziehungen oder wenn einsichtsfähige Jugendliche die Therapie ohne Wissen und Beteiligung der Eltern beantragen möchten.

> **Exkurs: Wichtige rechtliche Rahmenbedingungen zur Inanspruchnahme von Psychotherapie**
>
> - Bei geteiltem Sorgerecht für das Kind müssen beide Elternteile die Einverständniserklärung für Diagnostik und Therapie unterschreiben.
> - Jugendliche ab dem Alter von 15 Jahren, deren Einsichts- und Urteilsfähigkeit von einer approbierten Psychotherapeutin bescheinigt und dokumentiert wird und die gesetzlich versichert sind, dürfen eigenständig eine psychotherapeutische Behandlung in Anspruch nehmen oder beenden, ohne Wissen und Unterschrift der Eltern. Für privatversicherte Jugendliche gilt dies nicht. Deren Zustimmung oder Ablehnung für eine psychotherapeutische Behandlung ist bis zum vollendeten 18. Lebensjahr nur mit Unterschrift der Sorgeberechtigten gültig.
> - Eine Sprechstunde muss durchgeführt werden.

Die Ziele des Erstgesprächs können für die Beteiligten – Kind, Eltern, Therapeutin – unterschiedlich sein und sind daher jeweils abzufragen. Grundsätzlich geht es um ein gegenseitiges Kennenlernen, Informationsvermittlung und Informationsbeschaffung. Zentral ist die Abklärung der Motivation: Ist Eigenmotivation vorhanden oder wurde die Familie mit Druck von außen geschickt? Damit einhergehend müssen die Erwartungen, die Eltern und das Kind an die Therapie haben, geklärt und diese als Therapieziele formuliert werden (▶ Kap. 11.2.2). Dafür empfiehlt sich ein geplantes, strukturiertes Vorgehen (▶ Anhang A, *Erstgesprächsleitfaden*).

Im Folgenden werden Fallbeispiele von Erstgesprächen und das gemeinsam erarbeitete weitere Vorgehen dargestellt.

> **Paul, 15**, kommt in Begleitung seiner Mutter. Im Erstgespräch wirkt Paul deutlich eingeschränkt in Mimik und Gestik, verlangsamt im Antwortverhalten. Blickkontakt ist gegeben. Er spricht leise, berichtet von gedrückter Stimmung, Erschöpfung und einem kaum zu stillenden Bedürfnis nach Ausruhen und Schlaf. Nach mehreren sporadischen Fehltagen könne er jetzt seit zwei Wochen nicht mehr in die Schule gehen. Die Kindsmutter (KM, Realschullehrerin) ergänzt, dass Paul in der 9. Klasse Gymnasium eigentlich viel zu tun hätte, all dies von ihm aber kaum bewältigt werden könne, da er nachmittags im Bett liege und sich nicht motivieren könne aufzustehen – ihm sei »alles zu viel«. Im Einzelgespräch gibt Paul suizidale Gedanken an, kann sich auf Nachfragen aber eindeutig und glaubhaft aktuell distanzieren. Ferner berichtet er von nicht-suizidalem selbstverletzenden Verhalten (NSSV) in Form von Schlägen gegen die Wand. Er wolle

etwas ändern, könne mit Eltern aber nicht über seine Befindlichkeit sprechen, schaffe es jedoch nicht allein und wolle weg von zu Hause.

Vorgehen:

1. Mit Paul: Erstellung eines Notfallplans mit Strategien zur Ablenkung (Streaming von Serien/Filmen, Musik hören, telefonieren mit Freundin, auf Brausetablette oder Chilis kauen), weiteres Vorgehen transparent erläutern;
2. Mit KM und Paul: Informieren über suizidale Gedanken von Paul, Vorgehen bei Notfall-Kontaktaufnahme mit Klinik besprechen, Vergabe der Notfallnummer.
Wiedervorstellung nach einer Woche unter Einbezug des Kindsvaters (KV): KV bestätigt Verschlechterung des Zustandes von Paul, benennt eigene Erfahrung mit depressiver Episode in seiner Jugend. Paul zeigt keine Verbesserung im Befinden, Erleben und Verhalten. Empfehlung vollstationäre Behandlung, parallel Aufnahme auf Warteliste für ambulante nachstationäre Therapie.

Leo, 7, klammert sich vor dem Eingang der Ambulanz an die alleinerziehende KM, will nicht hinein, lässt KM nicht eintreten. Bei Heraustreten der Therapeutin rennt er weg, versteckt sich hinter einem Baum. Die Therapeutin wendet sich an weinende KM und sie gehen zum Baum. Leo schreit, weint, lässt sich von KM nicht überreden, das Gespräch wahrzunehmen, klammert sich an KM. Die Therapeutin schlägt der KM vor, dass sie das Gespräch ohne Leo führen, der Junge hier neben dem Baum warten dürfe. KM weint, kann sich zunächst nicht entscheiden, versichert auf Nachfrage der Therapeutin, dass Leo nicht wegrennen würde und folgt dann der Therapeutin in den Gesprächsraum. Im Gespräch schildert KM unter Weinen, dass es ihr seit sechs Wochen schlechter gehe, sie habe »solch eine depressive Phase bereits von einem halben Jahr« gehabt, auch Gespräche geführt, diese jedoch dann beendet. Sie könne Leo nicht dazu bringen, zur Schule zu gehen, er klammere sich an sie und verweigere seitdem das Alleinsein. Nach 15 Minuten stürzt Leo in das Büro und setzt sich auf den Schoß der Mutter, weint, jammert, klammert sich an sie, versteckt das Gesicht im Haar der KM.

Vorgehen:
Therapeutin bittet KM einen Plan der nächsten Schritte mit ihr zu erstellen, KM solle diese auf dem bereitgelegten Blatt nummerieren und notieren:

1. Wiederaufnahme der Langzeittherapie bei der Psychologischen Psychotherapeutin der KM (dies sei möglich, die Telefonnummer zur Kontaktaufnahme liege vor);
2. Kontaktaufnahme mit Jugendamt: Beraten lassen bezüglich möglicher Hilfen;
3. Tagesplan erstellen (Aufstehen, Mahlzeiten, Spielplatz), Hilfe in der Verwandtschaft anfordern;
4. Gespräch mit Schule vereinbaren;

5. Überlegung hinsichtlich einer vollstationären Behandlung des Jungen bei weiterer Schulverweigerung oder Mutter-Kind-Kur, da die KM überfordert scheint und aufgrund der depressiven Symptomatik selbst Hilfe benötigt;
6. Aufnahme von ambulanter Psychotherapie des Jungen bei implementierten ambulanten Hilfen.

Markus, 20, kommt in Begleitung seiner Mutter, berichtet von wiederkehrenden Panikattacken und starken Angstgefühlen, insbesondere im Kontakt mit fremden Menschen, Situationen und Anforderungen. Er habe z. B. die Fahrschule abbrechen müssen, da er sich nicht an das Steuer des Autos setzen konnte. Die Fahrlehrerin meinte, »so etwas habe sie in ihrer 30-jähriger Berufserfahrung noch nie gesehen«. Markus arbeite derzeit im Betrieb des Vaters, in wenigen Wochen starte seine Ausbildung in einem anderen Betrieb und er befürchte, dort zu scheitern. Aufgrund des Alters wurde überlegt, ihn an die Erwachsenenambulanz zu überweisen, allerdings wünsche sich die Mutter dringend Behandlung und »man habe ihr mitgeteilt, dass man hier bis 21 behandele«. Motivation, Leidensdruck und Problemeinsicht sind vorhanden.

Vorgehen:
Es wird zeitnah eine ambulante Psychotherapie angeboten mit Verweis auf notwendige Einholung einer Sondergenehmigung bei der Krankenkasse auf Weiterbehandlung drei Quartale nach dem 21. Geburtstag, falls neun Monate nicht ausreichen.

David, 17, unbegleiteter minderjähriger Geflüchteter in Begleitung des Vormunds, der Dolmetscherin und der Bezugserzieherin aus der Wohngruppe. Er berichtet, dass er schlecht schlafe, immer wieder schlimme Erinnerungen an seine Flucht habe, wo er geschlagen und misshandelt worden wäre – dabei zeigt er auf sichtbare Narben im Gesichts- und Kopfbereich. Die Bezugserzieherin gibt an, dass David nach einem Konflikt in der vorherigen Wohngruppe 14 Monate »untergetaucht« wäre. Im Verlauf des besagten Konfliktes habe er eine Erzieherin mit dem Messer bedroht. Schließlich sei David wieder aufgegriffen worden, habe die Gruppe wechseln können und möchte jetzt über seine Angst sprechen, die ihn in schwierigen Situationen überwältige. Mithilfe der Dolmetscherin erklärt David, dass er nie einem anderen Menschen wehtun würde. Bezüglich des geschilderten Konflikts mit der ehemaligen Erzieherin gibt er an, dass er in dem Moment Angst gehabt hätte und sich auch im Nachhinein nicht erklären könnte, was mit ihm los gewesen sei. Die Betreuerin bestätigt ebenfalls Davids derzeitiges kooperatives Verhalten und friedliches, freundliches Wesen im Umgang mit anderen, dabei in der Stimmung durchgängig niedergedrückt und wenig in der Lage, dem Unterricht konzentriert folgen zu können. David wünscht sich, über seine Erinnerungen und seine Gefühle zu sprechen, damit er sie hinter sich lassen könne.

Vorgehen:
Klärung der Bedingungen für Anbahnung einer Psychotherapie, wie z. B. Gewährleistung einer Dolmetscherin (möglichst die gleiche Person für mind. die ersten 10 Sitzungen) durch das Jugendamt, Übernahme der Kosten, Aufstellen von Regeln, wie pünktliches Erscheinen zu den Sitzungen.

Beispiel prototypischer Ablauf: Erstgespräch

1. Im Vorfeld: U-Untersuchungsheft, Zeugnisse sowie alle Vorbefunde mitbringen;
2. Begrüßung und Vorstellung mit Darstellung der eigenen Funktion;
3. Erläuterung Ablauf der Sprechstunde (getrennte Gespräche mit Jugendlichen und Elternteil, dann gemeinsam: Formales und weiteres Vorgehen)
4. Heute keine Schule, weil hier: Wie ist das? Integration in Schule, beste Freundin, Hobbies, normaler Tagesablauf
5. Überleitung – warum bist Du heute hier?
6. Gespräch mit Kind (je nach Bedarf mit oder ohne Anwesenheit der Eltern)
   a. Ressourcen und aktuelle Situation zuhause?
   b. Welche Probleme und Symptome erlebt Kind? Kann es verstehen, was Eltern meinen?
   c. Ist es immer gleich? Bereits identifizierte Einflussfaktoren?
   d. Welche Konsequenzen haben Probleme in den unterschiedlichen Lebensbereichen?
   e. Erhebung des psychopathologischen Befunds (Stimmung, Prüfung Merkfähigkeit etc.)
7. Gespräch mit Eltern (je nach Bedarf mit oder ohne Anwesenheit des Kindes)
   a. Welche Probleme und Symptome nehmen die Eltern wahr?
   b. Woran könnte das liegen? Was haben sie bereits versucht, um Problemverhalten einzugrenzen?
   c. Familienanamnese, kindliche Entwicklung, Krankheitsanamnese und vorherige Behandlung
   d. Erheben des psychopathologischen Befunds des Kindes
   e. Einschätzung psychopathologischer Befund durch Eltern erheben
8. Formales und weiteres Vorgehen
   a. Diagnostik – Wartezeiten, Ablauf, Rückmeldegespräch
   b. Schweigepflichtentbindungen, Information zur Abrechnung, etc.

9.3.1 Anamnese

Zur Erhebung der Anamnese (Vorgeschichte) der Patientinnen wird häufig ein Anamnesebogen ausgegeben, welcher von den Patientinnen/Sorgeberechtigten zum Erstgespräch mitgebracht wird. Dabei werden verschiedene Bereiche, wie biografische, Familien-, Krankheits-, Medien- und Sexualanamnese sowie Ressourcen erhoben. Auch wenn die Familie den Anamnesebogen bereits ausgefüllt hat, ist es wichtig, ihn noch einmal gemeinsam durchzugehen und Nachfragen zu stellen. Manche Patientinnen scheuen sich davor, als heikel empfundene Details zu verschriftlichen. Darüber hinaus können Missverständnisse und Verständnisschwierigkeiten aufgeklärt werden. Die Vorlage eines Anamnesebogens kann online unter folgendem Link heruntergeladen werden: https://dl.kohlhammer.de/978-3-17-035653-5

> **Häufige Inhalte des Anamnesebogens**
>
> Biografische Anamnese:
>
> - Schwangerschaft
> - Geburt
>   - APGAR Werte (▶ Exkurs und ▶ Tab. 9.2)
>   - Nabelschnur pH
> - frühkindliche Entwicklung
> - aktuelle Lebenssituation
> - schulische Entwicklung
>
> Familienanamnese:
>
> - psychosoziale Situation der Eltern
> - Familiengröße, sozioökonomischer Status
> - Hauptbezugsperson
> - familiäre Belastungsfaktoren
> - Erziehungsstil der Eltern
> - Psychische Auffälligkeiten/Erkrankungen in der Familie
> - Migrationshintergrund
>
> Aktuelle soziale Situation:
>
> - Freizeitbeschäftigung
> - Kontakte mit Gleichaltrigen in und außerhalb der Schule
>
> Krankheitsanamnese:
>
> - Angaben zum Beginn und bisherigen Verlauf der psychischen Symptomatik
> - frühere Behandlungen (Medikamente, Psychotherapie, andere Behandlungen)
> - psychopathologischer Befund (▶ Kap. 9.3.2 und ▶ Tab. 9.2)
>
> Medienanamnese:
>
> - Anzahl Stunden (TV, PC, Spielkonsole, Smartphone, Tablet)?
> - Ist der Medienkonsum ein häufiges Streitthema in der Familie?
> - Einschränkungen aufgrund des Medienkonsums?
> - Medienkonsum gewalthaltiger Inhalte?

Sexualanamnese:

- sexueller Entwicklungsstand
- sexuelle Orientierung
- sexuelle Aktivitäten

Suchtanamnese:

- Alkohol
- Nikotin
- Drogen
- Medikamente

Interessen, Ressourcen und Stärken:

- Welche Hobbies hat Ihr Kind? Ist es in einem Verein?
- Welche Stärken sehen Sie bei Ihrem Kind?
- Was ist schön an Ihrer Familie?
- Was unternehmen Sie gerne als Familie zusammen?

Exkurs: APGAR-Werte

Das APGAR-Schema ist ein einfaches und effektives Vorgehen, um direkt nach der Geburt entscheiden zu können, ob das Neugeborene medizinische Hilfe benötigt. Entwickelt wurde die Skala von der Ärztin Virginia Apgar 1952, nachdem sie erkannte, dass das Leben vieler Neugeborener zu retten ist, wenn diese direkt nach der Geburt untersucht und gegebenenfalls behandelt werden. In der ersten, der fünften und der zehnten Minute nach der Geburt werden die Lebensfunktionen mit je einem Wert zwischen 0 und 2 bewertet, dann werden diese Zahlen addiert. Für die Interpretation gilt, dass das Neugeborene mit 10 oder 9 Punkten optimal lebensfrisch ist, mit 8 und 7 ist es normal vital, ein Wert von 6 zeigt an, dass das Neugeborene Anpassungsschwierigkeiten hat. Bei einem Wert von unter 5 müssen die Neugeborenen teilweise notfallmedizinisch versorgt werden, etwa durch Beatmung, Infusion oder Wärme. Der APGAR Wert ist eine Momentaufnahme und lässt keine Vorhersage über die weitere Gesundheit des Säuglings zu (▶ Tab. 9.2).

Tab. 9.2: APGAR-Schema

Kriterium	0 Punkte	1 Punkt	2 Punkte
Atmung	fehlend	langsam, unregelmäßig	regelmäßig, Kind schreit
Puls (Herzschlag)	nicht wahrnehmbar	langsam (unter 100 pro Minute)	mehr als 100 in der Minute
Grund- bzw. Muskeltonus	schlaff	leichtes Beugen der Gliedmaßen	aktive Bewegung der Gliedmaßen
Aussehen/Hautfarbe	blass/bläulich	Körper rosig, Gliedmaßen bläulich	gesamter Körper rosig
Reflexe	Fehlend	grimassierend	kräftiges Schreien

9.3.2 Psychopathologischer Befund

Der psychopathologische Befund erfasst psychopathologische Auffälligkeiten und Veränderungen mithilfe fest definierter Begriffe (▶ Tab. 9.3). Er beschreibt objektiv Beobachtbares zu einem bestimmten Zeitpunkt. Im Anhang A findet sich im Erstgesprächsleitfaden ein ausgefülltes Beispiel und eine Vorlage (▶ Anhang A).

Zur Unterstützung zur Erhebung des psychopathologischen Befunds inkl. Explorationsfragen kann das CASCAP-D verwendet werden:

Das *Psychopathologische Befund-System für Kinder und Jugendliche* (CASCAP-D; Döpfner, Berner, Flechtner, Lehmkuhl & Steinhausen, 1999) ist ein halbstrukturiertes Interview, das die wichtigsten Merkmale psychischer Störungen im Kindes- und Jugendalter erfasst. Die klinische Beurteilung der einzelnen psychopathologischen Merkmale basiert auf der Exploration des Kindes und der Eltern sowie auf der Verhaltensbeobachtung des Kindes in den Untersuchungssituationen. CASCAP erlaubt jedoch nicht die Vergabe einer Diagnose.

CASCAP enthält 13 Merkmale: Interaktion, regelbezogenes Verhalten, Entwicklungsstörungen, Aktivität und Aufmerksamkeit, Psychomotorik, Angst, Zwang, Stimmung und Affekt, Essverhalten, körperliche Beschwerden, Denken und Wahrnehmung, Gedächtnis, Orientierung und Bewusstsein sowie Andere.

Inhaltliche und formale Denkstörungen

Bei formalen Denkstörungen ist der Denkablauf gestört, Beispiele sind:

- Denkverlangsamung/Denkhemmung: Der Gedankengang ist mühsam, wirkt gehemmt, schleppend. Die Patientin spricht langsam, monoton, der Wortschatz ist reduziert, das Mitdenken fällt schwer. Im Gespräch wird dies von der Gesprächspartnerin wahrgenommen (z. B. bei Depressionen, Demenz oder Schizophrenie, sowie Alkohol, Drogen oder Beruhigungsmittel).

- Eingeengtes Denken/Gedankenarmut: Haften an einem Thema/wenigen Themen, der Wortschatz ist verringert, ein Themawechsel fällt schwer (z. B. bei Depression, Zwangsstörung).
- Perseveration: Bleibt bei Worten, Gedanken haften, es kommt zur Wiederholung gleicher Denkinhalte; Haften an vorherigen Worten, ohne dass diese weiteren Sinn ergeben (z. B. bei exogenen Psychosen, Zwangsstörungen).
- Ideenflucht/Gedankenflucht: Übermäßig einfallsreicher Gedankengang, Fehlen eines roten Fadens, häufiges Springen zwischen Themen (z. B. bei Manie, Drogenkonsum, Alkohol).
- Neologismen: Wortneubildungen (z. B. bei Autismus-Spektrum-Störungen).
- Gedankenabreißen/Sperrung: Plötzlicher Abbruch eines Gedankengangs ohne triftigen Grund (z. B. bei Schizophrenie).
- Umständliches Denken: Fehlende Trennung von Wesentlichem und Nebensächlichem, weitschweifiges Denken.
- Vorbeireden: Nicht-Eingehen auf Fragen, obwohl die Fragen verstanden wurden.
- Grübeln: Wiederholende Beschäftigung mit unangenehmen Themen, die Patientin findet keine Lösung; der Wechsel zu anderen Themen ist möglich (z. B. bei Depressionen).

Einstiegsfragen für Formale Denkstörungen:

- Hast du das Gefühl, dass sich an deinem Denken etwas verändert hat?
- Hast du quälende Gedanken, von denen du dich nicht lösen kannst?
- Fremdeinschätzung: Bleibt die Patientin im Gespräch häufig haften, indem sie immer das Gleiche wiederholt?

Inhaltliche Denkstörungen sind dadurch gekennzeichnet, dass die Betroffenen reale Wahrnehmungen falsch interpretieren. Dazu zählen:

- Zwangsgedanken: Ideen/Vorstellungen/Handlungen drängen sich der Betroffenen auf. Die Patientin empfindet die Zwangshandlungen als unsinnig, kann sie aber nicht unterdrücken. Die Gedanken können Angst, Unwohlsein, Unbehagen auslösen (Zwangsstörungen).
- Wahnvorstellungen: Krankhaft, falsche Beurteilung der Realität (kann nicht ausgeredet werden), die Patientin ist der Vernunft nicht zugänglich, sie ist von ihren Gedanken fest überzeugt und erkennt sie nicht als unsinnig an (Depressionen/Manie, Psychosen, Schizophrenie).
- Überwertige Idee: Eine Idee/Vorstellung wird überbewertet, was nicht der Realität entspricht, der Leitgedanke ist dabei lebensbestimmend, die täglichen Aufgaben werden dadurch vernachlässigt, Einwände gegen den Leitgedanken werden nicht zugelassen (z. B. bei Depressionen).

Fragen können lauten:

- Hast du das Gefühl, dass dir jemand etwas Böses oder Schlechtes antun will?

- Fremdeinschätzung: Denkt die Patientin, dass sie besondere oder ungewöhnliche Fähigkeiten oder Kräfte hat, über die andere Menschen nicht verfügen können?

Tab. 9.3: Psychopathologischer Befund

Symptome	Normalbefund	Pathologie	Anmerkungen
Bewusstseinslage	bewusstseinsklar	benommen, somnolent, verdämmert, z. B. nach dem Aufwachen nach einem epileptischen Anfall	
Orientierung (persönlich, zeitlich, örtlich, situativ)	zu allen Qualitäten voll orientiert.	desorientiert z. B. häufig bei Demenz; situativ desorientiert (z. B. ich weiß, dass ich im Krankenhaus bin, vergesse aber immer wieder, wo die Toilette ist)	
Konzentration und Auffassung	Konzentration unauffällig	Konzentrationsstörungen werden berichtet; im Untersuchungskontakt beobachtbar (z. B. bei ADHS)	Nachfragen: wann, in welchen Situationen, wann nicht?
Merkfähigkeit	kein Hinweis auf Merkfähigkeitsstörungen	berichtet über Merkfähigkeitsstörungen; im Untersuchungskontext beobachtbar	Nachfragen: wird Gelesenes oder Gehörter schnell vergessen? Alterstypisch? Hat sich was verändert?
formale Denkstörungen (wie man denkt)	keine formalen Denkstörungen	umständlich/eingeengt/Grübelneigung/im Denken gehemmt	
inhaltliche Denkstörungen (was man denkt)	Keine inhaltlichen Denkstörungen	Wahn, z. B. nihilistischer Wahn bei Depression (subjektive Gewissheit und Unkorrigierbarkeit typisch für Wahn); hypochondrischer Wahn bei Depressionen kann zu erhöhter Suizidalität führen, auch nihilistischer Wahn	sehr selten; am ehesten im Rahmen einer Depression mit psychotischen Merkmalen. Patientin mit »normaler Hypochondrie« lässt sich kurzfristig beruhigen, depressiver Patientin mit hypochondrischem Wahn nicht. Isolierter Wahn gefährlich, da kognitives Planen möglich. Bei schizophrenem Wahn kommen formale Denkstörungen hinzu und das Planen ist eingeschränkt (kein Vorsatz bei gefährlichen Taten)

Tab. 9.3: Psychopathologischer Befund – Fortsetzung

Symptome	Normalbefund	Pathologie	Anmerkungen
Stimmungslage	euthym	depressiv, dysphorisch-gereizt, ängstlich, innerlich unruhig, hoffnungslos, Gefühl der Gefühllosigkeit, Verlust des Vitalgefühls, Zukunfts-/Existenzängste	Kombinationen möglich parathym: Emotion und Ereignis klaffen auseinander
affektive Schwingungsfähigkeit	erhalten	affektstarr (= auf den negativen Skalenbereich eingeengt; geht häufig mit erhöhtem Suizidrisiko einher), affektlabil	CAVE: nicht in Widerspruch zur Stimmungslage
Antrieb	unauffällig	antriebsarm, antriebsgesteigert, motorische Unruhe	Im Gespräch auffällig oder berichtet? Bitte anführen, z. B. berichtet über motorische Unruhe, im Untersuchungskontext jedoch ruhig
Befürchtungen und Zwänge	kein Hinweis auf Phobien und Zwänge	anamnestisch Panikattacken, soziale Ängste, Phobien in Bezug auf Zwangsgedanken, Zwangshandlungen, hypochondrische Befürchtungen	
vegetative Störungen	nicht eruierbar	Schlafstörungen (Ein- und Durchschlafstörungen, frühmorgendliches Erwachen), Appetit vermindert/gesteigert, Gewichtsverlust/-zunahme in den letzten xx Wochen/Monaten, Libidoverlust (wie ist es in der Früh? Spontan Erektion/Ejakulation?; bei Antidepressiva gibt es retrograde Ejakulation in die Blase hinein – nach Antidepressiva fragen; bei Frauen wird Libido unter Antidepressiva auch besser), (multiple) körperliche Beschwerden ohne ausreichendes organisches Korrelat	Falls mehrere funktionelle Körperbeschwerden auftreten, diese nicht einzeln aufzählen, da dies ein Hinweis auf eine Somatisierungsstörung ist
Sinnestäuschungen	kein Hinweis auf produktiv-psychotische Symptomatik	optisch, akustisch, coenaesthetisch (z. B. Kribbeln), olfaktorisch, gustatorisch	Am häufigsten optisch; die meisten optischen Täuschungen sind organisch bedingt (Delir, Gehirntumor); olfaktorische/gustatorische Täuschungen auch oft organisch (Tumor/Epilepsie)

Tab. 9.3: Psychopathologischer Befund – Fortsetzung

Symptome	Normalbefund	Pathologie	Anmerkungen
Suizidalität	aktuell von Suizidalität glaubhaft distanziert/kein Hinweis auf Suizidalität	Gedanken an den Tod/Suizidgedanken ohne konkrete Durchführungsfantasien, kann sich aber glaubhaft distanzieren, Patientin ist absprachefähig	Gibt es Phasen von Lebensüberdruss? Schon daran gedacht? Pläne? Fantasien? (Notfallfrage: Was spricht für das Weiterleben?)

> **Beispieltext psychopathologischer Befund**
>
> Die gepflegt erscheinende und altersgerecht gekleidete 17-jährige Patientin ist wach, bewusstseinsklar und in allen Qualitäten orientiert. Im Kontakt offen und gesprächsbereit. Konzentration und Merkfähigkeit altersentsprechend. Die Stimmung ist depressiv, affektiv aber schwingungsfähig. Antrieb leicht vermindert. Das formale Denken ist geordnet, sie zeigt keinerlei Hinweise auf inhaltliche Denkstörungen, Ich- oder Wahrnehmungsstörungen. Ausgeprägte Ein- und Durchschlafstörungen mit Alpträumen werden berichtet, ebenso vielfältige Ängste. Kein Anhalt für Nikotin- oder Alkoholabusus oder Drogenkonsum. Von Suizidalität ist die Patientin aktuell klar distanziert.

9.4 Abklärung von Suizidalität

Die Suizidabklärung ist eine der herausforderndsten Aufgaben in der klinischen Praxis. Jedoch stellt akute Suizidalität die häufigste Notfallsituation dar und ist für die Arbeit von Psychotherapeutinnen daher unvermeidlich.

Suizidalität umfasst den gesamten Bereich von Suizidgedanken, Suizidankündigungen, Suizidpläne zu Suizidversuche. Suizidalität ist in der ICD-10 keine Diagnose, sondern ein Symptom. Im DSM-5 (APA, 2013) wurde die »Suizidale Verhaltensstörung« in der Sektion Klinische Erscheinungsbilder mit weiterem Forschungsbedarf neu aufgenommen. Diese beschreibt einen Suizidversuch innerhalb der letzten 24 Monate. Dies verweist auch darauf, dass Suizidalität mit einer Vielzahl psychischer Störungen einhergehen kann. Daher ist das direkte Erfragen und Ansprechen von Suizidalität ein zentraler Bestandteil des diagnostischen Prozesses bei Kindern und Jugendlichen. Die Gespräche mit den Kindern und Jugendlichen und deren Eltern oder Bezugspersonen sollten regelhaft getrennt geführt werden. Einige Beispielfragen zur selbst- und fremdanamnestischen Abklärung von Suizidalität sind im Weiteren aufgeführt.

Zur Suizidalität im Kindes- und Jugendalter liegt auch eine AWMF-Leitlinie vor (https://www.awmf.org/leitlinien/detail/ll/028-031.html).

9.4.1 Fragen zur Abklärung von Suizidalität

Folgende Fragen sollten selbst- und/oder fremdanamnestisch abgeklärt werden:

- Hast du schon einmal daran gedacht, dass du nicht mehr leben willst?
  - Dabei ist zu unterscheiden zwischen Suizidgedanken (sich selber umbringen wollen), selbstverletzendem Verhalten (Emotionsregulation als primäre Funktion), Ruminieren über Tod/Lebensüberdruss Gedanken (Gedanken über Tod, sterben zu wollen, aber keine aktiven Gedanken, sich selber etwas anzutun)
- Wie viel Zeit nehmen suizidale Gedanken in Anspruch?
- Beschäftigst du dich stark mit dem Thema Tod?
- Wann, wie, wo würdest du dich umbringen?
- Hast du schon einmal versucht, dir das Leben zu nehmen?
  - Falls ja: Hast du die Handlung vorher geplant oder erfolgte sie spontan?
  - Hast du Vorkehrungen gegen ein Entdeckt werden unternommen?
  - Bedauerst du, dass es nicht geklappt hat?
  - Wie reagierten deine Eltern, Freundinnen?
  - Welche Erwartungen hattest du und sind diese eingetreten?
- Zeigst du selbstverletzendes Verhalten ohne suizidale Absicht?
- Verfügst du über geeignete Mittel zur Umsetzung deiner gewählten Methode oder bist du dabei diese anzuschaffen?
- Was hält dich davon ab, dir das Leben zu nehmen?
- Lässt du es darauf ankommen?
- Bist du in bestimmten Chatrooms oder Foren aktiv?
- Trinkst du übermäßig Alkohol, konsumierst du Drogen oder nimmst du Medikamente ein?
- Gibt es jemanden an den du dich wenden würdest, wenn die Gedanken stark werden?
- Zeigen sich deutliche Verhaltensänderungen?
- Zeigt sich eine plötzlich gehobene Stimmung?
- Gibt es häufig Unfälle?
- Zeigt sich gehäuft risikoreiches Verhalten?
- Werden persönliche Angelegenheiten geregelt und persönliche Gegenstände verschenkt?

Für eine Risikoabschätzung sind verschiedene Bereiche zu beachten. Diese umfassen:

1. Prädispositionen für suizidales Verhalten
2. Identifizierbare Auslöser und Stressoren
3. Symptomatisches Erscheinungsbild
4. Hoffnungslosigkeit

5. Wahrgenommene Belastung für Andere
6. Art der suizidalen Gedanken und suizidalen Verhaltens
7. Vorherige Suizidversuche
8. Warnsignale (siehe weiter unten)
9. Impulsivität und Selbstkontrolle
10. Schutzfaktoren

Für die Risikoabschätzung werden verschiedene Bereiche in Betracht gezogen (modifiziert nach Rudd, 2014; AWMF Leitlinie Suizidalität im Kindes- und Jugendalter, 2016). Dabei ist zu berücksichtigen, dass Warnsignale ein zeitlich nah liegendes Risiko darstellen, während Risikofaktoren meist ein Risiko über einen längeren Zeitraum darstellen. Rudd et al. (2006, S. 258) haben Warnsignale wie folgt definiert: »Ein Suizid-Warnsignal ist das früheste erkennbare Signal, dass auf ein erhöhtes kurzfristiges Suizidrisiko (Minuten, Stunden oder Tage) hindeutet«. Warnsignale stellen beobachtbare Marker dar, welche die Einschätzung der Suizidabsicht erhärten können.

Bereiche für die Risikoabschätzung (modifiziert nach Rudd, 2014):

1. Prädispositionen für suizidales Verhalten:
   – Diagnosen psychischer Störungen in der Vergangenheit (erhöhtes Risiko bei wiederkehrenden Störungen, Komorbiditäten und Chronizität), wie Major Depression, Bipolare Störung, Schizophrenie, Substanzmissbrauch und Persönlichkeitsstörungen (z. B. Borderline Persönlichkeitsstörung).
   – Suizidales Verhalten in der Vergangenheit (erhöhtes Risiko bei früheren Suizidversuchen, hoher Letalität und chronischen Beeinträchtigungen). Diejenigen, die mehrere Suizidversuche (z. B. zweimal oder öfter) durchführten, werden als chronisch gefährdet eingeschätzt.
   – Kürzliche Entlassung aus stationärer psychiatrischer Behandlung (erhöhtes Risiko während des ersten Entlassungsjahres). Das höchste Risiko besteht während des ersten Monats nach der Entlassung, insbesondere während der ersten Woche.
   – Gleichgeschlechtliche sexuelle Orientierung (insbesondere bei homosexuellen Männern).
   – Männliches Geschlecht.
   – Missbrauch in der Vergangenheit (sexuell, physisch oder emotional).
2. Identifizierbare Auslöser oder Stressoren (z. B. Verluste):
   – Zwischenmenschliche Beziehung(en) und instabile Beziehungen (z. B. Verlust sozialer Unterstützung, Isolation);
   – berufliche, schulische Probleme;
   – akute oder chronische Gesundheitsprobleme (kann einhergehen mit Verlusten der Unabhängigkeit, Autonomie oder Funktion);
   – finanzielle oder rechtliche Probleme.
3. Symptomatisches Erscheinungsbild (Schweregrad von der Patientin auf einer Skala von 1–10 einschätzen lassen):

- Depressive Symptome, z. B. Anhedonie, geringer Selbstwert, Trauer, Schlafstörungen, Müdigkeit (erhöhtes Risiko in Kombination mit Ängsten und Substanzmissbrauch);
- Bipolare Störung (erhöhtes Risiko in frühen Stadien der Störung);
- Ängste (erhöhtes Risiko bei trait-Angst und akuter Agitation);
- Schizophrenie (erhöhtes Risiko nach aktiven Phasen);
- Borderline und anti-soziale Persönlichkeitszüge.
4. Hoffnungslosigkeit (Schweregrad von der Patientin auf einer Skala von 1–10 einschätzen lassen):
   - Schweregrad der Hoffnungslosigkeit;
   - Beginn und Dauer der Hoffnungslosigkeit.
5. Wahrgenommene Belastung für Andere (Schweregrad von der Patientin auf einer Skala von 1–10 einschätzen lassen):
   - Schweregrad;
   - Beginn und Dauer.
6. Art der suizidalen Gedanken und des suizidalen Verhaltens:
   - Aktuelle Gedanken: Frequenz, Intensität und Dauer;
   - Vorliegen eines Suizidplans (erhöhtes Risiko mit Spezifität);
   - Verfügbarkeit von Hilfsmitteln (multiple Methoden);
   - Letalität der Hilfsmittel (sowohl medizinische als auch wahrgenommene Letalität);
   - aktives suizidales Verhalten (sowohl Vorbereitungen als auch Ausprobieren);
   - suizidale Absichten (subjektive und objektive Marker, z. B. Warnsignale);
   - Hinweise auf Fähigkeit, sich etwas anzutun.
7. Vorherige Suizidversuche (und nicht-suizidale Selbstverletzungen):
   - Frequenz der Suizidversuche und der nicht-suizidalen Selbstverletzungen;
   - wahrgenommene Letalität und Ausgang (z. B. Denkst du, dass [Methode] dich umbringen wird?);
   - Möglichkeit zur Rettung bzw. Anstrengungen, eine Rettung zu verhindern und Hilfe in Anspruch nehmen;
   - vorbereitendes Verhalten (auch Ausprobieren) (z. B. im Internet nachschauen);
   - Reaktionen auf frühere Versuche (Gefühle bzgl. Überleben und gelernter Lektionen);
   - Suizidversuche und Suizide im Umfeld.
8. Gegenwärtige Warnsignale für suizidales Verhalten (beinhaltet zusätzlich Aspekte der anderen Bereiche; ergänzt nach Kostenuik & Ratnapalan, 2010; Kasper et al., 2011):
   - Aktives suizidales Denken;
   - vorbereitendes und ausprobierendes Verhalten (z. B. Abschiedsbrief(e) schreiben);
   - Hilflosigkeit, Hoffnungslosigkeit;
   - Wut;
   - Impulsivität, Leichtsinnigkeit, dramatische Stimmungsschwankungen, erhöhte emotionale Labilität;
   - Angst und Agitation;
   - Gefühl, gefangen zu sein;

- keine Gründe zu leben, keinen Sinn im Leben;
- erhöhter Alkohol- und Substanzkonsum;
- plötzliche Verhaltensänderung;
- Apathie;
- Rückzug;
- unübliche Beschäftigung mit Sterben oder Tod;
- Verschenken persönlicher Gegenstände;
- deutliche Schuldgefühle und Selbstvorwürfe;
- Gefühl der Wertlosigkeit;
- Agitiertheit bzw. Antriebssteigerung;
- ausgeprägte Schlafstörungen;
- unerklärliche Adhärenzprobleme bei körperlichen Erkrankungen;
- unklare Verletzungsmuster, Unfälle und Intoxikationen.
9. Impulsivität und Selbstkontrolle (Schweregrad von der Patientin auf einer Skala von 1–10 einschätzen lassen):
   - Subjektive Selbstkontrolle;
   - objektive Kontrolle (z. B. Substanzmissbrauch, impulsives Verhalten, Aggression).
10. Schutzfaktoren in Bezug auf Suizidalität
    - Vorhandene soziale Unterstützung. Unterstützung muss vorliegen und zugänglich sein, die Beziehungen sollten gesund sein;
    - Problemlösefertigkeiten und Coping-Strategien;
    - aktive Teilnahme in der Behandlung;
    - vorhandene Hoffnung;
    - Religiosität;
    - Lebenszufriedenheit (Patientin die Lebenszufriedenheit einschätzen lassen);
    - intakte Realitätstestung;
    - Furcht vor sozialer Missbilligung;
    - Furcht vor Suizid und Tod.

9.4.2 Vorgehen bei akuter Suizidalität

Für den Fall akuter Suizidalität sollte eine Standardarbeitsanweisung vorliegen, die in jedem Therapieraum direkt verfügbar sein muss (▶ Anhang C). Darin beschrieben wird die Aufklärung über die Schweigepflicht bei Selbst- und Fremdgefährdung sowie das Vorgehen bei von der Patientin oder der Bezugsperson geschilderter akuter Suizidalität, ebenso finden sich Hinweise zur Dokumentation. Ein Beispiel für ein Notfall-Vorgehen für verschiedene Fälle bei akuter Suizidalität ist in Anhang D beschrieben (▶ Anhang D). Dabei geht es zum einen um das Vorgehen bei latenter Gefährdung ohne Notwendigkeit einer akuten Unterbringung und zum anderen um das Vorgehen bei akuter Selbstgefährdung. Beschrieben werden vier verschiedene Fälle:

1. Die Patientin lässt sich freiwillig stationär aufnehmen.
2. Die Patientin lässt sich trotz akuter Suizidalität NICHT freiwillig aufnehmen und die Eltern verweigern die Kooperation.

3. Die Patientin verlässt dennoch die Ambulanz/Praxis.
4. Die Patientin vermittelt der Therapeutin telefonisch oder per Mail suizidale Absichten außerhalb der Therapiezeit. Sie erscheint nicht distanzierungs- und absprachefähig.

Eine Checkliste zur Risikoabschätzung der Suizidalität kann unter dem Link https://dl.kohlhammer.de/978-3-17-035653-5 heruntergeladen werden. Dort findet sich außerdem ein Beispiel für ein Patientinnenversprechen, wobei an dieser Stelle darauf hingewiesen wird, dass dies eher einer therapeutischen Intervention entspricht und keinerlei rechtliche Absicherung hat. Auch ein Krisenplan bei suizidalen Gedanken, welcher mit der Patientin auszufüllen ist, findet sich als Vorlage zum Download.

Zum Setting bei akuter Suizidalität ist zu beachten, dass das Kind nicht unbeaufsichtigt gelassen werden darf. Für die Einleitung der stationären Aufnahme sollte man sich daher Unterstützung bei Personen vor Ort (Kolleginnen, Leitung) holen. Die Sorgeberechtigten sind zu informieren. Zentral ist eine zeitnahe und ausführliche Dokumentation.

9.5 Probatorik

Die Probatorik dient der Einleitung einer Richtlinientherapie und ist weder anzeige- noch antragspflichtig. Im Rahmen der Probatorik muss eine ausführliche Diagnostik erfolgen sowie die Therapiemotivation, Kooperations- und Beziehungsfähigkeit der Patientinnen geprüft werden. Im Kinder- und Jugendbereich stehen insgesamt bis zu sechs 50-minütige probatorische Sitzungen zur Verfügung, wobei diese Gespräche z. T. auch mit den relevanten Bezugspersonen allein durchgeführt werden können (▶ Tab. 9.1). Ein Antrag auf Kurzzeit- oder Langzeittherapie kann gestellt werden, wenn eine erste probatorische Sitzung durchgeführt und ein Termin für eine zweite Sitzung vereinbart wurde (▶ Kap. 12 und ▶ Tab. 9.1).

Die Handhabung der bestehenden Berichtspflicht an die Kinder-/Haus-/oder Fachärztin muss mit der Familie geklärt werden (d. h. ob die Kinder- oder Hausärztin informiert werden soll oder nicht) und das entsprechende Formular für die Akte muss von der Familie unterschrieben werden (dient auch als Schweigepflichtentbindung diesbezüglich gegenüber der entsprechenden Ärztin). Die Familie/die Patientinnen müssen also angeben, ob Befunde von Vorbehandlerinnen angefordert werden dürfen und ob Befunde an diese Vorbehandlerinnen weitergegeben werden dürfen.

Wichtig ist, dass eine Aufklärungspflicht gegenüber der Patientin/den Sorgeberechtigten besteht: Es muss über Diagnose, Art der Behandlung, Behandlungsalternativen, Erfolgsaussichten und Risiken der Therapie, Sitzungsdauer und -frequenz, voraussichtliche Gesamtdauer der Behandlung, Verpflichtung zur Verschwiegenheit, Inanspruchnahme von Supervision (bei Ausbildungstherapeutinnen), mögliche

Folgen einer Nichtbehandlung/eines Behandlungsabbruchs, das Gutachterverfahren und eventuelle Regelungen zum Ausfallhonorar aufgeklärt werden.

9.6 Überprüfung der Lernziele

- Welche Formen von Stigmatisierung kennen Sie?
- Welche Fragen stellen Sie zur Erhebung von Suizidalität?
- Beschreiben Sie Warnsignale für suizidales Verhalten.
- Wer muss bei gemeinsamem Sorgerecht für die Diagnostik und Therapie des Kindes einwilligen?
- Nennen Sie verschiedene Bereiche der Anamnese.
- Was sind Inhalte des Aufklärungsgesprächs in der Probatorik?

10 Diagnostischer Prozess

> **Lernziele**
>
> - Sie wissen, mit welchen Instrumenten eine kategoriale Diagnostik durchgeführt werden kann.
> - Sie können ein strukturiertes Interview angemessen einleiten.
> - Sie können die Achsen des MAS beschreiben.
> - Sie können eine Diagnose angemessen einem Kind und seinen Bezugspersonen angemessen zurückmelden.
> - Sie wissen was bei einer Verhaltensbeobachtung zu beachten ist.

Typischerweise wird im Kindes- und Jugendalter eine umfassende multiaxiale Diagnostik (MAS) angestrebt, bei der neben der störungsspezifischen Diagnostik (Achse 1) und der Erfassung umschriebener Entwicklungsstörungen (Achse 2) auch die allgemeine kognitive Leistungsfähigkeit (Achse 3), medizinische Krankheitsfaktoren (Achse 4), aktuell belastende psychosoziale Umstände (Achse 5) und das allgemeine Funktionsniveau (Achse 6) erfasst werden (Remschmidt, Schmidt, & Poustka, 2006).

MAS Klassifikation

Achse I: Psychische Störung; G (für gesicherte Diagnose) und V (für Verdachtsdiagnose)
Achse II: Umschriebene Entwicklungsstörungen (z. B. Entwicklungsstörung der Sprache und des Sprechens)
Achse III: Intelligenzniveau (▶ Kap. 10.4)
Achse IV: Körperliche Symptomatik (aus anderen ICD Kapiteln)
Achse V: Assoziierte aktuelle abnorme psychosoziale Umstände (0–9);
   0 = keine signifikante Verzerrung oder unzureichende psychosoziale Umstände,
   1 = abnorme intrafamiliäre Beziehungen (z. B. Mangel an Wärme in Eltern-Kind-Beziehung),
   2 = psychische Störung, abweichendes Verhalten oder Behinderung in der Familie,
   3 = verzerrte intrafamiliäre Kommunikation,
   4 = abnorme Erziehungsbedingungen (z. B. elterliche Überfürsorge),

5 = abnorme unmittelbare Umgebung (z. B. isolierte Familie),
 6 = akute, belastende Lebensereignisse (z. B. Verlaust liebevoller Beziehung),
 7 = gesellschaftliche Belastungsfaktoren (z. B. Migration),
 8 = chronische zwischenmenschliche Belastung in Schule oder Arbeit,
 9 = belastende Situation infolge von Verhaltensstörungen/Behinderungen des Kindes (z. B. institutionelle Erziehung).

Achse VI: Globalbeurteilung des psychosozialen Funktionsniveaus (0-9);
 0 = herausragende oder gute soziale Funktionen in allen sozialen Bereichen,
 1 = mäßige soziale Funktion mit vorübergehenden oder geringeren Schwierigkeiten in nur 1–2 Bereichen,
 2 = leichte soziale Beeinträchtigung mit leichten Schwierigkeiten in mind. 1 oder 2 Bereichen,
 3 = mäßige soziale Beeinträchtigung in mind. 1 oder 2 Bereichen,
 4 = ernsthafte soziale Beeinträchtigung in mind. 1 oder 2 Bereichen,
 5 = ernsthafte und durchgängige soziale Beeinträchtigung in den meisten Bereichen,
 6 = funktionsunfähig in den meisten Bereichen, benötigt ständige Aufsicht und Betreuung,
 7 = schwere und durchgängige soziale Beeinträchtigung braucht beträchtliche Betreuung,
 8 = tiefe und durchgängige soziale Beeinträchtigung, braucht ständig Betreuung völliges Fehlen von Kommunikation,
 9 = nicht zutreffend/nicht einschätzbar.

Die multiaxiale Diagnostik ist von Relevanz, da durch sie das Störungsbild des Kindes nicht einseitig, sondern multifaktoriell betrachtet wird. Es werden also verschiedene Einflussgrößen, die das Störungsbild bedingen und/oder aufrechterhalten, berücksichtigt, was wiederum wichtige Hinweise für die Behandlung der Symptomatik liefern kann. So kann beispielsweise über die Erfassung der kognitiven Leistungsfähigkeit und umschriebener Entwicklungsstörungen eingeschätzt werden, ob Problemverhalten z. B. aufgrund einer Über- oder Unterforderungssituation oder beeinträchtigender psychosozialer Faktoren vorliegt (▶ Kap. 12 für Beispiele zur multiaxialen Diagnostik). Auch körperliche Belastungen können zu psychischen Belastungen führen, z. B. eine juvenile Diabetes, die sich durch regelmäßiges Blutzuckermessen und spritzen auszeichnet, und dadurch zu einer eingeschränkten Teilhabe im Alltag von Kindern und Jugendlichen führen kann. Über die Erhebung von Erziehungsstil, Eltern-Kind-Interaktionen und elterlichen psychischen Erkrankungen gewinnen wir ferner einen ersten Eindruck über innerfamiliäre, auslösende oder aufrechterhaltende Bedingungen.

Der wohl größte Unterschied zwischen Erwachsenen und Kindern in der Diagnostik ist, dass ein sorgfältiges diagnostisches Vorgehen immer den Einbezug *mehrerer Informationsquellen* fordert, also Kind, Eltern, Lehrkräfte oder weitere wichtige Bezugspersonen (Silverman & Ollendick, 2005; In-Albon et al., 2011). Dies ist zum einen unabdingbar, um eine eventuell vorliegende Kontextspezifität der

Problematik nicht zu übersehen und zum anderen dem Umstand Rechnung zu tragen, dass Kinder, Eltern und Lehrkräfte unterschiedliche Sichtweisen auf die psychischen Beschwerden und deren Randbedingungen haben. Aus der Forschung wissen wir, dass Kinder und Jugendliche ihre eigene Situation ab ca. acht Jahren zuverlässig und valide berichten können (Arseneault et al., 2005; Riley et al., 2004; Luby et al., 2007), und dies sollten wir entsprechend auch nutzen. Insbesondere, da Eltern und Lehrkräfte meist externalisierende Verhaltensauffälligkeiten gut einschätzen können, aber internalisierende Schwierigkeiten häufiger unterschätzen oder übersehen (z. B. Holmbeck et al., 2002). Im Sinne der Ökonomisierung können Praktikerinnen versucht sein, sich eine aufwändige Diagnostik basierend auf multiplen Informationsquellen ersparen zu wollen, insbesondere vor dem Hintergrund, dass eine Nichtübereinstimmung zwischen Eltern und Kindern, aber auch Vater und Mutter oder Eltern und Lehrkräften, recht wahrscheinlich ist. Für Angststörungen ist z. B. in klinischen Interviews eine höchstens moderate Übereinstimmung zu beobachten (Popp et al., 2017), so dass Kinder und Eltern verschiedene Informationen zur Verfügung stellen, die – je nach Befragtem – unterschiedliche kategoriale Beurteilungen nahelegen. D. h. jedoch nicht, dass die Verfahren oder bestimmte Informationsquellen nicht valide sind. Es bildet aber ab, dass Kinder und Eltern andere, ergänzende und damit jeder für sich wertvolle Informationen über die aktuellen Probleme ihres Kindes liefern, die für die diagnostische Einordnung, die Ableitung angemessener Interventionen und für den Transfer der erarbeiteten Strategien in den häuslichen oder schulischen Kontext dringend benötigt werden. Ohne sorgfältige und umfassende Differentialdiagnostik und die Klärung möglicher komorbider Störungen, die das Bezugssystem einbindet, wird ein möglicher Therapieerfolg von Anfang an beschnitten, da wichtige Punkte übersehen werden und entsprechend keine passgenaue, individualisierte Therapie abgeleitet werden kann. Folglich ist eine »Psychotherapie nur so gut wie ihre Diagnostik« (Ehlert, 2007).

Ein prototypischer Ablauf ambulanter diagnostischer Prozesse ist in der folgenden Abbildung zusammengefasst (▶ Abb. 10.1); eine Checkliste zur Diagnostik und Therapiestatus[1] umfasst neben der freien und strukturierten Exploration (▶ Kap. 9.3) auch Interviewverfahren, Beurteilungsmethoden, Verhaltensbeobachtung, Fremd- sowie Selbstbeurteilungsverfahren, Selbstbeobachtungsprotokolle und objektive Leistungstests. Das ganze Spektrum der diagnostischen Methoden wird genutzt, um einen umfassenden Eindruck über das Kind und seine sozialen Bezüge zu erhalten. Konsiliarisch erfolgt immer die somatische Differenzialdiagnose durch eine fachärztliche Kollegin (▶ Kap. 12).

Eine Neuerung sind eHealth Methoden (z. B. Smartphone Apps, wearables; siehe Lüttke, Hautzinger & Fuhr, 2018 für eine allgemeine Übersicht). Noch gibt es keine belastbaren Evaluationen für spezifische diagnostische Anwendungen im Kindes- und Jugendalter. Es ist aber sehr gut vorstellbar, dass bereits in den nächsten Jahren hilfreiche Instrumente für die Diagnostik und Therapie auf den Markt kommen werden, die vielleicht gerade die Gruppe der Jugendlichen besser erreichen kann.

---

1 Eine Vorlage hierfür findet sich bei den Online-Zusatzmaterialien

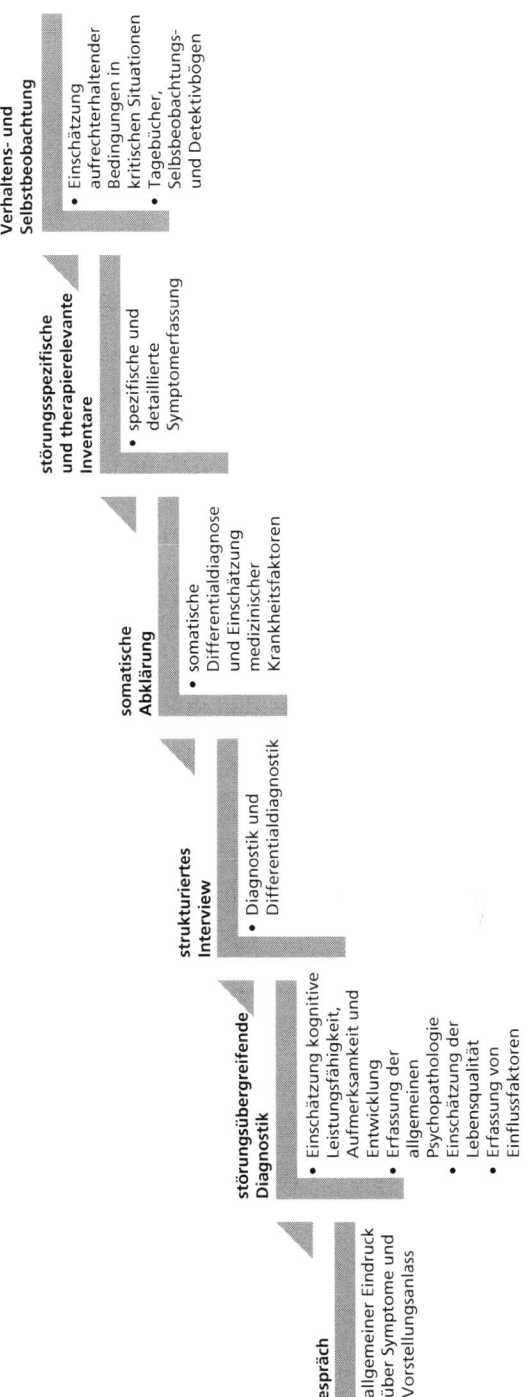

Abb. 10.1: Diagnostischer Prozess im Kindes- und Jugendalter: Methoden und Ziele

10.1 Kategoriale Diagnostik:

Die kategoriale Diagnostik wird auf Grundlage eines Klassifikationssystems und dessen aktueller Version durchgeführt (ICD oder DSM). Diese dient der Abgrenzung einzelner Störungsbilder sowie der Einschätzung, inwiefern sich die beschriebenen Symptome im Rahmen einer Psychopathologie abbilden und die Kriterien einer Diagnose erfüllen oder sich noch im Bereich der Norm befinden. Sie sind kriteriumsorientiert, d. h. sie stellen klare Kriterien bei der Diagnosestellung dar, die explorier- und beobachtbar sind. Darüber hinaus zeichnen sie sich durch ihre Operationalisierbarkeit aus, d. h. sie definieren konkrete Ein- und Ausschlusskriterien, die zeitliche Dauer sowie die Anzahl an Symptomen. Hierbei gilt das Konzept der Komorbidität, d. h., dass bei einer Person auch mehrere Diagnosen vorliegen können. Klassifikationssysteme folgen einem deskriptiven Ansatz. Diagnosen sind eine Beschreibung gegenwärtiger Schwierigkeiten, keine Persönlichkeitsmerkmale. Menschen *haben* daher nicht eine psychische Störung, sondern erfüllen die diagnostischen Kriterien hierfür. Dieser deskriptive Ansatz der Klassifikationssysteme geht einher mit einer therapeutischen Haltung nicht von einem »angstgestörten Kind« oder »depressiven Jugendlichen« oder »ADHSler« zu sprechen, sondern von einem Kind mit einer Angststörung bzw. einem Jugendlichen mit einer Depression oder ADHS. Als Instrumente zur Erfassung der Diagnosekriterien liegen klinisch diagnostische Interviews vor, die mit dem Kind bzw. den Eltern durchgeführt werden (▶ Kap. 10.1, *Klinische Interviews*).

Die dimensionale Erfassung von Symptomen spielt neben der kategorialen Diagnostik eine wichtige Rolle. Am häufigsten werden Fragebögen als standardisiertes Instrument zur Erhebung von Selbst- und Fremdberichteinschätzungen eingesetzt (▶ Kap. 10.2).

Klinische Interviews

Eine reliable und valide Diagnostik ist Voraussetzung dafür, verantwortungsvoll und zum Wohle der Patientin über eine Therapieindikation entscheiden zu können. Empirische Evidenz zeigt, dass:

1. unstrukturierte klinische Urteile unreliabel sind (Andreas, Theisen, Mestel, Koch, & Schulz, 2009; Jensen & Weisz, 2002; Rettew, Lynch, Achenbach, Dumenci, & Ivanova, 2009; Shaffer, 1994);
2. strukturierte klinische Interviews gute bis sehr gute Reliabilitätswerte aufweisen (Hodges, 1993; Neuschwander, In-Albon, Adornetto, Roth, & Schneider, 2013; Renou, Hergueta, Flament, Mouren-Simeoni, & Lecrubier, 2004; Roelofs, Muris, Braet, Arntz, & Beelen, 2015);
3. die Übereinstimmung zwischen klinischem Urteil und strukturierter klinischer Befragung unzureichend ist (Andreas et al., 2009; Dolle, Schulte-Korne, Hofacker, Izat, & Allgaier, 2012; Jensen & Weisz, 2002; Rettew et al., 2009; Weinstein, Stone, Noam, Grimes, & Schwab-Stone, 1989; Zimmerman & Mattia, 1999).

Als Menschen sind wir anfällig für Beurteilungsfehler und eine verzerrte Wahrnehmung. Alte Studien von Rosenhan (Rosenhan, 1973) haben dies experimentell eindrucksvoll gezeigt. Die Kognitionspsychologen und Nobelpreisträger Kahneman und Tverski haben in ihren Arbeiten systematisch die Vor- und Nachteile von datenbasierter versus heuristischer Urteilsbildung untersucht (Kahneman, 2011; Kahneman & Tversky, 1979). Fazit ist, dass wir alle zu kognitiven Verzerrungen neigen. D. h. eine heuristische Urteilsbildung ist für die Diagnostik psychischer Störungen nicht ausreichend und führt zu Bestätigungsdiagnostik und Diagnosen mit mangelnder Validität (Bruchmüller, Margraf, & Schneider, 2012). Entscheidend ist, dass wir Fehlurteile aufgrund heuristischer Urteilsbildungsprozesse/kognitiver Verzerrungen der Diagnostikerin minimieren. In einer Meta-Analyse (Rettew et al., 2009) zur Übereinstimmung von klinischem Urteil und standardisierten klinischen Interviews werden im Mittel Kappa Werte von .27 erreicht (38 Artikel aus den Jahren 1995–2006; N = 15 967; Kappa für internalisierende Störungen = .28; für externalisierende = .29; für ADHS = .49). Ab .75 gelten Kappa-Werte als zufriedenstellend. Dieses Auseinanderklaffen von klinischer Diagnose und Diagnose nach klinischem Interview verdeutlicht, dass in einer ersten klinischen Exploration andere Aspekte erfasst werden als in klinischen Interviews. Diese Studie konnten wir in unserer eigenen Kinder- und Jugendpsychotherapeutischen Ambulanz bestätigen (Weber, Christiansen, & Chavanon, 2020). In anderen Berufen (z. B. bei Pilotinnen), bei denen es darum geht, menschliche Fehler zu minimieren, ist der Einsatz von Checklisten absoluter Standard und zwar völlig unabhängig von der Erfahrung der untersuchten Person (z. B. der Pilotin) – schließlich geht es um Menschenleben. Insofern muss ein solcher Standard auch in der Profession der Psychotherapeutinnen selbstverständlich sein.

Oftmals wird eingewendet, dass Patientinnen strukturierte Befragungen nicht mögen und danach nicht mehr zur Behandlung kommen. Aber sowohl für das Erwachsenen- als auch für das Kindes- und Jugendalter ist von unabhängigen Forschungsgruppen mehrfach repliziert worden, dass sich die Patientinnen nach diesen Interviews ernst genommen und verstanden fühlen, eine gute Beziehung zu der Diagnostikerin aufbauen, das Interview wieder machen würden etc. (Bruchmüller, Margraf, Suppiger, & Schneider, 2011; Neuschwander, In-Albon, Meyer & Schneider, 2017; Sorensen, Thomsen, & Bilenberg, 2007; Suppiger et al., 2009). Das Problem scheint also eher auf der Seite der Behandlerinnen/Diagnostikerinnen zu liegen als auf Akzeptanzprobleme mit den Interviews hinzuweisen, so dass Therapeutinnen von sich auf ihre Patientinnen schließen. Dieses Missverhältnis zwischen Patientinnen- und Diagnostikerinnensichtweise ist umso größer, je weniger die Diagnostikerinnen mit strukturierten klinischen Interviews vertraut sind (Bruchmuller et al., 2011; Suppiger et al., 2009). Je häufiger und selbstverständlicher allerdings diagnostische Interviews in der Praxis durchgeführt werden, desto geringer sind die Vorbehalte auf therapeutischer Seite (▶ Kasten).

Einleitung zum Kinder-DIPS

Bevor das Interview durchgeführt wird, sollten die Patientin bzw. die Eltern darüber aufgeklärt werden, was sie erwartet. Dies ist für den Verlauf des Interviews und dessen Akzeptanz ganz entscheidend. Folgende Punkte sollten im Rahmen dieser Einleitung angesprochen werden:

- Ich werde viele Fragen zu ganz unterschiedlichen Bereichen (z. B. verschiedene Ängste, Schlaf oder Stimmung) stellen, in denen Kinder und Jugendliche Schwierigkeiten aufweisen können, einige treffen möglicherweise auf dich/Ihr Kind zu, andere nicht.
- Weil es sich um ein sog. strukturiertes Interview handelt, werde ich mich an die vorgegebenen Fragen halten. So wird auch nichts Wichtiges vergessen. Falls ich dich/Sie unterbrechen sollte, ist das nicht, weil es mich nicht interessiert. Die Länge des Interviews erfordert, dass ich bei den Fragen bleibe. Wir können gerne im Anschluss weitere Punkte besprechen, wenn es die Zeit erlaubt.
- Die Antworten trage ich hier in einen Protokollbogen ein, damit ich das Interview später auswerten kann.
- Die Dauer kann sehr unterschiedlich sein, je nachdem wie viele Bereiche für dich/Ihr Kind relevant sind. Wir können auch Pausen machen oder ggf. einen zweiten Termin vereinbaren.
- Wichtig! Es gibt keine richtigen oder falschen Antworten, es interessiert mich einfach, wie es dir/Ihrem Kind geht.
- Antworten können auch kurzgehalten werden (gewisse Fragen mit Ja/Nein beantworten). Am Ende des Interviews gibt es nochmals Gelegenheit zum Besprechen von Bereichen, die während des Interviews nicht oder zu wenig genau angesprochen wurden.
- Unbedingt nachfragen, wenn etwas unklar ist. Ich werde auch nachfragen, wenn ich etwas nicht verstehen sollte.
- Schweigepflicht: Alle Angaben werden vertraulich behandelt, außer es handelt sich um eine aktuelle Fremd- oder Selbstgefährdung.
- Hast du/Haben Sie noch Fragen?

Ein weiterer Mythos ist, dass strukturierte klinische Interviews so wie ein Fragebogen »einfach mal« mit der Patientin gemacht werden können. Auch dies ist falsch; die Durchführung strukturierter klinischer Interviews ist hochgradig komplex und erfordert ein systematisches Training und eine sehr gute Kenntnis der zugrundeliegenden Diagnosekriterien (Calinoiu & McClellan, 2004; Weller, Weller, Fristad, Rooney, & Schecter, 2000). Nur mittels dieses Vorwissens ist es möglich, im Rahmen des Interviews bei einzelnen Angaben vertieft nachzufragen und die Angaben von Patientin und Eltern richtig im Sinne der psychopathologischen Bedeutung einzuschätzen.

Die Diagnose muss am Ende auf einer Zusammenschau aller Befunde (klinische Exploration, Anamnese, diagnostische Interviews, Fragebogenverfahren, neuropsychologische Tests, Intelligenzbefunde etc.) basieren. Wie wichtig dafür der Einsatz klinischer Interviews ist, verdeutlicht eine Studie von Bruchmüller, Margraf und Schneider (2012), die zeigen konnte, dass approbierte Kinder- und Jugendlichenpsychotherapeutinnen und -psychiaterinnen deutliche Schwächen bei der Diagnostik der ADHS zeigten – sowohl was das richtige Erkennen der Symptome angeht (Sensitivität), als auch die korrekte Identifikation nicht betroffener Kinder (Spezifität). Insgesamt überstieg in dieser Studie die falsch-positiv Rate der Jungen die der Mädchen, was ein Hinweis auf einen Beurteilungsbias bei den Jungen ist. Die Ergebnisse dieser Studie wurden in der Arbeitsgruppe von Prof. Esser (Potsdam) repliziert (Workshopkongress Klinische Psychologie Dresden, 2015) mit einer falsch-negativ Rate von 28 % und einer falsch positiven Rate von 49.9 % (OR = 2.59; vgl. Bruchmüller OR = 2.65). Eine umfassende Überblicksarbeit fasst die aktuelle Studienlage zur Frage der Überdiagnose von psychischen Störungen im Kindes- und Jugendalter zusammen und diskutiert Faktoren, die für Fehldiagnosen verantwortlich sind (Merten, Cwik, Margraf, & Schneider, 2017). Faktoren wie unsystematische Exploration der Symptomatik, nicht ausreichende Kenntnisse der Diagnosekriterien oder entwicklungspsychologischer Grundlagen der Symptome scheinen eine wichtige Rolle für Fehler in der Diagnostik zu spielen.

Das *Diagnostische Interview bei psychischen Störungen im Kindes- und Jugendalter (Kinder-DIPS-OA*, Schneider et al., 2017) ist ein strukturiertes Interview, das die differenzierte Klassifikation der wichtigsten psychischen Störungen ermöglicht. Das für die klinische Exploration entwickelte Interviewverfahren liegt als Kinder- und Elternversion vor und ist in der neusten DSM-5-basierten Version auch Open Access verfügbar: https://www.kli.psy.ruhr-uni-bochum.de/dips-interv/kkjp/kinder-dips/index-de.html.

Die Elternversion ist einsetzbar für Kinder ab sechs Jahren, die Kinderversion kann mit Schulkindern ab ca. acht Jahren eingesetzt werden. Reliabilität und Validität sowie die Akzeptanz sind beim Kinder-DIPS gut untersucht (Margraf et al., 2017; Neuschwander et al., 2013; Neuschwander et al., 2017) und weisen darauf hin, dass es im Moment der Gold-Standard für Diagnose und Differentialdiagnose ist, da es auch Hinweise auf Teilleistungsstörungen, körperliche Erkrankungen, Suizidalität, Substanzmissbrauch und Psychosen erfasst. Die typische Durchführungszeit bei Patientinnen mit mindestens einer Störung variiert zwischen einer Stunde und zwei Stunden.

10.2 Dimensionale Diagnostik

Die dimensionale Erfassung von Symptomen spielt neben der kategorialen Diagnostik eine wichtige Rolle. Am häufigsten werden Fragebögen als standardisiertes Instrument zur Erhebung von Selbst- und Fremdberichteinschätzungen eingesetzt. Vor der Verwendung sollte auf ausreichend vorhandene Gütekriterien geachtet werden (Objektivität, Reliabilität, Validität, Testfairness, Umfang der Normierung). Bei der Wahl des Diagnostikinstruments ist hierbei wichtig zu überprüfen, welches Konstrukt der Fragebogen erhebt und welche Relevanz dieses für die entsprechenden Patientinnen hat. Auch ist wichtig vorab zu klären, ob die entsprechende Person, die den Fragebogen ausfüllt, entsprechende Fähigkeiten besitzt (z. B. eingeschränkte sprachliche oder kognitive Fertigkeiten, Antriebshemmung, Motivation, soziale Erwünschtheit). Neben der Auswertung auf Skalenebene liefert ein Screening auch auf Itemebene wichtige Informationen (z. B. Gewichtung der Items) und ermöglicht eine Überprüfung der Plausibilität der Ergebnisse, wenn diese nicht kongruent zur bisherigen Symptomatik des Patienten erscheint.

10.2.1 Störungsübergreifende Verfahren

Es empfiehlt sich zuerst der Einsatz von Breitbandverfahren und dann, mit Vorliegen von (Verdachts-)Diagnosen, die Verwendung störungsspezifischer Fragebögen. Die folgenden Verfahren können jeweils auch als Screening für psychische Auffälligkeiten eingesetzt werden, sind aber nicht geeignet (und haben auch nicht zum Ziel) psychische Störungen zu diagnostizieren (▶ Tab. 10.1).

Screening Verfahren

Döpfner und die Arbeitsgruppe Deutsche Child Behavior Checklist (2014) haben zur Erfassung von Verhaltensauffälligkeiten, emotionalen Auffälligkeiten, somatischen Beschwerden sowie sozialen Kompetenzen von Kindern und Jugendlichen drei international anerkannte Verfahren von Achenbach zur dimensionalen Diagnostik bei Kindern und Jugendlichen ins Deutsche übertragen und aktualisiert. Die *Child Behavior Checklist CBCL/6-18R* als Fragebogen für die Eltern, die *Teacher Report Form TRF/6-18R* und der *Youth Self-Report YSR/11-18R* bilden jeweils identisch acht Problembereiche ab (ängstlich/depressiv, rückzüglich/depressiv, körperliche Beschwerden, soziale Probleme, Denk-, (Schlaf-) und repetitive Probleme, Aufmerksamkeitsprobleme, regelverletzendes Verhalten und aggressives Verhalten) und es können drei übergeordnete Skalen berechnet werden (Gesamtauffälligkeit, internale Probleme, externale Probleme). Die Bearbeitungsdauer liegt pro Fragebogen bei rund 15 bis 20 Minuten. Die übergeordneten Skalen weisen zufriedenstellende innere Konsistenzen auf, wohingegen die psychometrischen Kennwerte für die Subskalen z. T. unbefriedigend sind (Antony, 2016; Leiders & Schwenck, 2018). Bundesweit repräsentative Normdaten wurden 2014 für die CBCL/6-18R und die YSR/11-18R erhoben, nicht aber für die TRF. Zusätzlich liegen für alle drei Fragebogenfassungen Normdaten einer Klinikstichprobe vor und z. T. DSM-5 Symptomeinschätzungen. Für den TRF liegen keine deutschen Normen zur Auswertung vor.

Der *Strength and Difficulties Questionnaire* (SDQ; Goodman, Meltzer & Bailey 1998; www.sdqinfo.com) ist ein Open-Access Fragebogen mit 25 Items, der mit je 5 Items (1) emotionale Symptome, (2) Störungen des Sozialverhaltens, (3) Hyperaktivität/Unaufmerksamkeit, (4) Beziehungen zu Gleichaltrigen und (5) prosoziales Verhalten erfasst. Die Items der Skalen 1–4 werden für einen Gesamt-Problemwert zusammengezählt und es liegen Cut-off-Werte für auffällige Symptombereiche vor. Für den SDQ liegen Validierungen in vielen verschiedenen Sprachen vor, was den Einsatz z. B. auch bei Patientinnen mit Flucht- oder Migrationshintergrund ermöglicht (http://www.sdqinfo.com/py/sdqinfo/b0.py). Die deutsche Version wurde von Woerner et al. (2002; 2004) und Klasen et al. (2003) validiert. Insgesamt zeichnet sich der SDQ durch eine hohe Übereinstimmung mit der CBCL aus (Klasen et al., 2000; Goodman & Scott, 1999), wenngleich auch bei diesem Verfahren die psychometrischen Kennwerte nicht durchgängig zufriedenstellend sind, insbesondere hinsichtlich der Sensitivität, was den Einsatz als Screeningverfahren einschränkt.

Das *Screening psychischer Störungen im Jugendalter* (SPS-J-II, Hampel & Petermann, 2012) erfasst mit 32 Items folgende vier Bereiche bei Jugendlichen zwischen elf und

16 Jahren: Aggressiv-dissoziales Verhalten, Ärgerkontrollprobleme, Ängstlichkeit/ Depressivität und Selbstwertprobleme. Die ersten beiden Subtests können den externalisierenden Störungen zugeordnet werden, während die letzten beiden Subtests internalisierende Störungen erheben. Der Gesamtwert bildet ein globales Maß zur Einschätzung psychischer Störungen ab. Die internen Konsistenzen sind gut, die Retest-Reliabilitäten zufriedenstellend, die kriterienbezogene und konvergente Validität gegeben. Es liegen T-Wert und Prozentrang-Normen vor.

Tab. 10.1: Störungsübergreifende Testverfahren

Allgemeine Verfahren	Items	Altersbereich	
CBCL/6-18R - Elternfragebogen über das Verhalten von Kindern und Jugendlichen (Döpfner, Plück, Kinnen, 2014)	127 Items; 7 Items zu Kompetenzskalen (Subskalen Aktivitäten, Soziale Kompetenzen, Schule). 120 Items Problemskala (Subskalen ängstlich depressiv, rückzüglich/depressiv, körperliche Beschwerden, regelverletzendes Verhalten, aggressives Verhalten, soziale Probleme, Denk (Schlaf-) und repetitive Probleme, Aufmerksamkeitsprobleme, andere Probleme. Skalen zweiter Ordnung: Internale und externale Probleme)	6–18 Jahre	www.testzentrale.de Paper and Pencil Hogrefe-Testsystem
DISYPS-III (Döpfner & Görtz-Dorten, 2017)	Fremd- und Selbstbeurteilung, zur Erfassung von psychischen Auffälligkeiten	4–17 Jahre	www.testzentrale.de Paper and Pencil
SCL-90-R Symptom-Checkliste (Dergatis, 2002)	90 Items; 9 Skalen mit Somatisierung, Zwanghaftigkeit, Unsicherheit im Sozialkontakt, Depressivität, Ängstlichkeit, Aggressivität/Feindseligkeit, phobische Angst, paranoides Denken, Psychotizismus)	12–80 Jahre	www.testzentrale.de Paper and Pencil Hogrefe-Testsystem
SPS-J-II Screening psychischer Störungen im Jugendalter-II (Hampel & Petermann, 2012)	32 Items; mit 4 Subtests aggressiv-dissoziales Verhalten, Ärgerkontrollprobleme, Ängstlichkeit/Depressivität und Selbstwertprobleme	10–16 Jahre	www.testzentrale.de Paper and Pencil Hogrefe-Testsystem

10.2.2 Störungsspezifische Instrumente

Neben den Breitbandverfahren sollten auch störungsspezifische Instrumente für die Diagnostik eingesetzt werden.

Ein Instrument, welches verschiedene störungsspezifische Fragebögen in Selbst- und Fremdbericht umfasst, ist das *Diagnostik-System für psychische Störungen nach*

ICD-10 und DSM-5 für Kinder und Jugendliche – III (*DISYPS-III*; Döpfner und Görtz-Dorten, 2017). Das DISYPS beinhaltet zusätzlich zu den Selbst- und Fremdbeurteilungsfragebögen auch Interview-Leitfäden zur Erfassung von psychischen Auffälligkeiten bei Kindern und Jugendlichen, jedoch sind diese im Vergleich zu den Fragebögen wenig evaluiert.

Repräsentativ-Normen liegen für die Fremdbeurteilungsbögen und Selbstbeurteilungsbögen zur Erfassung von ADHS, Störungen des Sozialverhaltens, Depressive Störungen, Angststörungen sowie für einen Screeningbogen vor. Zusätzlich liegen klinische Normen für die Fremdbeurteilungsbögen und die Selbstbeurteilungsbögen vor für ADHS, Störungen des Sozialverhaltens, Depressive Störungen, Angststörungen und Tic-Störungen. Weiterhin erfasst das *DISYPS-III* auch Trauma- und belastungsbezogene Störungen, Zwang-Spektrum-Störungen sowie ausschließlich im Fremdbericht Autismus-Spektrum- und Kommunikations-Störungen und Bindungs- und Beziehungsstörungen. Es liegen bisher keine psychometrischen Analysen zu den Trauma- und belastungsbezogenen Störungen und den Bindungs- und Beziehungsstörungen vor.

Für die Störungsgruppen Angststörungen, Depressionen, ADHS, und Störungen des Sozialverhaltens sind in den folgenden Tabellen die gängigsten Selbst- und Fremdbericht Fragebögen mit ausreichenden psychometrischen Kennwerten aufgeführt (▶ Tab. 10.2 – Tab. 10.5). Hilfreich kann auch das Testarchiv www.testarchiv.eu oder www.psychometrikon.de sein. Psychometrikon ist ein wissenschaftlich psychologisch-medizinisches Testportal mit Open Access Instrumenten. Nach der Registrierung als Nutzerin können Testverfahren und dazugehörige Materialien kostenfrei heruntergeladen werden. Testarchiv ist auch ein open Test Archiv, geführt vom Leibniz-Zentrum für Psychologische Information und Dokumentation (ZPID). Zudem haben mehrere universitäre KJP-Ambulanzen bzw. KJP-Arbeitseinheiten auf deren Homepage frei verfügbare Instrumente aufgeführt, z. B. FBZ der RUB Bochum, KJP Landau, Trier.

10.3 Fragebögen – störungsspezifisch

Ein Instrument, welches verschiedene störungsspezifische Fragebögen in Selbst- und Fremdbericht umfasst, ist das *Diagnostik-System für psychische Störungen nach ICD-10 und DSM-5 für Kinder und Jugendliche – III* (*DISYPS-III*; Döpfner und Görtz-Dorten, 2017). Dieses beinhaltet Checklisten, Selbst- und Fremdbeurteilungsfragebögen (Eltern, Lehrpersonen) sowie Interview-Leitfäden zur Erfassung von psychischen Auffälligkeiten bei Kindern und Jugendlichen von 4 bis 17 Jahren (ADHS ab 3 Jahre).

Es liegen Repräsentativ-Normen für die Fremdbeurteilungsbögen und Selbstbeurteilungsbögen zur Erfassung von ADHS, Störungen des Sozialverhaltens, Depressiven Störungen, Angststörungen sowie für einen Screeningbogen vor. Zusätzlich liegen klinische Normen für die Fremdbeurteilungsbögen und die Selbstbeurteilungsbögen vor für ADHS, Störungen des Sozialverhaltens, Depressive Störungen, Angststörungen und Tic-Störungen. Weiterhin erfasst das *DISYPS-III* auch Trauma- und belastungsbezogene Störungen, Zwang-Spektrum-Störungen sowie ausschließlich im Fremdbericht Autismus-Spektrum- und Kommunikations-Störungen und Bindungs- und Beziehungsstörungen.

Angstverfahren

Im Bereich der *Angststörungen* liegen zusätzlich zu den *DISYPS-III FBB/SBB-ANG* Fragebögen angststörungsübergreifenden Fragebogenverfahren mit zufriedenstellenden bis guten Gütekriterien vor (▶ Tab. 10.2).

Tab. 10.2: Störungsunspezifische und störungsspezifische Fragebogenverfahren zu Angststörungen für das Kindes- und Jugendalter (Informant: K = Kind, E = Eltern/Fremdbericht, J = Jugendlicher)

Verfahren	Beschreibung	Altersbereich	Verfügbarkeit
Störungsunspezifische Verfahren			
K-A-T Kinder-Angst-Test-III (Tewes & Naumann, 2016)	19 Items; allgemeine Ängstlichkeit als überdauerndes Persönlichkeitsmerkmal; optional einsetzbarer Explorationsbogen für Eltern- oder Bezugspersonen, Kind (E)	6–18 Jahre	www.testzentrale.de
SCAS Spence Childrens Anxiety Scale (Spence, 1998; Essau et al., 2002)	44 Items; erfasst Symptome der Trennungsangst, Soziale Phobie, Panikstörung und Agoraphobie, Generalisierte Angststörung, Angst vor körperlicher Verletzung (Spezifische Phobie), K, E	8–12 Jahre	www.scaswebsite.com
RCMAS Manifeste Angstskala für Kinder (Reynolds, Böhnke et al., 1978)	28 Items; Erfassung manifester Angst, K	6–18 Jahre	
SCARED Screen for Child Anxiety Related Emotional Disorder (Essau et al., 2002)	41 Items; Generalisierte Angst, Soziale Phobie, Trennungsangst, Panikstörung, Schulphobie; K	7–18 Jahre	
KASI Kinder-Angstsensitivitätsindex (Schneider et al., 2009)	17 Items; Erfassung der Angstsensitivität, K	8–17 Jahre	
STAIK-S Spielberger State/Trait Angst Inventar für Kinder (Spielberger, 1973; Unnewehr et al., 1992)	Erfassung der state und trait Ängstlichkeit; K	ab 8 Jahren	

Tab. 10.2: Störungsunspezifische und störungsspezifische Fragebogenverfahren zu Angststörungen für das Kindes- und Jugendalter (Informant: K = Kind, E = Eltern/Fremdbericht, J = Jugendlicher) – Fortsetzung

Verfahren	Beschreibung	Altersbereich	Verfügbarkeit
AFS Angstfragebogen für Schüler (Wieczerkowski, Nickel, Janowski, Fittkau & Rauer, Petermann, 2016)	50 Items; allgemeine (manifeste) Angst, Schulunlust, soziale Erwünschtheit, Prüfungsangst; K	9–18 Jahre	www.testzentrale.de
BAI Beck-Angst-Inventar (Margraf & Ehlers, 2007)	21 Items; Ausmaß kognitiver und physiologischer Angstsymptome; J	ab 17 Jahren	www.testzentrale.de
HAMA Hamilton Angst Skala (CIPS, 1996) (Fremdeinschätzung)	14 Items; psychische und somatische Auswirkungen der Angst; J	ab 14 Jahren	
STAI-S/T Spielberger State/Trait Anxiety Inventar (Spielberger, 1970; Laux et al., 1981)	STAI-T misst Angst als Eigenschaft, d. h. die Neigung zu Angstreaktionen, als relativ überdauerndes Persönlichkeitsmerkmal; K	ab 15 Jahren	STAI; www.testzentrale.de
DASS Depression Angst Stressskala (Lovibond & Lovibond, 1995; Nilges & Essau, 2015)	Langform: 42 Items, Kurzform: 21 Items; Erfasst Angst-, Depressions-, und Stresssymptome;	ab 12 Jahren	http://www2.psy.unsw.edu.au/dass/German/DASS21%20Nilges%20&%20Essau/Nilges%20Essau%20DASS%20Schmerz%202015.pdf
Paniksyndrom/Agoraphobie			
ACQ Fragebogen zu angstbezogenen Kognitionen (Ehlers, Margraf & Chambless, 2001)	14 Items; Ausmaß angstbezogener Kognitionen wie körperliche Krisen, Kontrollverlust, Vermeidung	ab 16 Jahren	(AKV; www.testzentrale.de)
BSQ Fragebogen zur Angst vor körperlichen Symptomen (Ehlers, Margraf & Chambless, 2001)	17 Items; Ausmaß der Angst vor der Angst und der Angst vor körperlichen Symptomen	ab 16 Jahren	(AKV; www.testzentrale.de)
MI Mobilitätsinventar (Ehlers, Margraf & Chambless, 2001)	27 Items; Ausmaß agoraphobischen Vermeidungsverhaltens; Einschätzung einmal mit und einmal ohne Begleitung	ab 16 Jahren	(AKV; www.testzentrale.de)

Tab. 10.2: Störungsunspezifische und störungsspezifische Fragebogenverfahren zu Angststörungen für das Kindes- und Jugendalter (Informant: K = Kind, E = Eltern/Fremdbericht, J = Jugendlicher) – Fortsetzung

Verfahren	Beschreibung	Altersbereich	Verfügbarkeit
Soziale Phobie			
SPAIK Sozialphobie und Angstinventar für Kinder (Melfsen, Florin, Warnke, 2001)	26 Items; erhebt die somatischen, kognitiven und Verhaltensaspekte der Sozialphobie im Kindes- und Jugendalter	8–16 Jahre	www.testzentrale.de
SASC-R-D Social Anxiety Scale for Children-Revised (Melfsen & Warnke, 2011)	18 Items; erfasst soziale Ängste anhand zweier Subskalen: Angst vor negativer Evaluation und soziale Vermeidung und Beeinträchtigung	8–16 Jahre	In: Meinlschmidt, Schneider & Margraf (2019), Kapitel 69
SPAIK Soziale Phobie- und Angst Inventar für Kinder (Melfsen, Florin & Warnke, 2001)	22 Items; kognitive, somatische und behaviorale Dimensionen der Angst	8–16;11 Jahren	www.testzentrale.de
SIAS Social Interaction Anxiety Scale und SPS Social Phobia Scale (Mattick & Clarke, 1998; dt. Versionen in Stangier, Heidenreich, Berardi, Golbs & Hoyer, 1999)	20 Items, besonders geeignet für den Subtypus »generalisiert« sowie 20 Items, besonders geeignet für den Subtyp »diskret« und »nicht generalisiert«	keine Altersangaben	SOZAS; www.testzentrale.de
Liebowitz Soziale Angst Skala (Stangier & Heidenreich, 2004)	24 Items; Fokus auf Angst und Vermeidung von sozialen Situationen	keine Altersangaben	SOZAS; www.testzentrale.de
Generalisierte Angststörung			
PSWQ-C Penn State Worry Questionnaire für Kinder (Adam & Hoyer, 2003)	16 Items; erfasst pathologische Sorgen	6–18 Jahre	http://www.psychologie.tu-dresden.de/i2/klinische/angstfragebogen.html
Spezifische Phobie/Phobien			
FSS-FC Fear Schedule for Children (Scherer & Nakamura, 1968; deutsche Übersetzung in Schulte, 1976)	80 Items; Angst vor Versagen und Kritik, Unbekanntem, Gefahren und Tod, Verletzungen und kleinen Tieren, Krankheiten und Ärzten	9–12 Jahre	
PHOKI Phobiefragebogen für Kinder und Jugendliche (Döpfner et al., 2006)	96 Items; erfasst die Ängste vor verschiedenen Objekten und Situationen	8–18 Jahre	www.testzentrale.de

Tab. 10.2: Störungsunspezifische und störungsspezifische Fragebogenverfahren zu Angststörungen für das Kindes- und Jugendalter (Informant: K = Kind, E = Eltern/Fremdbericht, J = Jugendlicher) – Fortsetzung

Verfahren	Beschreibung	Altersbereich	Verfügbarkeit
Störung mit Trennungsangst			
TAI (In-Albon et al., 2011, 2013); Kind- und Elternversion	12 Items; erfasst Vermeidungssituationen und deren Schweregrade aufgrund der Trennungsangst, K, E	5–16 Jahre	https://www.uni-koblenz-landau.de/de/landau/fb8/biopsy-klinpsy/KlinPsy%20KiJu/Forsch/TAI

Depressionsverfahren

Im Bereich der Depressionsverfahren liegen zusätzlich zu den DISYPS-III Fragebögen depressions- und depressionsübergreifende Fragebogenverfahren mit zufriedenstellenden bis sehr guten Gütekriterien vor (▶ Tab. 10.3).

Tab. 10.3: Depressionsverfahren

Depression	Items	Altersbereich	Verfügbarkeit
ADS Allgemeine Depressionsskala (Hautzinger & Bailer, 1993)	13–20 Items; Kurz- und Langversion für das Auftreten und Dauer depressiver Symptome bei Jugendlichen	13–17 Jahre	www.testzentrale.de Paper and Pencil Hogrefe-Testsystem
BDI-II Beck Depressions-Inventar Revision (Hautzinger, Keller & Kühner, 2009)	21 Items; erfasst depressive Symptomatik durch einen Selbstbeurteilungsfragebogen, Items decken die im DSM-IV genannten Diagnosekriterien einer Depression	13–80 Jahre	www.testzentrale.de Paper and Pencil Hogrefe-Testsystem
DIKJ - Depressionsinventar für Kinder und Jugendliche (Stiensmeier-Pelster et al., 2014)	29 Items; erfasst Symptome einer Depression auf DSM-5 Kriterien plus Begleiterscheinungen einer Depression (z. B. schulische Probleme)	8–17 Jahre	www.testzentrale.de Paper and Pencil Hogrefe-Testsystem
DTGA- Depressionstest für Kinder im Grundschulalter (Esser, Laucht, Drews & Ihle, 2013)	12 Items; Beurteilung allgemeiner Stimmung, Selbstwahrnehmung, Gedanken und Verhaltensweisen auf depressive Kernsymptome	6,0–10,11 Jahre	www.testzentrale.de Paper and Pencil Hogrefe-Testsystem
DTK- Depressionstest für Kinder (Rossmann, 2005)	55 Items; aktuelle depressive Befindlichkeit auf drei Dimensionen (dysphorische Stimmung und Selbstwertprobleme, Tendenzen	9–14 Jahre	www.testzentrale.de Paper and Pencil Hogrefe-Testsystem

Tab. 10.3: Depressionsverfahren – Fortsetzung

Depression	Items	Altersbereich	Verfügbarkeit
	zu agitiertem Verhalten und psychosomatische Aspekte depressiver Verstimmung)		

ADHS-Testverfahren

Im Bereich der ADHS-Testverfahren liegen zusätzlich zu den Conners-EC, die Aufmerksamkeit, Verhalten und Entwicklungsmeilensteinen im Vorschulalter erfassen (Christiansen et al., 2017), die Conners-Fragebögen für Kinder und Jugendliche (6-18 Jahre) und Erwachsene (18-65+ Jahre) vor sowie ADHS übergreifende Fragebogenverfahren mit zufriedenstellenden bis guten Gütekriterien (▶ Tab. 10.4).

Tab. 10.4: ADHS-Testverfahren

ADHS	Items	Altersbereich	Verfügbarkeit
ADHS-KJ ADHS-Diagnostikum für Kinder und Jugendliche (Petermann & Petermann, 2019)	Multimodales und multimethodales Erhebungsverfahren zur Erfassung von ADHS unter Berücksichtigung von Störungen der Exekutivfunktionen (neuropsychologisches Testverfahren, Verhaltensbeobachtung, Checklisten für Eltern)	6,0–12,11 Jahre	www.testzentrale.de Paper and Pencil Hogrefe-Testsystem
CAARS-Conners Skalen zu Aufmerksamkeit und Verhalten für Erwachsene (Christiansen et al., 2002)	Selbst- und Fremdbeurteilung 66 Items Langversion: (Unaufmerksamkeit, Hyperaktivität/motorische Unruhe, Impulsivität, Selbstkonzeptprobleme, Unaufmerksamkeitssymptome nach DSM –IV, ADHS-INDEX, Inkonsistenz-Index) 26 Items Kurzversion: (Unaufmerksamkeit, Hyperaktivität, Impulsivität, Selbstkonzeptprobleme 30 Items Screening Verfahren (DSM-IV Kriterien und ADHS-Index)	ab 18 Jahre	www.testzentrale.de Paper and Pencil Hogrefe-Testsystem
Conners EC Conners Skalen zu Aufmerksamkeit, Verhalten und Entwicklungsmeilensteinen im Vorschulalter (Christiansen et al., 2017)	20 Items Screening Version 98 Items Kurzversion 376 Items Langversion Selbst- und Fremdbeurteilung für Eltern, Erzieher und Kinder (Entwicklungsmeilensteine, Validitätsskalen, Global-Index, klinische Indikatoren, Beeinträchtigungen, zusätzliche Fragen	3,00–6,11 Jahre	www.testzentrale.de Paper and Pencil Hogrefe-Testsystem

Tab. 10.4: ADHS-Testverfahren – Fortsetzung

ADHS	Items	Altersbereich	Verfügbarkeit
Conners 3 – Conners Skalen zu Aufmerksamkeit und Verhalten-3 (Lidzba, Christiansen & Drechsler, 2013)	ADHS-Symptome und komorbide Störungen; Selbst- und Fremdeinschätzung durch Eltern und Lehrer (Langversion 109, 112 oder 98 Items) (Kurzversion 44, 38 oder 40 Items)	6–18 Jahre	www.testzentrale.de Paper and Pencil Hogrefe-Testsystem
KITAP Testbatterie zur Aufmerksamkeitsprüfung für Kinder (Zimmermann, et al., 2002)	Überprüfung der Aufmerksamkeit (Ablenkbarkeit, Alertness, Daueraufmerksamkeit, Flexibilität, geteilte Aufmerksamkeit, Go/Nogo, Scanning, Vigilanz)	6–10 Jahre	www.psytest.net PC-Version
VBV 3-6-Verhaltensbeurteilungsbogen für Vorschulkinder (Döpfner et al., 1993)	44 Items Kurzform Verhaltensbeurteilungsfragebogen für Eltern und Erzieher (sozial-emotionale Kompetenzen, oppositionell-aggressives Verhalten, Aufmerksamkeitsschwächen/Hyperaktivität vs. Spielausdauer, emotionale Auffälligkeiten	3–6 Jahre	www.testzentrale.de Paper and Pencil Hogrefe-Testsystem
Qb-Testung	Aufmerksamkeits-, Impulsivitätsmessung und Messung des Aktivitätsmusters (QbTest für 6-12 Jahre und QbTest+ ab 12 bis 65+ Jahre)	12–60 Jahre	www.qbtech.com PC-Version

Testverfahren für Störung des Sozialverhaltens

Im Bereich der Testverfahren für Störung des Sozialverhaltens liegen zusätzlich zu den Conners-Skalen (▶ Tab. 10.4) Testverfahren für Störungen des Sozialverhaltens mit zufriedenstellenden bis guten Gütekriterien vor (▶ Tab. 10.5).

Tab. 10.5: Testverfahren Störungen des Sozialverhaltens

Störung des Sozialverhaltens	Items	Altersbereich	Verfügbarkeit
FAVK-Fragebogen zum aggressiven Verhalten von Kindern (Görtz-Dorten & Döpfer, 2010)	Selbst- und Fremdbeurteilungsbogen 25 Items für Störung sozialkognitiver Informationsverarbeitung, Störung der Impulskontrolle, Störung sozialer Fertigkeiten, Störung sozialer Interaktion.	4,0–14,11 Jahre	www.testzentrale.de Paper and Pencil

10.4 Intelligenzdiagnostik

In der Kinder- und Jugendlichenpsychotherapie ist im Rahmen der Diagnostik fast immer eine ausführliche Leistungsdiagnostik durchzuführen bzw. nur in Ausnahmefällen sollte davon abgesehen werden, wenn z. B. entsprechende Vorbefunde vorliegen. Diese dient der allgemeinen Orientierung bezüglich des kognitiven Leistungsstands des Kindes. Dies ist beispielsweise für die Einschätzung der schulischen Leistungsfähigkeit von Bedeutung oder auch bei Fragen der Über- oder Unterforderung, aber auch im Hinblick auf spezifische Teilleistungsdefizite und -stärken erforderlich. Bei Hinweisen auf Über- oder Unterforderung sollte eine weiterführende Diagnostik eingeleitet werden, d. h. der Einsatz eines zweiten Intelligenztestverfahrens zur Überprüfung der Testwerte. Diese ist im Fall der Hochbegabung kein Bestandteil einer psychotherapeutischen Leistung und es sollte an entsprechend spezialisierte Stellen weiterverwiesen werden, die eine Einhaltung der diagnostischen Standards für eine solche Diagnose gewährleisten können (siehe z. B. https://www.uni-marburg.de/de/fb04/therapie-und-beratung/brain oder bundesweit: https://www.fachportal-hochbegabung.de/beratungsstellen/#alle; sowie Rost & Buch, 2018). Im Falle von möglicher Überforderung sollte in jedem Fall ein zweiter Intelligenztest durchgeführt werden, der das Ergebnis des ersten Tests validiert. Bei sprachlichen Schwierigkeiten empfiehlt sich der Einsatz eines sprachfreien Verfahrens.

Insbesondere im Bereich der externalisierenden Störungen spielt die Intelligenzdiagnostik eine wichtige Rolle in Bezug auf die Abklärung, inwieweit Konzentrations- und Verhaltensstörungen mit einer geminderten Intelligenz oder Lernbehinderungen zusammenhängen oder unabhängig davon bestehen. Aufgrund der Kernsymptomatik der Aufmerksamkeitsdefizit-/Hyperaktivitätsstörung (ADHS) ist eine kognitive Beeinträchtigung z. B. häufig, die allerdings nach den geltenden Kriterien nicht im Bereich der Intelligenzminderung liegen darf. Ist letzteres der Fall wäre z. B. eine »Überaktive Störung mit Intelligenzminderung und Bewegungsstereotypien« abzuklären.

Bei der Durchführung eines Intelligenztests ist es wichtig, dass die Diagnostikerin mit den Instruktionen vertraut ist und den Test gemäß Ziel und Alter entsprechend auswählt (▶ Tab. 10.6). Zudem sollte auf eine angenehme Atmosphäre geachtet werden. Die Zeiten der Durchführung müssen so gewählt sein, dass das Kind seine Leistung gut abrufen kann (in der Regel vormittags), und es sollte gewährleistet sein, dass das Kind fähig ist, den Test zu absolvieren (z. B. ausreichende sprachliche Fertigkeiten, ausreichendes Seh- und Hörvermögen, ausreichender Schlaf).

Es ist auch wichtig, bei der Interpretation der Testergebnisse im Falle einer Diagnose oder dem Verdacht einer Aufmerksamkeitsdefizit-/Hyperaktivitätsstörung zwischen möglichen Aufmerksamkeitsdefiziten und kognitiven Leistungen zu differenzieren. Nimmt das Kind regelmäßig Medikation ein, ist darauf zu achten, dass die Intelligenztestung auch unter der entsprechenden Medikation stattfindet. Die Werte eines Intelligenztests werden in der Regel in Wechsler Scores angegeben mit einem Durchschnitt von 100 und einer Standardabweichung von 15. Ein Intelligenzwert unter 85 entspricht einer unterdurchschnittlichen Intelligenz, ein Intelligenzwert unter 70 entspricht einer Intelligenzminderung. Ein Intelligenzwert über 115 wird als überdurchschnittlich gewertet, ab einem Wert von 130 spricht man von einer Hochbegabung. Bei der Interpretation ist zu beachten, dass der Intelligenzquotient kein Kriterium für die tatsächliche Leistungsfähigkeit ist. Die Ergebnisse der verschiedenen Subtests spielen bei der Interpretation ebenfalls eine wichtige Rolle und sind zu berücksichtigen. Im Falle eines heterogenen Leistungsprofils ist der Gesamtwert entsprechend vorsichtig zu interpretieren. So kann ein Kind in konzentrationsgebundenen Aufgaben weit unterdurchschnittliche Leistungen erzielen, im wahrnehmungsgebundenen logischen Denken und im Sprachverständnis allerdings gut durchschnittliche Leistungen, sodass sich ein unterdurchschnittlicher Gesamtwert ergeben kann. Diese Diskrepanz ist bei der Interpretation des Gesamtwerts zu berücksichtigen.

Liegen bereits Befunde von Vorbehandlerinnen vor, so sollten diese berücksichtigt werden. Idealerweise liegt eine Schweigepflichtentbindung von Eltern und Kind vor, so dass die differenzierten Befunde (z. B. Testprofile) angefordert werden können. Diese sind in der Regel aufschlussreicher als nur die Zusammenfassung im ärztlichen Befundbericht und erlauben auch eine zumindest grobe Einschätzung der Durchführungsgüte des Testverfahrens. Vermieden werden sollten wiederholte Testungen mit dem gleichen Verfahren, da Übungseffekte auftreten und es so zu einer Überschätzung der kognitiven Leistungsfähigkeit kommen kann. Selbst bei Testabständen von einem Jahr kann es noch zu Erinnerungseffekten kommen. Bei Unsicherheit hinsichtlich der Güte von Vorbefunden sollte demnach bei erneuter Testung ein anderes Testverfahren zum Einsatz kommen.

Im Rahmen der multiaxialen Diagnostik ist eine Kodierung des Intelligenzniveaus auf Achse III vorzunehmen. Auf der Achse III des MAS werden die folgenden Kodierungen vorgenommen:

1. Sehr hohe Intelligenz: IQ > 129
2. Hohe Intelligenz: IQ 115–129
3. Durchschnittliche Intelligenz: IQ 85–114
4. Niedrige Intelligenz: IQ 70–84
5. Leichte intellektuelle Behinderung: IQ 50–69
6. Mäßige intellektuelle Behinderung: IQ 35–49
7. Schwere intellektuelle Behinderung: IQ 20–34
8. Schwerste intellektuelle Behinderung: IQ < 20
9. Intelligenzniveau nicht bekannt

Es gibt verschiedene Intelligenztestverfahren, die im Bereich der klinischen Kinder- und Jugendpsychotherapie zum Einsatz kommen (▶ Tab. 10.6). Am häufigsten wird im klinischen Bereich wahrscheinlich der WISC in der jeweils aktuellen Auflage verwendet. Dieser bietet eine breite Einschätzung der verschiedenen Fähigkeitsbereiche und korreliert gut mit Schulnoten, was relevant ist, um das schulische Funktionsniveau schätzen zu können. Die verschiedenen Kennwerte für Arbeitsgedächtnis (AG), Sprachverständnis (SV), Verarbeitungsgeschwindigkeit (VG), visuell-räumliches Denken (VRD), fluides Schlussfolgern (FS) und der Gesamt-IQ-Wert ermöglichen eine differenzierte Erfassung vorhandener Fertigkeiten und Defizite, aus denen wiederum mögliche Interventionen abgeleitet und Differentialdiagnosen validiert werden können. Signifikante Differenzen zwischen den Werten für das SV und VRD/FS können ein Hinweis auf z. B. unzureichende Förderung sein (niedriger Wert im SV und hoher im VRD) oder auf eine sehr gute Förderung (hoher Wert im SV und niedriger im VRD). Insgesamt differenziert der Test besser im unteren Bereich als im oberen, so dass im Falle des Verdachts einer Hochbegabung ein anderer Test zum Einsatz kommen sollte, der im oberen Bereich gut differenziert.

Hinsichtlich der Auswertung und der Kommunikation der Testergebnisse sind die zugrundeliegenden Skalen relevant (IQ-Skala, T-Skala, Prozentränge, z-Skala; Abb. 10.2). In der Praxis bewährt es sich, den Eltern und Kindern keinen konkreten Wert mitzuteilen. Zum einen sind diese messfehlerbehaftet und zum anderen gibt es die Tendenz, dass Kinder oder auch Eltern dieser Zahl eine bestimmte Bedeutung zuweisen. Es empfiehlt sich eher, das Konfidenzintervall zu benennen und z. B. mithilfe der unten aufgeführten Abbildung (▶ Abb. 10.2) zu erläutern, in welchem Bereich der Testwert liegt. Bei einem IQ von 105 könnte z. B. erläutert werden, dass die IQ-Verteilung einen Mittelwert von 100 und eine Abweichung nach oben und unten von jeweils 15 hat, so dass Werte zwischen 85 und 115 im durchschnittlichen Bereich liegen, und dass 68 % der Kinder gleichen Alters und Geschlechts einen Wert in diesem Bereich erzielen (siehe dazu das Beispiel zur Rückmeldung diagnostischer Ergebnisse). Bei Verwendung eines Tests mit einer anderen Skalierung können die entsprechend alternativen Skalenformate genutzt werden.

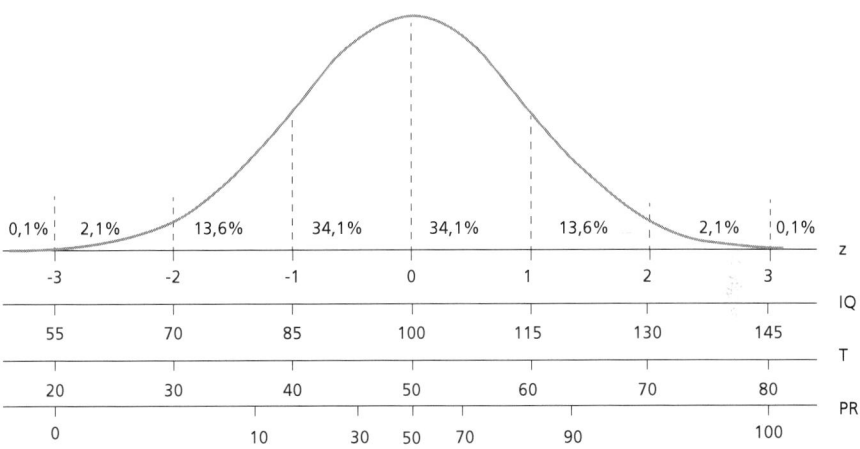

Abb. 10.2: Normalverteilung und standardisierte Werte

Tab. 10.6: Überblick Intelligenztestverfahren

	Anwendungsbereich	Durchführungsdauer	Psychometrische Kennwerte	Ergebniswerte
WISC-V Wechsler Intelligence Scale for Children – Fifth Edition Deutsche Bearbeitung: Franz Petermann	Erfassung kognitiver Fähigkeiten von Kindern und Jugendlichen der Altersgruppe von 6;0 bis 16;11 Jahren. Mit der WISC-V liegt ein sehr differenziertes Intelligenzdiagnostikum mit 15 Untertests vor, auf deren Basis sich folgende fünf Kennwerte bilden lassen: • Arbeitsgedächtnis (AG), • Sprachverständnis (SV), • Verarbeitungsgeschwindigkeit (VG), • visuell-räumliches Denken (VRD) • fluides Schlussfolgern (FS) • Gesamt-IQ Wert.	60-90 Minuten	Reliabilitäten Untertests zwischen r = .76 und r = .91 Auf Indexebene zwischen r = .87 und r = .94 Für den Gesamttest r = .97 Deutschsprachige Normen von 2005/06	IQ-Werte mit M = 100 und SD = 15
WPPSI-III Wechsler Preschool and Primary Scale of Intelligence- Third Edition Deutsche Bearbeitung: F. Petermann	Erfassung kognitiver Fähigkeiten von Vorschulkindern auf der Basis mehrerer Leistungsindizes. Die WWPSI-III besteht aus 14 Untertests, auf deren Basis vier übergeordnete Werte berechnet werden: • Verbalteil • Handlungsteil • Verarbeitungsgeschwindigkeit (nur von 4;0 bis 7;2 Jahren) • Allgemeine Sprachskala	3;0 bis 3;11 Jahre: ca. 20-40 Minuten 4;7 bis 7;2 Jahre: ca. 40-50 Minuten	Split-Half-Reliabilität variiert auf Untertestebene zwischen r = .77 und r = .88 Auf Indexebene zwischen r = .87 und r = .92 Für den Gesamttest: r = .95 Neunormierung erfolgte 2009	IQ-Werte mit M = 100 und SD = 15

Tab. 10.6: Überblick Intelligenztestverfahren – Fortsetzung

	Anwendungsbereich	Durchführungsdauer	Psychometrische Kennwerte	Ergebniswerte
WAIS-IV Wechsler Adult Intelligence Scale - Fourth Edition Deutsche Bearbeitung hrsg. von F. Petermann	Erfassung kognitiver Fähigkeiten für Jugendliche und Erwachsene im Alter von 16;0 bis 89;11 Jahren. Gegenüber dem Vorgängerverfahren deutlich verändert. Neue Untertests wurden entwickelt und Aufteilung in Verbal- und Handlungsteil aufgegeben, stattdessen durch vier Indexwerte ersetzt: • Sprachverständnis • wahrnehmungsgebundenes logisches Denken • Arbeitsgedächtnis • Verarbeitungsgeschwindigkeit	ca. 90-115 Minuten	Die Reliabilitäten der Untertests liegen zwischen r = .76 und r = .91. Auf Indexebene zwischen r = .87 und r = .94. Für den Gesamtwert beträgt die Reliabilität r = .97 Normierung von 2012.	IQ-Werte mit M = 100 und SD = 15
Kaufmann-ABC	Verfahren zur Messung von Intelligenz und spezifischen Fertigkeiten für Kinder im Alter von 2;6 bis 12;5 Jahren. Besteht aus insgesamt 16 Untertests, die sich in zwei Skalen einteilen lassen: • Skala intellektueller Fähigkeiten (SIF) mit den Unterskalen Skala einheitlichen Denkens (SED) und Skala ganzheitlichen Denkens (SGD) • Fertigkeitsskala (FS)	ca. 30-60 Minuten	Im unteren Altersbereich (6 Jahre und jünger) liegen die Reliabilitätsmaße für die Untertests als Split-Half und als Konsistenzkoeffizienten berechnet zwischen .70 und .97. Im oberen Altersbereich (7-18 Jahre) liegen die entsprechenden Werte zwischen .78 und .97. Für die Skalen wurden Reliabilitätskoeffizienten berechnet zwischen .88 und .97. Für die Gesamtskalen zwischen .94 und .98 Normierung 2013/14.	IQ-Werte mit M = 100 und SD = 15

Tab. 10.6: Überblick Intelligenztestverfahren – Fortsetzung

	Anwendungsbereich	Durchführungsdauer	Psychometrische Kennwerte	Ergebniswerte
SON-R 2½-7 Non-verbaler Intelligenztest	Sprachfreies Einzeltestverfahren zur Erfassung fluider Intelligenzleistungen von Kindern im Alter von 2;6 bis 7;11 Jahren. Der Test teilt sich in die Subskalen Handlungs- und Denkskala.	ca. 50-80 Minuten	Reliabilitätskennwerte liegen für den Gesamt-IQ zwischen .87 und .91. Für die Handlungs-skala zwischen .74 und .88. Für die Denkskala zwischen .65 und .74. Die deutsche Normierung erfolgte 2004/05.	IQ-Werte mit M = 100 und SD = 15
SON-R 6-40 Non-verbaler Intelligenztest	Sprachfreier Intelligenztest für das Alter von 6;0 bis 40;11 Jahren. Das Verfahren besteht aus vier Subtests: • Analogien (→ Erfassung von abstraktem und schlussfolgerndem Denken) • Mosaike (→ Erfassung des Denkens in räumlichen Beziehungen) • Kategorien (→ Erfassung des abstrakten Denkens) • Zeichenmuster (→ Erfassung des räumlichen Denkens)	ca. 50 Minuten	Die Reliabilitäten der einzelnen Untertests und des Gesamt-IQ liegen im guten bis sehr guten Bereich Deutsche Normen von 2009/11.	IQ-Werte mit M = 100 und SD = 15
SON-R 2-8 Non-verbaler Intelligenztest	Es handelt sich um die modifizierte und neu normierte Nachfolgeversion des SON-R 2 1/2-7. Ziel ist die Erfassung von fluiden Intelligenzleistungen von Kindern im Alter von 2;0 bis 7;11 Jahren.	ca. 50 Minuten	Die Reliabilitäten der einzelnen Untertests und des Gesamt-IQ liegen im guten bis sehr guten Bereich. Deutsche Normen von 2016/17	IQ-Werte mit M = 100 und SD = 15

Tab. 10.6: Überblick Intelligenztestverfahren – Fortsetzung

	Anwendungsbereich	Durchführungsdauer	Psychometrische Kennwerte	Ergebniswerte
SON-R 5½-17 **Non-verbaler** **Intelligenztest**	Der SON-R 5,5-17 greift zunächst kein spezifisches Intelligenzkonzept auf, vielmehr werden vier isoliert beschreibbare Fähigkeitsbereiche etabliert und durch jeweils einen oder zwei Untertests repräsentiert: • abstraktes Denken • konkretes Denken • räumliches Denken • Perzeption	ca. 90 Minuten	Interne Konsistenz der einzelnen Subtests liegt über die Alters-gruppen gemittelt im Bereich von r = .71 bis r = .82. Die des Gesamt-wertes liegt bei r = .93. Der Gesamtwert korreliert bei Gehörlosen zu r = .76 mit Messungen, die mit älteren Versionen des Tests etwa drei Jahre zuvor durchgeführt wurden.	IQ-Werte mit M = 100 und SD = 15
IDS **Intelligence and Development Scales** **Intelligenz- und Entwicklungsskalen für Kinder von 5-10 Jahren**	Die IDS erlauben eine differenzierte entwicklungs-psychologische Standortbestimmung für Kinder im Alter von 5;0 bis 10;11 Jahren für die kognitive Entwicklung (Intelligenz) und die allgemeine Entwicklung. Die IDS eignen sich für das gesamte Spektrum der Entwicklungs- und Leistungsdiagnostik, für die Schuleingangs-diagnostik sowie für den klinischen Bereich.	ca. 90-120 Minuten	Sämtliche Untertests weisen progressive alters-gebundene Schwierig-keitsindizes auf. Die interne Konsistenz (Cronbachs Alpha) der Untertests variiert in der kognitiven Entwicklung zwischen α = .68 und α = .96. In der allgemeinen Entwicklung zwischen α = .58 und α = .88. Für den Intelligenz-wert beträgt die interne Konsistenz α = .92. Die nicht disattenuierte Retest-reliabilität nach durchschnitt-lich 15 Monaten variiert in den Untertests der kognitiven Entwicklung zwischen r = .52 und r = .81. In den Untertests der allgemeinen Entwicklung zwischen r = .34 und r = .88. Für den Intelligenzwert beträgt die nicht disattenuierte Retest-reliabilität r = .83. Deutsche Normen von 2007/08.	IQ-Werte mit M = 100 und SD = 15

Tab. 10.6: Überblick Intelligenztestverfahren – Fortsetzung

	Anwendungsbereich	Durchführungsdauer	Psychometrische Kennwerte	Ergebniswerte
Grundintelligenztest Skala 2 – Revision (CFT 20-R) mit Wortschatztest und Zahlenfolgentest – Revision (WS/ZF-R)	Der CFT 20-R ist ein Verfahren zur sprachfreien Erfassung der Grundintelligenz (fluide Intelligenz) mittels figuralem Aufgabenmaterial bei Kindern ab 8;6 Jahren und Erwachsenen (geeignete Normen nur bis 20 Jahre).	ca. 60 Minuten	Testwiederholungs-koeffizienten nach drei Monaten für den CFT 20-R von .80 bis .82 (unkorrigiert). Konsistenz-koeffizient von .95 für den CFT 20-R Gesamttest (Teil 1 + Teil 2). Für den Wortschatz-test bewegen sich die Reliabilitäten um $r = .87$. Für den Zahlenfolgen-test um $r = .91$. Deutsche Normen von 2003/04.	IQ-Werte mit $M = 100$ und $SD = 15$
CFT 1 Grundintelligenztest Skala 1	Der CFT 1 ermöglicht mit seinen 5 Untertests die Bestimmung der Grundintelligenz von Kindern im Alter von 5;3 bis 9;5 Jahren, d. h.: • der Fähigkeit des Kindes, Regeln zu erkennen, • Merkmale zu identifizieren und rasch wahrzunehmen, • bis zu welchem Komplexitäts-grad das Kind bereits in der Lage ist, insbesondere nonverbale Problemstellungen zu erfassen und zu lösen.	zwischen 45 und 60 Minuten	Die Reliabilitätskoeffizienten liegen bei den Untertests zwischen $r = .65$ und $r = .86$. Der Koeffizient für den Summenwert der 3 letzten Untertests liegt zwischen $r = .90$ und $r = .96$.	IQ-Werte mit $M = 100$ und $SD = 15$
CFT 1-R Grundintelligenztest Skala 1 – Revision –	Für Kinder im Alter von 5;3 bis 9;11 bzw. 6;6 bis 11;11 Jahren. Der CFT 1-R stellt eine Weiterentwicklung des CFT-1 dar. Verändert/weiter-entwickelt wurden:	zwischen 45 und 60 Minuten	Testwiederholungs-koeffizienten nach vier Wochen (1. Teil .88, 2. Teil .94, Gesamt .95). Konsistenz-koeffizienten (1. Teil .94, 2. Teil .95, Gesamt .97).	IQ-Werte mit $M = 100$ und $SD = 15$

Tab. 10.6: Überblick Intelligenztestverfahren – Fortsetzung

	Anwendungsbereich	Durchführungsdauer	Psychometrische Kennwerte	Ergebniswerte
	• Erweiterung der Aufgabenanzahl • Qualitative Verbesserung von Aufgaben • Hinzufügung eines weiteren Untertests		Vertrauens-bereich für die T-Skala beläuft sich auf lediglich ±3 T-Werte für den Gesamttest. Deutsche Normen von 2010	
ZVT Zahlen-Verbindungs-Test 3., überarbeitete und neu normierte Auflage von Wolf D. Oswald	Erfassung der kognitiven Verarbeitungsgeschwindigkeit durch die Messung der Informationsverarbeitungsgeschwindigkeit bei Kindern und Erwachsenen im Alter von 7 bis 80 Jahren.	zwischen 4 und 10 Minuten	Testwieder-holung zwischen rtt = .84 und rtt = .97. Paralleltest-Zuverlässig-keit zwischen r = .95 und r = .98). Ist weitgehend unabhängig von Alter und Bildungs-stand der Versuchs-person.	IQ-Werte mit M = 100 und SD = 15
WMT-2 Wiener Matrizen-Test 2 Ein Rasch-skalierter sprachfreier Kurztest zur Erfassung der Intelligenz 1. Auflage 2011 von Anton K. Formann, Karin Waldherr, Karl Piswanger	Die gekürzte Fassung des Wiener Matrizen-Tests erfasst die Fähigkeit zum schlussfolgernden Denken im Umgang mit abstrakten Symbolen bei Jugendlichen ab 14 Jahren und Erwachsenen, die die Landessprache nur schlecht oder gar nicht beherrschen (z. B. Migranten).	zwischen 20 und 30 Minuten	Die Reliabilität (Cronbachs Alpha) liegt in den untersuchten Stichproben zwischen .76 und .81	IQ-Werte mit M = 100 und SD = 15

10.5 Verhaltens- und Selbstbeobachtung

Verhaltensbeobachtung im Rahmen der Diagnostik und Therapie

Eine Verhaltensbeobachtung kann in verschiedenen mehr oder weniger strukturierten Situationen erfolgen. Im Rahmen der Sprechstunden, probatorischen, diagnostischen und therapeutischen Sitzungen lässt sich immer nur ein Ausschnitt des Verhaltens von Kindern, Jugendlichen und relevanten Bezugspersonen beobachten, der zudem diskrepant zu den eigenen Beobachtungen in der jeweiligen therapeutischen Situation sein kann. Unstrukturiert in einer Untersuchungssituation selbst, z. B. Eltern-Kind Interaktion im Erstgespräch oder die Frustrationstoleranz während eines Leistungstests; strukturierter im Sinne einer systematischen Beobachtung von Verhalten. Die unstrukturierten Beobachtungen gehen in der Regel in den psychopathologischen Befund (PPB) ein (▶ Kap. 9.3.1, ▶ Tab. 9.2). Beispiele für eine systematische, standardisierte Verhaltensbeobachtung und Verhaltensbeurteilung sind die Autism Diagnostic Obervation Schedule (ADOS-2; Lord et al., 2012), die in der Diagnostik von Autismus-Spektrum-Störungen zum Goldstandard gehört, oder die Beobachtung von funktionalem Verhalten in der Eltern-Kind Interaktion zur Evaluation und Sicherung von Therapiezielen in der Behandlung von Verhaltensstörungen bei Kindern (Eyberg & Bussing, 2010).

Anhand von Selbst- oder Fremdbeobachtungsprotokollen können auch vom Kind selbst oder von seinen Bezugspersonen Verhaltensbeobachtungen durchgeführt werden. Dies ermöglicht eine Erfassung des Verhaltens im naturalistischen Setting, z. B. in der Schule oder zu Hause.

Insgesamt kommt der systematischen Beobachtung und Registrierung von Verhaltensweisen eine große Bedeutung zu. Damit diese einen zusätzlichen Nutzen bringen kann, müssen die Beobachtungen methodisch gut geplant und wertfrei durchgeführt werden. Ansonsten kann es zu subjektiven Beobachterverzerrungen führen und damit faktisch nutzlosen Beobachtungen, wohingegen eine gerichtete, systematische Herangehensweise die Objektivität und Reliabilität der Beobachtung erhöht. Hilfsmittel wie z. B. Beobachtungsskalen oder auch technische Mittel (Videoaufzeichnungen) erweisen sich als nützlich.

Für die Aufstellung eines Beobachtungsplans müssen die folgenden Bereiche festgelegt werden:

1. WAS (Beobachtungsziel)
2. WER (Zielperson)
3. WO (Beobachtungsort)
4. IN WELCHER ROLLE (Beobachterin)
5. WIE (Zeit & Erfassung der Beobachtung)
6. AUF WELCHE WEISE (Art der Beobachtung)

1. **Beobachtungsziel**
   Dies ist in der Regel eine Fragestellung, die mit der oder unterstützt durch die Verhaltensbeobachtung beantwortet werden soll. Diese Ziele können weit oder

eng gefasst sein. Z. B. kann das Angstverhalten eines Kindes bei der Konfrontation mit einem gefürchteten Stimulus (z. B. das Verhalten des Kindes bei Konfrontation mit einer Spinne bei einer spezifischen Phobie vor Spinnen) als Beobachtungsziel definiert werden oder die Interaktion zwischen Eltern und Kind bei den Hausaufgaben. Ein breiter gefasstes Zielkriterium wären z. B. die generellen Aufmerksamkeitsfähigkeiten eines Kindes. Wenn wir z. B. als Ziel die Effekte einer Angsttherapie mit Exposition festlegen, wäre das Zielmerkmal die Annäherung an das angstbesetzte Objekt und die Zieleinheit das Maß der Annäherung als Distanzeinheit (z. B. »guckt die Spinne nur an« oder »lässt die Spinne über die Hand krabbeln«).

2. **Zielperson**
In der Kinder- und Jugendlichenpsychotherapie sind dies in der Regel die Kinder und Jugendlichen selbst, aber es kann sich auch um relevante Bezugspersonen oder Interaktionen zwischen Patientinnen und z. B. Lehrkräften handeln. Bei den Personen sollten äußerlich gut beobachtbare Verhaltensweisen für die Beobachtung definiert werden (z. B. wenn ein Kind mit erhöhter Impulsivität beobachtet werden soll, könnte dies die Anzahl des Reinrufens in den Unterricht sein), da sich gedankliche Prozesse, Stimmungen, Befindlichkeiten oder auch Persönlichkeitsdispositionen nur schlecht beobachten lassen (z. B. eine mögliche Unterforderung, die auslösend für das impulsive Verhalten sein mag, aber schlecht direkt beobachtet werden kann, sondern gemessen werden sollte). Je direkter das beobachtete Verhalten ist, desto besser ist auch die Beurteilerinnenübereinstimmung bei unterschiedlichen Beobachterinnen. Hinsichtlich der zu beobachtenden Zielverhaltensweisen muss die Dauer der Beobachtung mit Anfang und Ende bestimmt werden, um einschätzen zu können, wie häufig das Verhalten auftritt. Dabei gilt: Je höher die Varianz eines bestimmten Verhaltens, desto mehr situative Einflüsse kommen zum Tragen.

3. **Beobachtungsort**
Je nach Beobachtungsziel ist zu entscheiden, ob unter natürlichen (»im Feld«, z. B. in der Schule, zu Hause beim Kind) oder unter Laborbedingungen (z. B. während einer Testsituation in der psychotherapeutischen Ambulanz) beobachtet werden soll (▶ Tab. 10.7; vgl. Stemmler & Margraf-Stiksrud, 2015). Bei natürlichen Bedingungen ist die Standardisierung der Situation gering, allerdings sind dies gerade im klinischen Kontext oftmals die Bedingungen, unter denen Problemverhalten auftritt und belastend wird.

Tab. 10.7: Übersicht Vor- und Nachteile eines Beobachtungsorts und Beobachterrolle

Wo wird beobachtet?	Vorteile	Nachteile
im Feld	• natürlicher Verhaltensausschnitt • Ergebnisse direkt übertragbar	• Kontrolle von Störungen schwierig • Verhalten kann sich unter Beobachtung verändern
im Labor	• gezielte Gestaltung der Bedingungen • Kontrolle von Störungen	• künstliche Situation • Vorbehalte der Teilnehmerinnen

Tab. 10.7: Übersicht Vor- und Nachteile eines Beobachtungsorts und Beobachterrolle – Fortsetzung

Wer beobachtet?	Vorteile	Nachteile
teilnehmend	• geringer Aufwand • oft einzige Möglichkeit	• hohe Belastung bei aktiver Teilnahme (Beobachtung und Teilnahme) • kann Situation und zu beobachtende Person stören
nicht-teilnehmend	• Situation wird nicht verändert • Fehlerkontrolle möglich	• technisch nicht immer möglich • eingeschränkter Beobachtungsblickwinkel

4. **Beobachterin**
Weiter ist zu entscheiden, ob die Beobachtung aktiv teilnehmend (Beobachterin ist sichtbar anwesend und greift auch ins Geschehen ein) oder passiv (z. B. hinter einer Beobachtungsscheibe) erfolgt. In jedem Fall muss immer die Einwilligung vom Kind, von den Eltern und anderen Bezugspersonen (z. B. Lehrkräften) für die Beobachtung eingeholt werden.

5. **Zeit und Erfassung der Beobachtung**
Die Beobachtung kann direkt synchron oder zeitversetzt erfolgen (▶ Tab. 10.8; vgl. Stemmler & Margraf-Stiksrud, 2015). Bei einer rückblickenden Verhaltenseinschätzung kommt es zu Beurteilungsfehlern durch Erinnerungsfehler. Insofern ist der direkten synchronen Beobachtung der Vorzug zu geben. Für zeitversetzte Beobachtungen können Videoaufnahmen eingesetzt und ausgewertet werden – durch das wiederholte Anschauen können Erinnerungsfehler minimiert werden. Bei der unvermittelten Beobachtung ist die Beobachterin direkt anwesend und nimmt selber mit ihren Sinnen wahr. Bei der vermittelten Beobachtung werden technische Hilfsmittel (z. B. Videokamera, Audioaufnahme) eingesetzt.

Tab. 10.8: Übersicht Vor- und Nachteile von Zeit und Erfassung der Beobachtung

Wo wird beobachtet?	Vorteile	Nachteile
direkt	• wenig Interpretation • keine Verzerrung durch Erinnerung	• beschränkte Menge der registrierbaren Einzeldaten • aufwendige Vorbereitung
indirekt	• Datenaggregation vor der Beurteilung • längere Verhaltensausschnitte	• fehleranfällig • Qualität abhängig von den definierten Beobachtungseinheiten

Tab. 10.8: Übersicht Vor- und Nachteile von Zeit und Erfassung der Beobachtung
– Fortsetzung

Womit wird beobachtet?	Vorteile	Nachteile
vermittelt	• wiederholtes Ansehen der Beobachtungseinheit möglich • Fehlerminimierung	• technische Beschränkungen • Versagen des Aufnahmegerätes = Datenverlust • Beobachtungsausschnitte auf Kosten des Fokus
unvermittelt	• ökonomisch, geringer Aufwand • überall einsetzbar • großer Beobachtungsausschnitt	• auf Beobachtungskompetenz angewiesen

6. Art der Beobachtung

Beobachtungen können strukturiert oder unstrukturiert erfolgen (▶ Tab. 10.9; vgl. Stemmler & Margraf-Stiksrud, 2015). Wie bereits oben ausgeführt, ist der strukturierten und genau geplanten Beobachtung in der Regel der Vorzug zu geben. Dafür wird in einem Beobachtungsplan festgelegt, welches Verhalten zu welchem Zeitpunkt in welcher Form registriert werden soll. Je nach Beobachtungsziel können unterschiedliche Beobachtungsprotokollbögen zum Einsatz kommen. Im einfachsten Fall wird lediglich die Häufigkeit des Verhaltens festgehalten (siehe Online-Zusatzmaterial: *Beispielprotokoll 1 für Häufigkeit eines Verhaltens*; vgl. Stemmler & Margraf-Stiksrud, 2015, S. 40) und es wird implizit angenommen, dass diese mit der Ausprägung des beobachteten Verhaltens zusammenhängt. Um die Häufigkeit einschätzen zu können, muss die Dauer (also Beginn und Ende der Beobachtung und die Zeitstrecke dazwischen) dokumentiert werden. Je nach Beobachtungseinheit muss dafür eine Stoppuhr eingesetzt werden. Die gleichzeitige Erfassung mehrerer Verhaltensweisen erschwert die Beobachtung. Verhaltensnahe Beschreibungen des zu beobachtenden Verhaltens tragen zu einer höheren Beurteilerinnenübereinstimmung bei.

Bei einer Ereignisstichprobe umfasst das Beobachtungsintervall die gesamte Beobachtung und jedes Ereignisauftreten wird gezählt (z. B. mit einer Strichliste). Bei der zeitlichen Intervallbeobachtung wird die Zeitstrecke in verschiedene Intervalle unterteilt und das Auftreten des interessierenden Verhaltens für die verschiedenen Intervalle registriert (siehe Online-Zusatzmaterial: *Beispielprotokollbogen 2 für Beobachtung eines Verhaltens für verschiedene Intervalle*; vgl. Stemmler & Margraf-Stiksrud, 2015, S. 41). So können die Gesamthäufigkeit des Verhaltens, als auch die Häufigkeiten in den verschiedenen Zeitstrecken und die Varianz des Verhaltens dokumentiert werden. Z. B. kann so eine Unterrichtseinheit in der Schule von 45 Minuten in fünf neunminütige Einheiten unterteilt werden. Dies setzt voraus, dass zusätzlich zur Verhaltensregistrierung auch die Zeit für den Wechsel in das jeweils nächste Intervall erfasst wird.

Tab. 10.9: Übersicht Art der Beobachtung

Auf welche Weise wird beobachtet?	Vorteile	Nachteile
strukturiert	• erlaubt Quantifizierung des beobachteten Verhaltens • reduziert Beobachterfehler	• setzt eine gründliche Vorbereitung voraus • Training der Beobachterinnen notwendig
unstrukturiert	• kann zur ersten Einschätzung des Beobachtungsziels eingesetzt werden • qualitative Eindrücke	• Ergebnisse wenig objektiv und reliabel • Aufwand und Ertrag unklar

Auswertung und Beurteilung

Mit der Auswertung der Verhaltensbeobachtung wird die Fragestellung, die der Beobachtung zugrunde liegt, beantwortet. Dies sollte regelgeleitet erfolgen, wenngleich dies im klinischen Alltag nicht immer ganz einfach sein mag, da das Verhalten der Patientinnen oftmals im Vergleich zu anderen Kindern und Jugendlichen zu bewerten ist. Wenn z. B. im Beispielprotokollbogen 2 für alle fünf Zeitstrecken festgehalten ist, dass das Kind pro Zeitstrecke jeweils 2x aus dem Fenster geschaut hat, sagt das erstmal nicht viel darüber aus, ob dies ein auffälliges Verhalten ist oder nicht. Wenn es sich um ein Kind mit Verdacht auf ADHS handelt, würden wir erwarten, dass das Kind häufig abgelenkt und unkonzentriert ist. Die Angabe, dass es in 45 Minuten insgesamt 10x aus dem Fenster geschaut hat, können wir aber nur in Zusammenhang mit den anderen Kindern der Klasse bewerten. Es mag dann hilfreich sein, wenn zwei Beobachterinnen zwei Kinder beobachten und zueinander ins Verhältnis setzen, um einen Eindruck zu bekommen, wie das Verhalten einzuordnen ist. Z. B. zeigt eine verblindete Beobachtungsstudie von Lauth und Mackowiak (2004), das Kinder mit ADHS im Vergleich zu unauffälligen Kindern häufiger »off task« (9 % vs. 5 %) und weniger unterrichtskonformes Verhalten (70 % vs. 83 %) in der Schule zeigen. D. h., dass für die Einschätzung des Verhaltens als problematisch der Vergleich mit den anderen Kindern in der Klasse relevant ist.

Die Beobachtungsdaten sollten zudem mit anderen diagnostischen Informationen, wie den Ergebnissen aus dem klinischen Interview, Fragebogen, Anamnese sowie weiteren Testergebnissen, kombiniert werden, um zu einer ganzheitlichen Einschätzung der Problematik zu kommen. Diese sollten dann auch zur Einschätzung des psychopathologischen Befunds (PPB) genutzt werden (▶ Tab. 10.2).

Alternativ können zur Verhaltensbeobachtung auch direkt Beurteilungsprotokolle (siehe Online-Zusatzmaterial: *Beispielprotokollbogen 3 für die Ausprägung von Verhaltensweisen*; vgl. Stemmler & Margraf-Stiksrud, 2015, S. 50) herangezogen werden, die direkt skalierbare Daten liefern, die aber relativ verhaltensfern sind, da ein gedächtnisgestütztes globales Urteil abgegeben wird. Zwar ist eine solche Verhaltensbeurteilung sehr ökonomisch, setzt aber auf Beobachterinnenseite auch ein hohes Maß an diagnostischer Urteilsfähigkeit voraus, um zu einer korrekten Einschätzung zu kommen.

Beobachtungsfehler

Beobachterinnen unterliegen potentiellen Störfaktoren und Fehlern. So können Beobachtungen eingeschränkt sein z. B. durch Ablenkung, eine ungünstige Position, eingeschränkte Sinnesorgane (z. B. Sehbehinderungen, Höreinschränkungen), circadiane Schwankungen, Ermüdung, Erregung, Einschränkungen der Konzentrationsfähigkeit usw.). Der »Beobachterdrift« beschreibt, dass eine zunehmende Ermüdung zu einer Abnahme der Aufmerksamkeit und damit veränderten Beurteilung des Verhaltens führen kann (z. B. wird das Verhalten als weniger häufig wahrgenommen, obwohl es in gleicher Intensität weiter auftritt); zum anderen wird darunter die mit zunehmender Übung höhere Erkennungsrate von z. B. auffälligem Verhalten verstanden. Mit Blick auf Beurteilungsprotokolle zeigt sich, dass Verhalten am Anfang und Ende besser erinnert wird, als das Verhalten dazwischen (Primacy-Recency-Effekt). Ferner kommen Großzügigkeits- (milde Urteile, um sich nicht rechtfertigen zu müssen) und Mildefehler (positive Beurteilung von bekannten oder sympathischen Personen) zum Tragen. Fehler der zentralen Tendenz vermeiden extreme Beurteilungen, so dass das Verhalten dann wenig differenziert beurteilt wird. Darüber hinaus können Fehler aus der Wechselwirkung zwischen beobachteter Person und Beobachterin resultieren. Nehmen Beobachterinnen sich z. B. als ähnlich wahr oder löst die beobachtete Person bestimmte Erinnerungen, Gefühle etc. aus, kann es zu verzerrten Einschätzungen kommen. Um sich über derartige Einflüsse klar zu werden und dann entsprechend berücksichtigen zu können ist u. a. die Selbsterfahrung im Rahmen der Therapieausbildung wichtig wie auch regelmäßige Supervision.

Bei einer teilnehmenden Beobachtung kann die Interaktion zwischen beobachteter Person und Beobachterin zu Verzerrungen führen, z. B. indem wir das gezeigte Verhalten positiv oder negativ erleben und uns ggf. davon herausgefordert fühlen und dann nicht mehr neutral beobachten können.

Der wohl berühmteste Beurteilungsfehler ist der »Halo-Effekt« (von englisch halo, Heiligenschein): Z. B. strahlt bei Kindern mit ADHS ihr Ruf, anstrengend und schwierig zu sein oft so aus, dass selbst in Fächern, in denen die Kinder unproblematisches Verhalten zeigen (z. B. im Sportunterricht), ihr Verhalten dennoch negativ beurteilt wird. Umgekehrt kann es sein, dass z. B. Kinder, die als sehr intelligent wahrgenommen werden auch gute Leistungen in Kunst oder Musik erzielen, obwohl sie künstlerisch oder musisch nicht gut begabt sind.

Zur Minimierung von Beobachtungsfehlern sollten vorab die folgenden Maßnahmen durchgeführt werden:

- Training der Beobachtung
- klare Definition der Beobachtungseinheiten
- Sicherstellung des Verständnisses der Zielmerkmale
- Vertrautheit mit dem Beurteilungs- bzw. Beobachtungssystem
- Begrenzung der Beobachtungseinheiten
- Einsatz mehrerer Beobachterinnen (der Grad der Übereinstimmung kann dann z. B. berechnet werden)

- Reflexion eigener Erwartungen/biografischer Erfahrungen/Stimmung, die die Beobachtung beeinflussen können
- Standardisierung der Beobachtung

Während der Beobachtung sollte:

- die Aufmerksamkeit nur auf die festgelegten Verhaltensweisen gelegt werden;
- das Verhalten protokolliert werden;
- Rückschlüsse auf mögliche Persönlichkeits- oder Leistungsmerkmale vermieden werden.

Im Anschluss sollte die Beobachtung im Rahmen der Supervision besprochen werden, um Verzerrungen zu minimieren.

10.6 Rückmeldung diagnostischer Ergebnisse

Grundsätzlich haben sowohl Kinder und Jugendliche selbst als auch ihre Eltern ein Recht darauf zu erfahren, welche Ergebnisse die diagnostische Überprüfung erbracht hat und welche Schlussfolgerungen daraus zu ziehen sind.

> **Vorstellungsübung**
>
> Stellen Sie sich folgende Situation vor: Sie haben erhebliche Beschwerden, z. B. einen starken Husten, der nicht weggeht. Sie suchen eine Ärztin auf. Sie werden einer Reihe diagnostischer Maßnahmen unterzogen: Ihnen wird Blut abgenommen, Ihre Lungenfunktion wird aufwendig überprüft, ein Röntgenbild Ihrer Lunge wird angefertigt. Nun sitzen Sie vor der Ärztin, um die Befunde zu besprechen.
>
> - Welche äußeren Rahmenbedingungen sind Ihnen wichtig?
> - Wie wichtig ist Ihnen, dass die Ärztin eine verständliche Sprache benutzt?
> - Wie wichtig ist Ihnen, dass die Ärztin Befunde klar und deutlich benennt?
> - Wie sollte sie Ihnen negative Befunde vermitteln?
> - Wovon wird es abhängen, ob Sie der Therapieempfehlung der Ärztin folgen?
>
> Wenn man sich diese und weitere Fragen beantwortet, wird einem schnell klar, dass die richtige Gestaltung der Befundmitteilung von enormer Wichtigkeit für die Transparenz, Akzeptanz und Adhärenz der Patientinnen ist.

Natürlich möchten auch Kinder und Jugendliche wissen, was bei all den Testungen und Gesprächen, denen sie sich (meist nur mäßig freiwillig) ausgesetzt haben, herausgekommen ist. Dabei ist es die Aufgabe von uns Psychotherapeutinnen, den Kindern in einer ihrem Entwicklungsstand angemessenen Form zu erklären, was gemacht wurde und welche Ergebnisse vorliegen. Faktoren wie Intelligenz, Alter oder Konzentrationsfähigkeit sind dabei zu berücksichtigen, jedoch keine Gründe dafür, auf eine Befundmitteilung zu verzichten. Gleiches gilt natürlich für die Eltern der Kinder. Immer wieder wird argumentiert, Eltern und Kinder könnten mit bestimmten Informationen, wie z. B. einem Intelligenzwert, nicht angemessen umgehen. Natürlich sind Kinder und Eltern in der Regel keine Expertinnen im Bereich der Diagnostik, das ist auch nicht ihre Aufgabe. D. h. aber nicht, dass die Psychotherapeutin zu entscheiden hat, welche Informationen sie der Familie zugestehen möchte und welche nicht, die Patientinnen und Eltern haben schlicht ein Anrecht darauf, diese zu erfahren. Gleichfalls ist es die Aufgabe der Therapeutin, die Werte so verständlich zu erläutern, dass es Patientinnen und Eltern gelingt, diese richtig einzuordnen und zu interpretieren.

10.6.1 Äußere Rahmenbedingungen

Obwohl es selbstverständlich erscheint, werden äußere Rahmenbedingungen oftmals nicht hinreichend berücksichtigt, wenn Zeitdruck oder Raumnot herrschen. Es ist jedoch wichtig, sie zu beachten, da von der Art der Befundmitteilung in erheblichem Maß abhängt, wie gut die Rezipientinnen die Befunde annehmen können und den darauffolgenden Empfehlungen folgen werden.

Selbstverständlich sollten die Befunde in einem vertraulichen Rahmen vermittelt werden. Auf dem Klinikflur oder im Wartezimmer werden grundsätzlich keine Befunde mitgeteilt, schon allein aus Gründen der Schweigepflicht und des Datenschutzes. Auch beständig klingelnde Telefone oder Leute, die an die Tür klopfen, können die Atmosphäre erheblich beeinträchtigen. Für den Fall, dass man erreichbar sein muss, wie im Falle einer Rufbereitschaft, sollte man die Gesprächspartnerinnen zu Beginn des Gespräches darauf hinweisen, dass ggf. mit Unterbrechungen oder Störungen zu rechnen ist, und den Grund dafür transparent benennen. Ein weiterer wichtiger Faktor ist die Zeit. Möchte man Laien Befunde so erklären, dass sie sie verstehen, braucht das Zeit insbesondere für Nachfragen und weiterführende Erklärungen. Viele psychotherapeutische Befunde sind komplex und beruhen auf statistischen Grundlagen, die Personen aus anderen Berufsfeldern oder Kindern nicht direkt zugänglich sind. Auch kann es sein, dass sich Befunde widersprechen, wie z. B. dann, wenn derselbe Fragebogen von verschiedenen Beurteilerinnen ausgefüllt wurde (▶ Kap. 10, Diagnostik und Beurteilungsübereinstimmung). Solche Widersprüche müssen angesprochen und aufgelöst werden, ansonsten besteht die Gefahr der Fehlinterpretation.

Ein Befundgespräch sollte stets vorbereitet werden. Von dem, was im Gespräch mitgeteilt wird, wird nur ein Bruchteil tatsächlich aufgenommen. Es ist also sinnvoll zu überlegen, was die Hauptbotschaften sein sollen, welche Befunde besonders wichtig sind und unbedingt vermittelt werden müssen. Wiederholungen und Zusammenfassungen können dabei helfen, diese Hauptbotschaften kenntlich zu machen und zu pointieren. Um die oftmals große Anzahl an Befunden, Unterlagen und

Testheften zu strukturieren, kann es nützlich sein, die Ergebnisse systematisch zusammenzufassen[2] (▶ Abb. 10.3).

Name	Kerstin Müller	Datum: 14.09.2019
Geburtsdatum	08.05.2010	
Klasse/Schule	3. Kl. GS	
Vorstellungsanlass	V.a. ADHS, V.a. Rechenschwäche	

Leistungsdiagnostik

Test	Ergebnis
WISC-V	Gesamt: VI 95%: 103–114 SV: 115, VRD: 105, FS: 117, AG: 96, VG: 101
Demat 3+	T = 45

Fragebogendiagnostik

Test	auffällige Ergebnisse
FBB-ADHS-Eltern	Gesamt, Unaufmerksamkeit, Hyperaktivität
FBB-ADHS-Lehrer	Gesamt, Unaufmerksamkeit, Hyperaktivität, Impulsivität
DIKJ	/
PHOKI	Schul- und Leistungsängste
CBCL	Gesamt, Aufmerksamkeitsprobleme,
TRF	Gesamt, Aufmerksamkeitsprobleme

Klinisches Interview

Verfahren	Ergebnis
Kinder-DIPS	ADHS

Verhaltensbeobachtung

leicht ablenkbar, zunehmende motorische Unruhe während der Testung, Impulsivität, viele Flüchtigkeitsfehler,
stark begrenzte Ausdauer, muss immer wieder zum Fortfahren angeleitet werden, Stimmung ausgeglichen, gut auslenkbar, wirkt etwas leistungsängstlich beim Rechentext sprachlich differenziert, unauffällig, gutes Instruktionsverständnis

Schulzeugnisse

Ab der 1. Klasse Hinweise auf Konzentrationsdefizite, motorische Unruhe und Impulsivität, Leistungsniveau insgesamt gut, in Mathe befriedigend

Abb. 10.3: Beispielhaft ausgefülltes Übersichtsblatt zur Befundzusammenfassung

---

2 Eine Vorlage »Übersicht Befundzusammenfassung« findet sich in den Online-Zusatzmaterialien

10.6.2 Befunde mitteilen

Die meisten Menschen haben schon einmal erlebt, vor einer Ärztin zu sitzen (oder zu stehen) und kein Wort von dem zu verstehen, was diese ihnen mitteilen wollte. Es ist nicht falsch, Fachbegriffe zu verwenden, aber diese sollten verständlich erklärt werden, immer in dem Bewusstsein, dass Patientinnen und ihre Eltern bestimmte und vermeintlich geläufige Begriffe vielleicht nicht kennen oder zum ersten Mal hören. Bildliche oder skizzenhafte Darstellungen, die den Erklärungsgegenstand veranschaulichen und die Patientin darüber hinaus während der Anfertigung etwas Zeit lassen, das Gesagte zu verarbeiten, können ebenfalls sehr hilfreich sein.

> **Erklärung des Begriffs Aufmerksamkeitsdefizit (Eltern)**
>
> »Haben Sie einen Führerschein? Stellen Sie sich vor, Sie fahren Auto. Wenn Sie die Straße entlangfahren, gibt es ganz viele Informationen um Sie herum, Bilder, Geräusche usw. Die treffen alle auf Ihre Netzhaut im Auge und auf Ihre Ohren. Aber Sie sind dazu in der Lage, die wichtigen von den unwichtigen zu trennen. Beispielsweise nehmen Sie die Ampel, den Fußgänger, der sich dem Zebrastreifen nähert oder das Hupen ganz bewusst wahr. Andere Informationen blenden Sie aus, weil sie nicht wichtig sind. Wie z. B. die Farbe der Mülltonne, die am Straßenrand steht, oder ob auf dem Baum eine Amsel sitzt. Und genau das fällt Ihrem Kind schwer. Es kann nicht gut die unwichtigen Reize herausfiltern, alles wird wahrgenommen. Deshalb ist es so leicht ablenkbar und kann nicht lange bei einer Sache bleiben.«
>
> **Erklärung IQ-Befund (Kind/Eltern)**
>
> »Du hast ja letztes Mal mit mir viele Aufgaben und Denkspiele gemacht. Weißt du das noch? Und manche sind dir ganz leicht gefallen, wie z. B. das mit den Würfeln, wo du das Muster nachlegen solltest. Andere waren eher schwierig für dich, wie die, wo ich dir Fragen gestellt habe und du mir erklären solltest, warum man Sachen so oder so macht. Das ist bei jedem so, manche Sachen können wir gut, manche nicht so gut. Diese ganzen Aufgaben waren dafür da, zu sehen, wie gut du mit Denkaufgaben klarkommst. Man nennt das auch Intelligenz oder IQ. Und um zu sehen, wo du stehst, wurde der Test schon mit ganz vielen anderen Kindern gemacht, die genauso alt sind wie du. Und wenn man all die Ergebnisse, die da rausgekommen sind, aufschreibt, dann kommt so eine Kurve hier heraus (Normalverteilungskurve; ▶ Abb. 10.3). Die allermeisten Kinder sind hier in dem Bereich in der Mitte. Und auch dein Wert liegt hier in der Mitte bei 102. D. h., du schneidest genauso gut ab, wie die meisten Kinder in deinem Alter. Natürlich ist es immer ein bisschen von der Tagesform abhängig, wie gut man in einem Test ist. Das hängt davon ab, wie gut man geschlafen und gefrühstückt hat, ob man fit ist oder nicht. Wenn du z. B. an drei verschiedenen Tagen einen 50-Meter-Lauf machst, hast du auch nie ganz genau dasselbe Ergebnis. Aber immer ungefähr ein

> ähnliches. Und wir können das auch für diesen Test sagen, dass dein »wirklicher« IQ mit ganz großer Wahrscheinlichkeit irgendwo zwischen hier (96) und hier (108) liegt. Also auf jeden Fall im Durchschnitt. Wenn wir uns die einzelnen Bereiche ansehen, dann sieht man, dass dir so logische Knobelaufgaben leichter fallen. Alle Sachen, die mit Erklären zu tun haben, sind etwas schwieriger für dich. Aber alle Werte liegen im mittleren Bereich.«

Das Mitteilen von manchen Befunden, wie z. B. einer schwerwiegenden Diagnose oder eines negativen Testergebnisses, ist für niemanden leicht. Nichtsdestotrotz ist es wichtig, Befunde klar und eindeutig zu benennen, nichts »schön zu reden« oder zu verharmlosen. Nur dann können die Patientinnen und ihre Eltern davon überzeugt werden, effektiven Interventionen zuzustimmen, die ja meistens mit viel Anstrengung und Aufwand verbunden sind. So ist es u. a. wichtig, eine Intelligenzminderung als solche eindeutig zu benennen und zu sagen, dass der IQ unterdurchschnittlich war, um Eltern davon überzeugen zu können, einer geeigneten Beschulung für das Kind zuzustimmen. Eine tiefgreifende Entwicklungsstörung ist nicht heilbar, auch wenn sich manche Bereiche sehr gut fördern lassen, folglich sollten den Eltern keine unrealistischen Hoffnungen gemacht werden.

Um Reaktanz zu verhindern, kann eine gute Gesprächsführungsstrategie beinhalten, das von den Kindern und Eltern Gesagte im Befundgespräch direkt aufzugreifen und in die Befundmitteilung einzubeziehen.

Beispiele Gesprächsführung Befundgespräch

Beispiel Depression
»In unserem ersten Gespräch, als wir uns kennengelernt haben, hattest du mir doch gesagt, dass du die Sachen, die dir früher so viel Spaß gemacht haben, nicht mehr machst; wie das Fußballspielen oder Klettern. Und dass du dich nicht mehr so viel mit Freunden triffst. Und Sie, Frau Müller, hatten gesagt, dass Felix oft so traurig wirkt und manchmal auch gereizt ist und schnell »aus der Haut fährt«. Außerdem habt ihr noch erzählt, dass du schlecht schlafen kannst und immer so früh aufwachst, aber dann trotzdem ganz k.o. bist. Und dass du dich nicht mehr so gut in der Schule konzentrieren kannst, obwohl das früher für dich kein Problem war. In den Fragebögen, die ihr ausgefüllt habt, zeigt sich etwas ganz Ähnliches. Du hast z. B. diesen Fragebogen hier ausgefüllt, da ging es um deine Stimmung. Also, wie fröhlich oder traurig du bist. Und da hast du angegeben, dass deine Stimmung öfter schlecht ist und du viele Zweifel an dir hast. Auch die Fragebögen von deiner Mutter und der Lehrerin sind ganz ähnlich ausgefallen. Sie erleben dich ähnlich. Wir Psychologinnen haben einen Fachbegriff dafür, wir nennen das Depression. Das ist eine Krankheit, bei der man sehr traurig ist, sich zurückzieht, keine richtige Lust hat, schöne Sachen zu machen. Viele Leute mit einer Depression können auch schlechter schlafen und sich nicht so gut konzentrieren, genau wie du. Du kannst da nichts dafür, und Sie, Frau Müller, können auch nichts dafür. Das ist eine Krankheit, die jeder bekommen kann, und

wir werden jetzt zusammen überlegen, wie wir dir, Felix, helfen können, damit es dir wieder besser geht.«

Beispiel Intelligenzminderung
»Du hattest mir ja erzählt, dass die Schulaufgaben oft zu schwer für dich sind. Du strengst dich ganz arg an und übst viel, aber die Noten sind trotzdem nicht so gut. Und das macht dich dann traurig. Frau Kraus, Sie haben mir ja auch berichtet, dass Sie jeden Tag mit Selina üben, aber dass es so wirkt, als hätte Selina Schwierigkeiten damit, die Sachen zu verstehen und sich zu merken. Sie haben das sehr gut beobachtet, und es ist gut, dass Sie zu uns gekommen sind, um das abklären zu lassen. Wir haben ja einen Intelligenztest gemacht, du erinnerst dich, Selina, die vielen anstrengenden Knobelaufgaben! Der Test hat gezeigt, dass Selina mehr Schwierigkeiten mit den Aufgaben hatte als die meisten anderen Kinder in ihrem Alter. Wenn man alle Ergebnisse von 0 bis 100 anordnen würde, ist Selinas Ergebnis bei einer 2, d. h., dass 2 % aller Kinder gleich gut oder schlechter sind als Selina in diesen Aufgaben, 98 % schneiden besser ab. Ich zeige Ihnen das mal hier an der Kurve, da kann man es ganz gut sehen (▶ Abb. 10.3 *Prozentwerte der Normalverteilung*). Das hier ist der Durchschnittsbereich, das entspricht den Werten, die die Mehrzahl der Kinder erzielen. Selinas Ergebnis ist hier, also deutlich unter dem Durchschnitt. Da kann sie überhaupt nichts dafür, sie hat sich sehr angestrengt. Jeder kann manche Sachen gut und manche Sachen nicht so gut. Du kannst z. B. ganz toll malen und mit deinem jüngeren Bruder spielen, Selina, stimmt's? Aber diese Denkaufgaben, das ist nicht so deine Stärke. Und das macht sich natürlich in der Schule auch bemerkbar. Wichtig ist, dass wir Selina helfen, die richtige Schule zu finden. Denn sonst ist das sehr frustrierend für sie, wenn sie sich immer wieder anstrengt, aber das Ergebnis nicht gut ist. Mehr Lernen hilft da nicht, Sie üben schon sehr viel mit ihr. Es ist wichtig, dass Selina auch Freude an der Schule hat und dort gern hingeht, dass sie Erfolgserlebnisse hat. Und natürlich, dass sie auch Freizeit hat und Spaß haben kann. Deshalb müssen wir das sehr ernst nehmen und sie jetzt gut unterstützen, indem wir die richtige Schule für sie finden.«

10.6.3 Fazit aus Befunden ziehen

Am Ende der ausführlichen Mitteilung der Befunde sollten diese noch einmal kurz und prägnant zusammengefasst werden, so dass sichergestellt ist, dass die Kernaussagen und die Diagnose verstanden wurden.

Beispiele Fazit

Beispiel Zwangsstörung
»Ich fasse jetzt die Ergebnisse nochmal zusammen. Sie sind zu uns gekommen, weil Sie sich Sorgen darüber machen, dass Natascha sich so oft und ausführlich

die Hände waschen muss. Und du, Natascha, hast erzählt, dass du deshalb bestimmte Sachen nicht mehr machen, kannst, die du eigentlich gern machen würdest. Z. B. zum Basketballtraining gehen, weil du Angst vor den Bakterien auf den Bällen hast.
Wir haben verschiedene Sachen untersucht, und du hast toll mitgemacht, Natascha. Von deiner Intelligenz her bist du genau im Durchschnitt und kannst Denkaufgaben genauso gut lösen, wie andere in deinem Alter. Dann haben wir uns noch angesehen, wie es mit deinen Gefühlen wie Traurigkeit und Angst ist. Das war beides unauffällig. Und dann habe ich dir und deiner Mutter noch ganz viele Fragen gestellt in den Interviews, die wir gemacht haben. Da hat sich das bestätigt, was ihr schon ganz richtig beobachtet habt: Dass du sehr große Sorgen vor Schmutz und Bakterien hast und deshalb immer wieder diese Waschrituale machen musst. Und dass das mit der Zeit immer mehr geworden ist und dich beeinträchtigt. Wir nennen das eine Zwangsstörung.«

Beispiel Legasthenie
»Ich fasse jetzt die Ergebnisse nochmal zusammen. Sie sind zu uns gekommen, weil Mirco Schwierigkeiten mit dem Lesen und Schreiben in der Schule hat. Und ihr habt mir erzählt, Mirco, dass du sehr viel übst und dich total anstrengst und trotzdem die Noten in Deutsch nicht gut sind. Und dass du manchmal so frustriert darüber bist, dass du gar nicht mehr üben magst und denkst, du wärest nicht so schlau wie deine Klassenkameraden.
Jetzt haben wir ganz viele Tests gemacht, und du hast toll mitgemacht, Mirco, obwohl wir auch so anstrengende Lese- und Schreibaufgaben gemacht haben, die du eigentlich nicht magst. Und die Ergebnisse haben gezeigt, dass du genauso schlau bist, wie deine Mitschüler. Es liegt also nicht an der Intelligenz, dass du solche Schwierigkeiten mit dem Lesen und Schreiben hast. Und auch nicht an anderen Sachen, wie der Konzentration. Da haben du, deine Eltern und die Lehrerin Fragebögen ausgefüllt, die waren unauffällig. Aber in dem Lese- und Schreibtest, den wir gemacht haben, habe ich gesehen, dass du da tatsächlich große Schwierigkeiten hast. Das ist also ein einzelner Bereich, der dir schwerfällt. Und da bist du nicht der einzige, es gibt viele Kinder, die das haben. Man nennt das Legasthenie oder auch Lese- und Rechtschreibstörung. D. h., dass Kinder alles ganz normal können, nur in dem einen Bereich haben sie Schwierigkeiten, auch wenn sie sich noch so anstrengen. Dafür kannst du nichts, und deine Eltern können auch nichts dafür. Jeder von uns hat ja Sachen, die er gut kann und solche, die er nicht so gut kann. Das ist ganz normal. Du kannst z. B. super Mathe und Handball.«

Nach Mitteilung der Befunde sollten die Patientinnen und ihre Eltern natürlich nicht ratlos entlassen werden, sondern es ist sehr wichtig, einerseits eine Erklärung für die Symptomatik und andererseits das weitere Vorgehen und die therapeutischen Empfehlungen anzuschließen.

10.6.4 Plausibles Störungsmodell

Eine Erklärung für die Symptomatik liefert das »Plausible Störungsmodell«. Idealerweise wurde bereits im explorativen Gespräch erfragt, wie sich die Kinder und die Eltern die Symptomatik selbst erklären und was sie denken, woher diese kommt. Dabei lassen sich häufig wenig funktionale Überzeugungen aufdecken, die oft mit Schuldzuweisungen zur eigenen Person einhergehen und weder empirisch haltbar noch zweckdienlich sind. Gedanken wie »*ich bin eine schlechte Mutter*«, »*ich bin einfach zu dumm*« oder auch unwissenschaftliche Erklärungen aus dem Internet oder dem Umfeld wie »*die Gehirnhälften sind nicht zusammen gewachsen*« lassen sich hier finden. Es ist ein ganz entscheidender Teil der Befundmitteilung, von diesen Schuldgefühlen zu entlasten, Fehlannahmen zu entkräften und den Beteiligten ein Modell für die Entstehung an die Hand zu geben, das einleuchtend ist und mit dem weitergearbeitet werden kann. Hierzu bieten sich vor allem zwei allgemeine Modelle an, die zusätzlich mit wissenschaftlich fundierten störungsspezifischen Erkenntnissen angereichert werden können: Das Diathese-Stress-Modell und das bio-psycho-soziale Modell zur Entstehung psychischer Störungen.

Das Diathese-Stress-Modell

Das Diathese-Stress-Modell geht davon aus, dass eine biologisch bedingte Vulnerabilität in Verbindung mit psychosozialen Stressoren die Entstehung der Störung erklärt. Die biologische Vulnerabilität kann durch die genetische Transmission oder auch prä- und perinatale Einflüsse vermittelt sein, als Stressoren sind vielfältige und stark individuelle Faktoren denkbar. Auch hier bietet es sich wieder an, das Modell in einem Schaubild zu verdeutlichen und anhand dessen zu erklären (▶ Abb. 10.4).

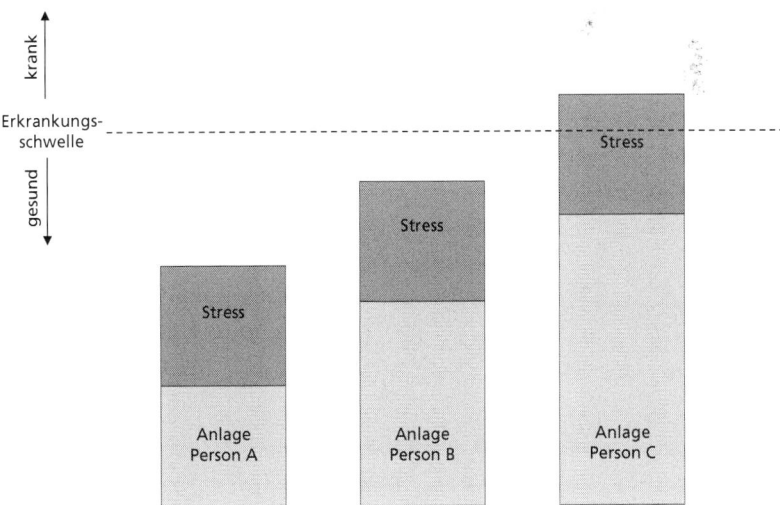

Abb. 10.4: Grafische Darstellung des Diathese-Stress-Modells

Im folgenden Kasten wird eine Erläuterung der Abbildung exemplarisch dargestellt.

> **Beispiel Erläuterung Diathese-Stress-Modell**
>
> »Durch die Vererbung haben wir eine bestimmte Anlage für verschiedene Merkmale mitbekommen. Z. B. sind deine Augen blau, und die deiner Mutter sind auch blau. Das hast du vermutlich von ihr geerbt. Genauso ist es bei Krankheiten. Die Gene sind dafür verantwortlich, dass man für manche Krankheiten anfälliger ist als für andere. Vielleicht ist dir schon mal aufgefallen, dass manche Kinder in deiner Klasse dauernd Erkältungen haben, während andere so gut wie nie krank sind. Genauso ist es auch bei psychischen Erkrankungen. Wir alle sind mehr oder weniger anfällig dafür, bestimmte psychische Krankheiten zu bekommen. Schau mal, hier sieht man z. B. drei Personen, die unterschiedlich verletzlich für eine psychische Krankheit sind. Die Person A ist ganz wenig anfällig, die Person B so mittel und die Person C sehr stark. Und ab hier, wo die gestrichelte Linie ist, bricht die Krankheit aus. Das ist ein bisschen so wie der Tropfen, der das Fass zum Überlaufen bringt. Über der Linie ist ›krank‹, darunter ›gesund‹. Jetzt siehst du aber auch, dass keine der drei Personen nur allein von ihrer Anlage her krank werden würde. Es muss also noch etwas dazu kommen, und das ist der Stress. Mit Stress ist jetzt nicht nur ein voller Terminkalender gemeint, sondern für jeden ist Stress etwas Anderes. Der eine erlebt es als Stress, wenn viele Arbeiten in der Schule geschrieben werden, der anderen macht das gar nichts aus, die leidet aber sehr darunter, wenn sie sich mit ihren Eltern oder ihren Freundinnen streitet. Das ist für jeden unterschiedlich. Jetzt schau mal, der Stress bei allen drei Personen ist genau gleich. Aber weil die Person A nur wenig Anlage für die Krankheit hat, bleibt sie trotz des Stresses gesund. Auch Person B bleibt gesund, aber bei Person C, die eine hohe Anlage hat, bricht mit demselben Stress die Krankheit aus. Bei ihr reicht der wenige Stress schon, damit sie krank wird. Aber auch Person A könnte grundsätzlich krank werden, auch wenn sie nur ganz wenig Anlage hat. Bei ihr bräuchte es nur sehr viel mehr Stress, damit sie krank wird. Aber wenn alle schlimmen Dinge zusammenkommen würden, würde auch sie krank werden. Die Person C muss aber, weil sie eine starke Anlage hat, viel besser aufpassen, dass sie nicht zu viel Stress abbekommt. Sie muss sehr gut auf sich achten. Das ist nicht immer kontrollierbar, manche Stressfaktoren, wie z. B., ob eine Arbeit in der Schule geschrieben wird, kann man nicht beeinflussen. Auf andere hat man aber Einfluss, z. B. ob man sich ganz arg unter Druck setzt und sagt: ›Ich muss unbedingt eine 1 schreiben, sonst bin ich eine Versagerin!‹ Das macht viel Stress. Man könnte auch sagen: ›Hauptsache, ich bestehe, das ist jetzt das Wichtigste!‹ Dann hätte man weniger Stress.«

Das bio-psycho-soziale Modell der Entstehung psychischer Krankheiten

Das bio-psycho-soziale Modell der Entstehung psychischer Erkrankungen (BPSM, ▶ Abb. 10.5) ist im Grunde eine gute Ergänzung zum Diathese-Stress-Modell, wenn auch ggf. etwas zu komplex, um für Patientinnen und ihre Eltern wirklich eingängig zu sein. Es kann von der Art der Störung und den identifizierten individuellen Bedingungsfaktoren sowie dem Entwicklungsstand und der Differenzierungsfähigkeit der Kinder und ihren Eltern abhängig gemacht werden, welches Modell zur Erklärung der individuellen Symptomatik herangezogen wird.

Abb. 10.5: Grafische Darstellung des Bio-Psycho-Sozialen-Krankheitsmodells

Im folgenden Kasten wird eine Erläuterung der Abbildung exemplarisch dargestellt.

Beispiel Erläuterung Bio-Psycho-Soziales Krankheitsmodell

»Früher hat man gedacht, dass es eine bestimmte Ursache gibt, die für eine psychische Erkrankung verantwortlich ist. Da gab es Leute, die haben gesagt, alles liege nur an den Genen. Oder an der Umwelt. Heute wissen wir aber, dass sehr viele Faktoren einen Einfluss auf die Entstehung einer psychischen Erkrankung haben. Es ist also nicht so einfach, wie man früher gedacht hat. Hier in dem Schaubild siehst du, dass man die Ursachen in drei Bereiche aufteilen kann. Die Biologie hat einen Einfluss. Z. B. wissen wir, dass die Gene, also die Vererbung, bei vielen Krankheiten eine Rolle spielen. Oder dass es im Gehirn manchmal Besonderheiten gibt, die einen Einfluss haben. Dann gibt es Ursachen in der Person selbst. Also z. B. wie sie denkt. Es gibt manche Menschen, die, wenn mal etwas schiefgeht, gleich denken: ›Ich kann überhaupt nichts, ich bin eine totale Versagerin!‹ Und wenn man das ständig denkt, wirkt sich das natürlich auch auf die Entstehung einer psychischen Krankheit aus. Oder wie man mit seinen Gefühlen umgeht. Ob man sich z. B. Hilfe sucht, wenn es einem mal schlecht geht, oder ob man sich eher zurückzieht und alles mit sich selbst ausmacht. Und dann hat natürlich auch die Umgebung einen Einfluss. Z. B. die Familie, die Schule und auch Freundinnen. Oder bestimmte Dinge, die bei uns eine große Rolle spielen, das nennt man gesellschaftliche Normen. Z. B. wie man sich kleidet, oder was

> gerade in ist. Auch das kann einen manchmal ganz schön unter Druck setzen. All diese Faktoren können zusammenkommen, und dadurch entsteht eine psychische Störung. D. h. nicht, dass einzelne Faktoren ›schuld‹ sind. Manche davon kann man ändern, wie z. B. die Art, wie man mit schlechten Gefühlen umgeht. Andere kann man nicht ändern, z. B. dass man als Kind zur Schule gehen muss. Deshalb werden wir versuchen, auf die Sachen Einfluss zu nehmen, die wir ändern können, und die für dich und deine Krankheit eine Rolle spielen.«

Behandlungsempfehlung

Enden sollte das Befundgespräch mit einer konkreten Behandlungsempfehlung. Dies ist eine Möglichkeit, den Patientinnen und ihren Eltern einen Ausweg aus der psychischen Erkrankung aufzuzeigen und ihnen auch im Falle einer schwerwiegenden Diagnose die Möglichkeit zu geben, die Diagnose handlungs- und nicht lageorientiert zu verarbeiten. Oftmals sind viele Patientinnen und Eltern mit der Vielzahl an Informationen zunächst überfordert. Es kann nötig sein, einen weiteren Termin anzubieten, bei dem noch einmal die Befunde und Empfehlungen aufgegriffen und Nachfragen gestellt werden können, nachdem die Familie zwischenzeitlich Gelegenheit hatte, alles »sacken zu lassen«. Dennoch sollte sich eine Behandlungsempfehlung unmittelbar an das Gespräch der Befundmitteilung anschließen, damit den Patientinnen und ihren Eltern klar ist, dass die Therapeutin einen Plan hat und als Expertin zur Seite steht, um die Erkrankung zu bewältigen.

Nicht alle Empfehlungen werden in gleichem Maße begeistert aufgenommen. Der Rat zu einer Expositionstherapie oder hoch frequenten Behandlung kann z. B. bei der Patientin und/oder den Eltern auf große Widerstände stoßen, weil sie mit mehr oder weniger berechtigten Sorgen und Mühen verbunden sind. Auch hier ist es dennoch notwendig, in den Empfehlungen klar und deutlich zu bleiben, ohne die Familie zu drängen (es sei denn, es liegen sehr schwerwiegende akute Gründe wie eine Eigen- oder Fremdgefährdung vor), denn das würde Reaktanz hervorrufen. Für die Gesprächsführung bieten sich drei Strategien an:

Zum einen sollten die Sorgen und Belastungen, die durch die Patientin und die Eltern selbst benannt wurden, in die Behandlungsempfehlung eingebaut werden. Beispiele hierfür wären:

- »Du hast mir ja gesagt, dass das so richtig blöd ist mit den Zwängen, und dass du das Basketballtraining vermisst.«
- »Ich kann sehr gut verstehen, dass Sie gesagt haben, dass es so nicht weitergehen kann, weil die ganze Familie maximal belastet ist. Das ist absolut nachvollziehbar.«
- »Du hast völlig Recht, wenn du sagst, dass es unfair ist, dass immer du den Ärger abbekommst. Da müssen wir auf jeden Fall was dran ändern.«

Eine weitere Herangehensweise, insbesondere für Gespräche mit den Eltern, besteht darin, durch die Formulierung allgemeiner Werte eine Einigkeit herzustellen, die sich kaum leugnen lässt. Damit wird die von manchen Eltern als konfrontativ empfundene Behandlungsempfehlung zu einer Strategie umgedeutet, einen höheren Zweck zu erreichen, an dem alle gemeinsam arbeiten. Beispiele hierfür könnten sein:

- »So wie wir alle hier sitzen, wollen wir genau das gleiche: Wir wollen, dass es Ihrem Kind wieder besser geht!«
- »Wir haben ein gemeinsames Ziel: Dass Leo nicht mehr so oft traurig sein muss. Er soll wieder Freude am Leben haben und ein glückliches Kind sein können!«

Schließlich kann es in manchen Gesprächssituationen sinnvoll sein, eine klare Behandlungsempfehlung zu geben, die Verantwortung aber der Familie zu übertragen. Eine zu starke Beteiligung der Therapeutin löst manchmal Reaktanz aus, was durch die Verantwortungszuweisung an die Patientinnen und Sorgeberechtigten, was ja in den meisten Fällen auch der Realität entspricht, zumindest teilweise aufgelöst werden kann. Beispiele hierfür sind:

- »Sie sind ja zu mir gekommen, weil Sie sich Hilfe bei dem Problem gewünscht haben. Ich muss Sie als Kinder- und Jugendlichenpsychotherapeutin nach bestem Wissen und Gewissen beraten, und Ihnen das sagen, was aus meiner Sicht das Beste für Ihr Kind wäre, auch wenn es vielleicht erst mal nicht so angenehm ist. Aber natürlich treffen Sie als Sorgeberechtigte die Entscheidung. Das ist Ihr Recht und Ihre Pflicht. Und Sie kennen Ihr Kind am besten.«
- »Ich kann gut verstehen, dass Sie vor dieser Maßnahme erstmal Respekt haben. Das hätte ich auch, denn das bedeutet viel Anstrengung für Sie alle. Bei einer Therapie müssen alle mitarbeiten und Sachen ändern, die nicht immer einfach zu ändern sind. Manchmal ist es nicht die richtige Zeit für solche Veränderungen, weil man vielleicht keine Kraft oder Energie hat. Das ist o. k. Keiner zwingt Sie dazu. Ich berate Sie nur so, wie ich mit meiner Erfahrung denke, dass es das Beste für Ihr Kind ist.«

Schließlich ist es wichtig, den Eltern Zeit zu geben, sich mit bestimmten Maßnahmen anzufreunden und auch zu akzeptieren, wenn bestimmte Maßnahmen nicht mitgetragen werden können – allerdings ohne dabei als aufrechterhaltender Faktor zu dienen. Es stehen nicht immer die Ressourcen für die geeignete Behandlung zur Verfügung oder der Leidensdruck ist einfach (noch) nicht groß genug, um eine bestimmte Maßnahme zu akzeptieren. Hier sollte die Botschaft sein, dass »die Tür immer offen« steht und die Familie sich auch zu einem späteren Zeitpunkt wieder melden kann, um dann ggf. die Maßnahme durchzuführen.

10.7 Überprüfung der Lernziele

- Welche Instrumente kennen Sie um eine kategoriale Diagnostik durchzuführen?
- Leiten Sie ein strukturiertes Interview für ein Kind ein.
- Beschreiben Sie die Achsen des MAS.
- Melden Sie eine Diagnose angemessen einem Kind und seiner Bezugspersonen zurück.
- Welche Bereiche sind bei einer Verhaltensbeobachtung zu beachten?

11 Fallkonzeptualisierung

> **Lernziele**
>
> - Sie können die Bausteine der Fallkonzeptualisierung beschreiben.
> - Sie können die Makroanalyse von der Mikroanalyse und Plananalyse differenzieren.
> - Sie können Therapieziele festlegen.
> - Sie können einen Behandlungsplan erstellen.

Die *Fallkonzeptualisierung* stellt in der Verhaltenstherapie psychischer Störungen die zentrale Schnittstelle im Übergang von der diagnostischen Phase zur Intervention dar. Hier werden alle im Rahmen der Diagnostik erhobenen Informationen wie Puzzleteile zusammengesetzt, so dass sich idealerweise ein klares Bild ergibt, aus dem sich die für die individuellen Patientinnen geeignete Behandlung im Sinne eines roten Fadens der Therapie ableiten lässt.

Selbst wenn es für viele psychische Störungen mittlerweile gut evaluierte Therapiemanuale gibt, ist dieser individuelle Blick auf die Patientin aus verschiedenen Gründen sinnvoll und notwendig:

- Sehr häufig liegt nicht nur eine Diagnose, sondern es liegen mehrere komorbide Diagnosen vor, was es notwendig macht, dies im Behandlungsplan zu berücksichtigen und zu priorisieren bzw. verschiedene Ansätze zu kombinieren.
- Auch kann es sein, dass im individuellen Fall, selbst wenn die Kriterien für die Störung vollständig erfüllt sind, nur Teile eines Manuals sinnvoll einsetzbar sind. Ein einfaches Beispiel hierfür wäre eine nicht generalisierte soziale Angststörung, bei der sich also die Bewertungsängste der Patientin ausschließlich auf Situationen mit sozialen Interaktionen bezieht. Hier würde es, selbst wenn das Manual dies vorsieht, wenig Sinn machen, mit der Patientin Performanz-Situationen wie das Halten von Referaten oder mündliche Prüfungen, zu üben. Für andere Störungsbilder gibt es möglicherweise noch keine evidenzbasierte manualisierte Therapie.
- Nach dem bio-psycho-sozialen Störungsmodell gehen wir davon aus, dass verschiedene Faktoren innerhalb und außerhalb der Patientin einen Einfluss auf Entstehung und Aufrechterhaltung einer psychischen Störung haben. Auch wenn am Ende bei zwei Patientinnen dieselbe Störung diagnostiziert wird, kann der Weg dorthin bei beiden durch unterschiedliche Einflussfaktoren bedingt sein.

Man nennt dies Multifinalität. Folglich müssen möglicherweise entsprechende Aspekte in der Behandlung berücksichtigt werden. Ein Beispiel hierfür könnte sein, dass bei zwei Kindern, die eine familiäre Veranlagung aufweisen, eine Depression diagnostiziert wird. Bei einem Kind wird zudem eine massive schulische Überforderung aufgrund einer Fehlbeschulung festgestellt. Beim zweiten Kind wird als Belastungsfaktor die chronische Streitbeziehung zwischen den Eltern identifiziert. Somit müsste neben einer standardisierten Depressionsbehandlung das erste Kind auch schulisch entlastet werden, während man beim zweiten Kind auf eine Beratung der Eltern zur Lösung ihrer Konflikte hinwirken würde.

- Insbesondere Kinder und Jugendliche sind stark in ein soziales System eingebunden und in hohem Maße von diesem abhängig. Entsprechende Systemaspekte können sowohl hinderlich für einen Therapiefortschritt sein als auch als Ressource dienen. Werden sie im ersteren Fall nicht berücksichtigt, kann es passieren, dass sich trotz richtiger Diagnosestellung und korrektem Vorgehen in der Behandlung nach lege artis keine Erfolge einstellen. Ein klassisches Beispiel hierfür wäre ein Kind, das sich in einem Loyalitätskonflikt befindet und nicht gesund werden kann, weil es aus seiner Sicht einem Elternteil damit schaden würde. In diesem Fall wäre zunächst der Loyalitätskonflikt aufzulösen, bevor die psychotherapeutische Behandlung der eigentlichen Erkrankung erfolgreich sein kann.
- Schlussendlich entspricht die individuelle Fallkonzeptualisierung dem grundlegenden Bedürfnis der meisten Patientinnen nach Individualität und Anerkennung der eigenen, persönlichen Lebensgeschichte. Für die Beziehungsgestaltung und Compliance kann es sehr wichtig sein, neben universellen Aspekten des plausiblen Störungsmodells auch diese persönlichen Aspekte anzuerkennen und zu validieren.

11.1 Bausteine der Fallkonzeptualisierung

Wie in der folgenden Abbildung (▶ Abb. 11.1) dargestellt, besteht die Fallkonzeptualisierung aus drei verschiedenen Bausteinen: (1) eine Zusammenfassung der Ergebnisse der psychometrischen Diagnostik, (2) den zu erstellenden Verhaltensanalysen, in die die Ergebnisse aus (1) sowie weitere diagnostische Erkenntnisse einfließen können und (3) der daraus abgeleiteten Behandlungsplanung.

Der Fallkonzeptualisierung voraus geht die umfassende Diagnostik und auf sie folgt die Intervention mit möglicherweise unterschiedlichen Maßnahmen.

11.1.1 Zusammenfassung der Ergebnisse der psychometrischen Diagnostik

Im Rahmen der Fallkonzeptualisierung werden die relevanten Ergebnisse der psychometrischen Testdiagnostik zusammengefasst. Diese Testergebnisse müssen bei

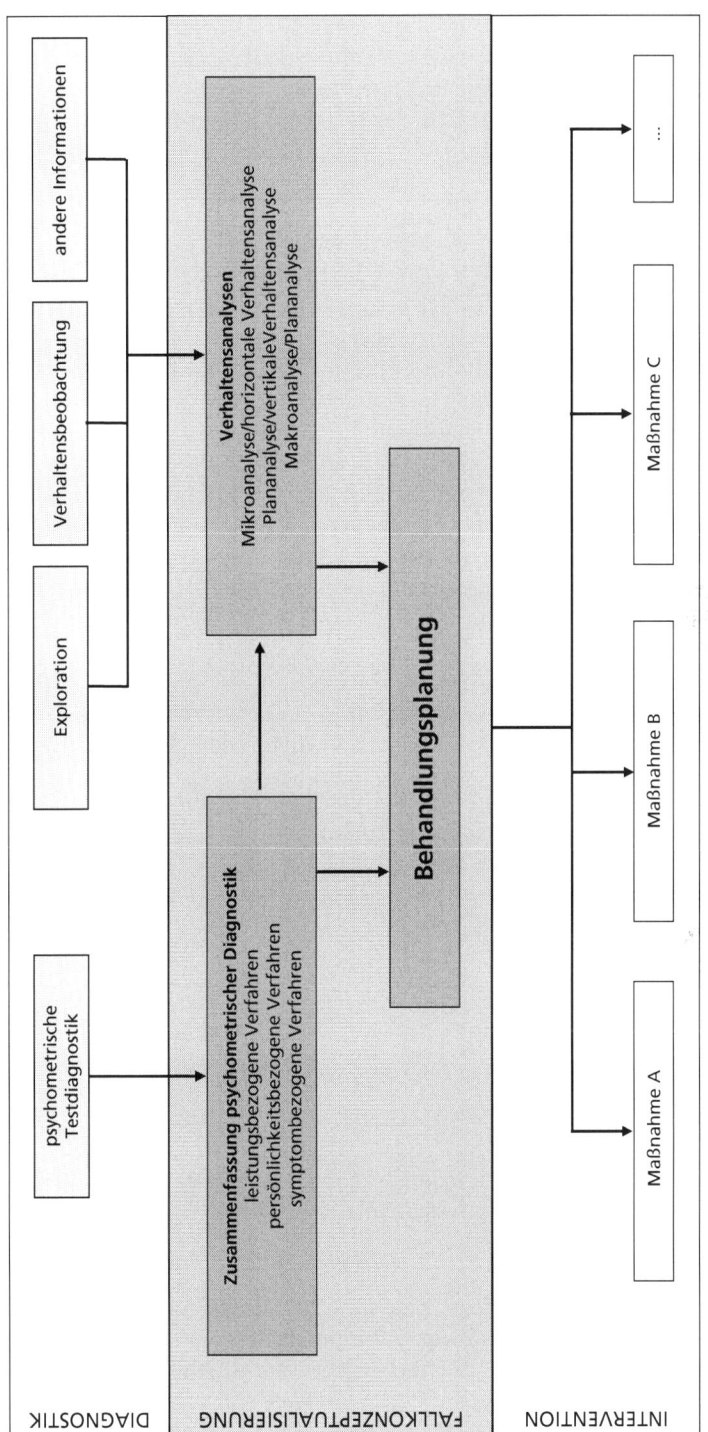

Abb. 11.1: Die Fallkozeptualisierung stellt den Zwischenschritt zwischen Diagnostik und Intervention dar und besteht aus der Zusammenfassung der psychometrischen Diagnostik, den Verhaltensanalysen und der Behandlungsplanung

der Therapieplanung berücksichtigt werden, indem sie einerseits die übergeordnete Zielsymptomatik darstellen, andererseits Einfluss auf die gezielte Gesprächsführung der Therapeutin, flankierende Behandlungsentscheidungen sowie die Struktur und die methodische Schwerpunktsetzung der Intervention bestimmen. Beispielsweise stellt eine weit überdurchschnittlich ausgeprägte Ängstlichkeit mit den entsprechenden Beeinträchtigungen die übergeordnete Zielsymptomatik für eine Psychotherapie dar. Wenn die Intelligenzdiagnostik zudem zeigt, dass bei der Patientin eine Lernbehinderung vorliegt, kann möglicherweise eine schulische Entlastung für eine Verbesserung der Symptomatik sorgen. Gleichzeitig würde die Therapeutin die Therapie so gestalten, dass sie den Schwerpunkt auf die konkrete Problembewältigung, weniger auf die kognitiv-motivationale Klärung setzt.

Im Vergleich zur psychometrischen Diagnostik stellt die Verhaltensdiagnostik eine Analyse auslösender und aufrechterhaltender Faktoren für das Problemverhalten dar. In sie fließen sowohl Ergebnisse aus der psychometrischen Testdiagnostik als auch aus anderen Bausteinen der Diagnostik ein wie z. B. der Exploration, der Verhaltensbeobachtung oder Verhaltensbeschreibungen, wie sie etwa in Schulzeugnissen zu finden sind. Anders als der normative Ansatz der Testdiagnostik bezieht sich die Verhaltensdiagnostik immer auf das Individuum, sein soziales Umfeld und individuelle situative Rahmenbedingungen. Die Ergebnisse, die aus dieser Art der Diagnostik resultieren, stellen auch immer konkrete Ziele für die therapeutische Intervention dar. Das bedeutet, dass sich aus der Verhaltensdiagnostik Aufschluss darüber gewinnen lässt, woran man als Therapeutin mit der Patientin und ihrer Familie arbeiten sollte, um ein übergeordnetes Problemverhalten anzugehen. Verhaltensdiagnostik stellt einen Oberbegriff dar für verschiedene Analysemethoden des Problemverhaltens, die einzeln oder kombiniert eingesetzt werden können. Dabei hat jede Methode einen unterschiedlich breiten Fokus auf das Verhalten, so dass sich die Methoden nicht gegenseitig ersetzen, sondern vielmehr sinnvoll ergänzen. Im Verlauf der Therapie müssen die Erkenntnisse und Hypothesen regelmäßig überprüft und die Therapieplanung an den aktuellen Sachverhalt adaptiert werden. Im Folgenden sollen die verschiedenen Formen der Verhaltensanalysen näher vorgestellt und das konkrete Vorgehen bei ihrer Erstellung besprochen werden.

11.1.2 Verhaltensanalysen

Grundsätzlich werden drei Verhaltensanalysen unterschieden:

1. die Mikroanalyse oder auch horizontale Verhaltensanalyse,
2. die Plananalyse oder vertikale Verhaltensanalyse und
3. die Makroanalyse oder Systemanalyse.

Allen drei Analysen ist gemeinsam, dass sie sich mit regelhaft wiederkehrendem Problemverhalten beschäftigen, nicht mit einmaligen Fehlverhaltensweisen oder Ausnahmen. Die Analysen sind für unterschiedliche Problemkonstellationen geeignet und können natürlich auch in Kombination eingesetzt werden. Bei einer kombinierten Anwendung wird in allen Analysen dasselbe Problemverhalten in

Hinblick auf seine Bedingungsfaktoren betrachtet, jedoch in unterschiedlichen Ausschnitten und unterschiedlicher Schärfe. Während sich die Mikroanalyse (Kanfer, Reinecker, & Schmelzer, 2012) auf das ganz konkrete Problemverhalten konzentriert und dieses sehr differenziert und genau analysiert, beschäftigt sich die Plananalyse mit den einem Problemverhalten zugrundeliegenden kognitiven Strukturen, ohne sehr differenziert auf das konkrete Problemverhalten einzugehen. Die Makroanalyse geht noch weiter und erfasst umliegende Einflussfaktoren, berücksichtigt aber weder das konkrete Problemverhalten noch die kognitive Strukturebene in der Intensität, wie es die beiden anderen Analysen tun. Normalerweise werden Verhaltensanalysen von der Psychotherapeutin oder im Rahmen der Supervision durchgeführt, u. a. für den Antrag auf Psychotherapie. Selbstverständlich können die Analysen aber auch gemeinsam mit der Patientin und/oder ihren Eltern gemacht werden, sofern das im Rahmen des therapeutischen Prozesses sinnvoll ist und die Beteiligten über eine hinreichend gute Auffassungsgabe und Strukturiertheit verfügen.

12.1.3 Die Mikroanalyse

Die Mikroanalyse betrachtet ein wiederkehrendes Problemverhalten im Hinblick auf seine auslösenden und aufrechterhaltenden Bedingungen. Die in kausaler Beziehung stehenden Aspekte des einzelnen Verhaltens werden dabei wie mit einer Lupen- oder Mikroskoptechnik genau analysiert und differenziert (▶ Abb. 11.2).

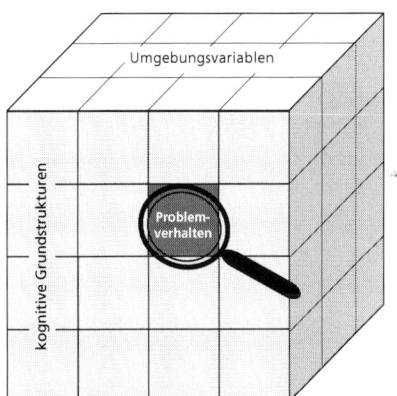

Abb. 11.2: Schematische Darstellung der Mikroanalyse. Der Fokus liegt auf dem konkreten Problemverhalten (dunkelgrau), die kognitiven Grundstrukturen (hellgrau) und Umgebungsvariablen (weiß) werden nur bedingt in die Analyse einbezogen.

Eine wichtige Grundvoraussetzung ist, ein einzelnes Verhalten auszuwählen und sich zunächst darauf zu beschränken, was erfahrungsgemäß insbesondere den Betroffenen und Angehörigen, aber manchmal auch den Therapeutinnen nicht leichtfällt. Hier kann es sinnvoll sein, die Problemverhaltensweisen zunächst zu sammeln und dann zu priorisieren. Ein Beispiel für das Vorgehen zeigt das Arbeitsblatt »Problemverhalten«. Die Mikroanalyse geht auf lerntheoretische Ansätze und damit die Annahme zurück, dass Problemverhaltensweisen durch operante Konditionierung erlernt werden, an bestimmte auslösende Bedingungen kausal gekoppelt sind und von verstärkenden Konsequenzen gefolgt werden. Aufgrund dieser zeitlich-kausalen Abfolge von aszendenten situativen Bedingungen, gefolgt vom problematischen Verhalten, auf das wiederum aufrechterhaltende Konsequenzen folgen, spricht man auch von horizontaler Verhaltensanalyse. Die ursprüngliche Abfolge von Stimulus (S) – Reaktion (R) – Konsequenz (C) wurde um eine Kontingenz- (K) und eine Organismus-Variable (O) ergänzt. Diese Bausteine der Mikroanalyse sind in der folgenden Abbildung schematisch dargestellt (▶ Abb. 11.3).

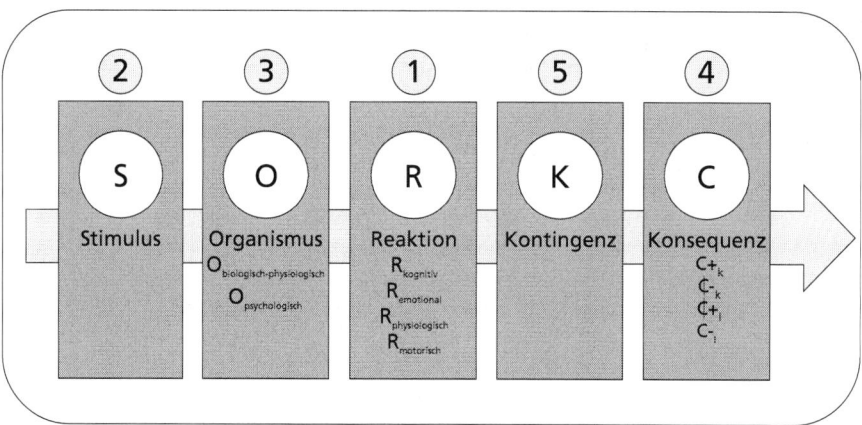

Abb. 11.3: Schematische Darstellung der Mikroanalyse. Die über den einzelnen Schritten befindlichen Ziffern kennzeichnen die Reihenfolge, in der die Schritte bearbeitet werden.

Diese einzelnen Schritte bei der Bearbeitung der Mikroanalyse sind im Folgenden detailliert beschrieben (▶ Tab. 11.1).

Tab. 11.1: Beschreibung der einzelnen Schritte der Mikroanalyse

Schritt	Beschreibung
Situation (S)	Im ersten Schritt wird die Situation (S), in der das problematische Verhalten auftritt bzw. die das Verhalten auslöst, skizziert. Der Begriff Situation umfasst dabei sowohl äußere als auch innere Bedingungsfaktoren.
Organismus (O)	Mit dieser Variable sind zumeist überdauernde Merkmale des Individuums, die eine moderierende Stellung zwischen Situation und Problemverhalten einnehmen, gemeint. Hier spielen einerseits biologisch-physiologische Variablen (z. B. Pubertät, allergische Erkrankungen) und kognitiv-psychologische Variablen eine Rolle. Letztere umfassen z. B. Intelligenz, kognitive Schemata, Dispositionen (z. B. genetische Prädisposition, Temperament) oder Grundüberzeugungen.

Tab. 11.1: Beschreibung der einzelnen Schritte der Mikroanalyse – Fortsetzung

Schritt	Beschreibung
Reaktion (R)	Das problematische Verhalten wird hier ganz genau beschrieben. Dabei werden die kognitive ($R_{kognitiv}$), die emotionale ($R_{emotional}$), physiologische ($R_{physiologisch}$) und die motorische ($R_{motorisch}$) Ebene differenziert. Nicht immer sind alle Verhaltensebenen gleichermaßen beobachtbar, sie müssen dann dem Selbstbericht der Patientin entnommen oder gemutmaßt werden.
Konsequenz (C)	Die Konsequenzen (C) orientieren sich an den aus der operanten Konditionierung bekannten Verhaltensfolgen, die dazu führen, dass ein Verhalten in Zukunft häufiger oder seltener gezeigt wird: positive Verstärkung (C+), negative Verstärkung (₵-), Bestrafung (C-) und indirekte Bestrafung (₵+). Weiterhin wird noch der Zeitpunkt, zu dem die Konsequenzen auftreten, unterschieden. Hier interessieren in der Mikroanalyse kurzfristig (C_k) die Konsequenzen, die das Problemverhalten aufrechterhalten, also positive und negative Verstärkung, und langfristig (C_l) die Konsequenzen, die sich negativ auswirken, also Bestrafung und indirekte Bestrafung. Letztere Konsequenzen haben allerdings aufgrund der zeitlichen Distanz keinen signifikanten Einfluss auf das Auftreten des Verhaltens. Die Konsequenzen können äußerlich, also z. B. in Interaktion mit einer anderen Person, oder innerlich, z. B. durch die Änderung eines aversiven physiologischen, emotionalen oder kognitiven Zustandes, erfolgen.
Kontingenz (K)	Im letzten Schritt wird die Frequenz zwischen Verhalten (R) und Konsequenzen (C) beschrieben. Hierbei werden die folgenden Formen unterschieden: Bei der kontinuierlichen Verstärkung folgt die Konsequenz auf jede Reaktion. Diese Art der Verstärkung ist besonders effektiv für den Aufbau eines neuen Verhaltens (leider auch eines Fehlverhaltens). Ist das Verhalten allerdings etabliert, kommt es bei Ausbleiben der Konsequenz zu einer Löschung. Bei der intermittierenden Verstärkung erfolgt die Konsequenz auf das Verhalten nur gelegentlich. Diese Art der Verstärkung wirkt besonders dann aufrechterhaltend auf ein (Problem-)Verhalten, wenn dieses bereits aufgebaut wurde, und zeigt sich deutlich resistenter gegenüber Löschung als die kontinuierliche Verstärkung.

Merke

Für die Mikroanalyse sind kurzfristig nur Konsequenzen relevant, die dazu führen, dass das Verhalten häufiger gezeigt wird, also positive und negative Verstärkung. Kontinuierliche Verstärkung ist besonders für den Aufbau eines Verhaltens (auch negatives) wirksam, intermittierende Verstärkung für die Aufrechterhaltung des Verhaltens, wenn es bereits etabliert wurde (▶ Tab. 2.1).

11.1.4 Plananalyse

Im Rahmen der Plananalyse werden die einem Problemverhalten *zugrundeliegenden kognitiven Strukturen* genauer analysiert. Bemüht man das Bild der Lupentechnik der

Mikroanalyse ist sie also quasi eine Betrachtung der Thematik in einem ausgewogenen Verhältnis aus Distanz und Nähe, ohne dass dahinterliegende Strukturen ins Blickfeld genommen werden (▶ Abb. 11.4).

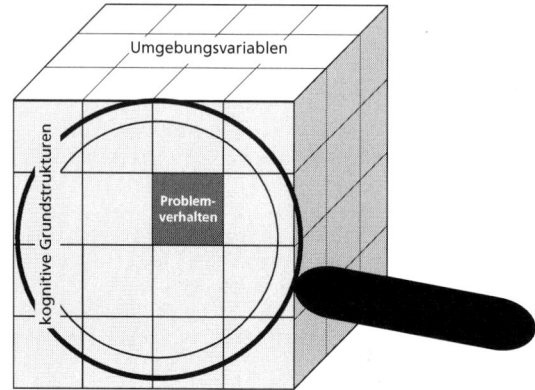

Abb. 11.4: Schematische Darstellung der Plananalyse. Der Fokus liegt auf den kognitiven Grundstrukturen (hellgrau), das konkrete Problemverhalten (dunkelgrau), und Umgebungsvariablen (weiß) werden nur bedingt in die Analyse einbezogen

Bei der Plananalyse ist das einzelne Problemverhalten nur der Ausgangspunkt für die Betrachtung, erfasst werden darüberhinausgehende zusammenhängende Problemcluster, die thematisch auf einen oder mehrere gemeinsame Faktoren zurückgeführt werden können. Die in der Plananalyse untersuchten Strukturen können auch im Rahmen der Mikroanalyse eine Rolle spielen, nämlich in der kognitiv-psychologischen Organismusvariable. Dort werden sie allerdings nur insoweit aufgeführt, als sie für das konkret untersuchte Problemverhalten eine Rolle spielen.

Die Grundannahme der Plananalyse, die auf Grawe und Caspar zurückgeht (Klemenz, 1999), ist, dass (problematische) Verhaltensweisen den Zweck haben, grundlegende psychische Bedürfnisse zu befriedigen (Caspar, 1996). Zu diesen Bedürfnissen zählen nach der Konsistenztheorie (Grawe, 1998) (a) das Bedürfnis nach Bindung und Zugehörigkeit, (b) das Bedürfnis nach Orientierung und Kontrolle, (c) das Bedürfnis nach Lustgewinn und Unlustvermeidung und (d) das Bedürfnis nach Selbstwerterhöhung und -schutz. Nach der Konsistenztheorie versucht jeder Mensch, nicht erfüllte Grundbedürfnisse zu befriedigen bzw. deren Bedrohung oder Verletzung zu verhindern. Daraus entstehen sog. Oberpläne, die mit übergeordneten Handlungsanweisungen im Sinne eines Annäherungs- oder Vermeidungsverhaltens gleichzusetzen sind. Diese Oberpläne wiederum resultieren in verschiedenen Unterplänen, und auf der untersten Ebene dieser hierarchischen Struktur stehen die konkreten Verhaltensweisen (▶ Abb. 11.5). In der Regel sind uns die höheren Pläne nicht unmittelbar bewusst. Oftmals ist es deshalb leichter, sie »bottom-up«, also von der untersten Verhaltensebene hin nach oben zu entschlüsseln.

11 Fallkonzeptualisierung

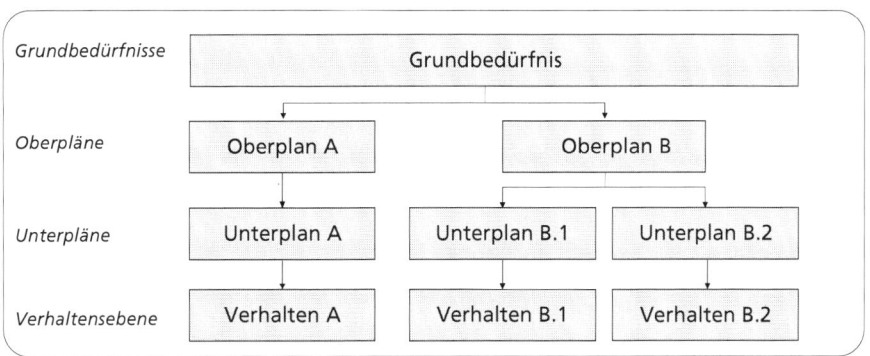

Abb. 11.5: Schematische Darstellung der Plananalyse

Eine Plananalyse bietet sich immer dann besonders an, wenn man den Eindruck hat, dass mehrere problematische Verhaltensweisen demselben höheren Ziel dienen, dem Verhalten ein starker kognitiver oder moralischer Überbau zugrunde liegt und/oder das Problemverhalten einem kompensatorischen Zweck dient.

11.1.5 Makroanalyse

Die Makroanalyse ist in Abgrenzung zur Mikro- und Plananalyse am ehesten mit einem Blick aus der Ferne auf den Gesamtzusammenhang, in den ein Problemverhalten eingebettet ist, zu vergleichen (▶ Abb. 11.6).

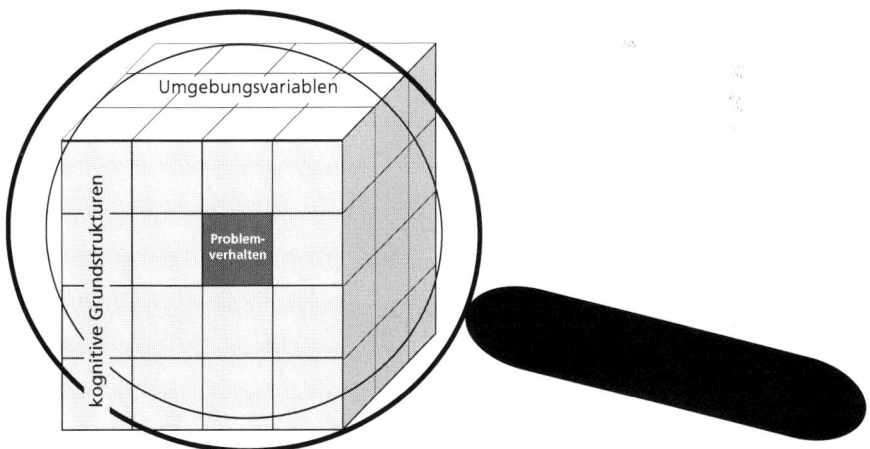

Abb. 11.6: Schematische Darstellung der Makroanalyse. Der Fokus liegt auf den Umgebungsvariablen (weiß); kognitiven Grundstrukturen (hellgrau) und das konkrete Problemverhalten (dunkelgrau) werden nur bedingt in die Analyse einbezogen.

Ihr zugrunde liegt die Annahme, dass eine psychische Störung multifaktoriell durch biologische, psychologische und soziale Faktoren bedingt ist. Dementsprechend bezieht die Makroanalyse Faktoren des Kindes selbst als auch aus seiner unmittelbaren Umwelt in das Erklärungsmodell ein, die einen Einfluss auf die Symptomatik haben können. Die Analyse eignet sich dafür, einerseits Ressourcen und Hilfebedarf des Kindes außerhalb der Psychotherapie einzuschätzen, andererseits Faktoren zu identifizieren, die einen Therapieerfolg verzögern oder verhindern. In der Makroanalyse differenziert man vier verschiedene Bereiche, wobei die ersten beiden das Kind, die letzten beiden die Umwelt betreffen:

Übersicht

1. *Symptome*: Hier werden einzelne Problemverhaltensweisen aufgeführt, ohne dass sie, wie bei der Mikroanalyse, genauer beschrieben werden.
2. *Individuelle auslösende/aufrechterhaltende Faktoren*: Vergleichbar mit der Organismusvariable in der Mikroanalyse werden hier Faktoren aufgeführt, die in der Patientin liegen und einen Einfluss auf die Symptomatik haben.
3. *Auslösende/aufrechterhaltende Faktoren Umwelt*: In diesem Bereich werden außerhalb von der Patientin liegende Faktoren angeführt, die die Symptomatik beeinflussen.
4. *Hintergrundvariablen:* Diese Variablen stellen den entwicklungspsychopathologischen situativen Rahmen für die auslösenden/aufrechterhaltenden individuellen und umweltbedingten Faktoren dar.

Die Art, wie die verschiedenen Variablen sich gegenseitig beeinflussen, wird ebenfalls durch Pfeile gekennzeichnet. Dadurch ergeben sich auch direkte Ansatzpunkte für die therapeutische Intervention (Kanfer et al., 2012). Die folgende Abbildung (▶ Abb. 11.7) stellt eine Makroanalyse schematisch dar, wobei die über den einzelnen Bausteinen stehenden Ziffern die Reihenfolge, in der die Bausteine bearbeitet werden sollten, kennzeichnen und die Pfeile exemplarisch angeordnet sind.

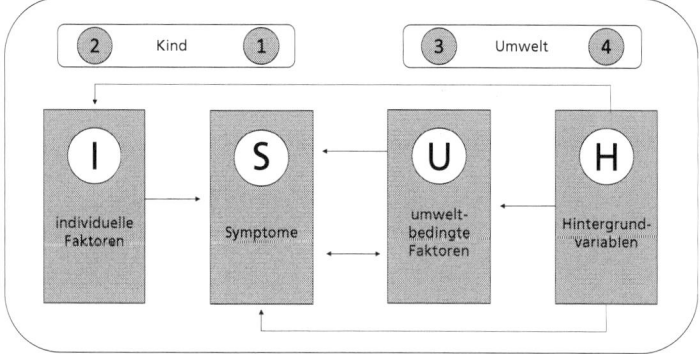

Abb. 11.7: Schematische Darstellung der Makroanalyse. Die über den einzelnen Schritten befindlichen Ziffern kennzeichnen die Reihenfolge, in der die Schritte bearbeitet werden. Die Pfeile sind exemplarisch dargestellt.

11.2 Behandlungsplanung

Zuletzt wird im Rahmen der Fallkonzeptualisierung die Behandlung der Patientin geplant. Auch hier können wieder einzelne Schritte unterteilt werden:

1. Voraussetzungen und Rahmenbedingungen
2. Festlegung von Therapiezielen
3. Auswahl geeigneter Methoden

11.2.1 Voraussetzungen und Rahmenbedingungen

Die Entscheidung, eine psychotherapeutische Behandlung durchzuführen, hängt nicht allein mit dem Vorliegen einer psychischen Störung zusammen, sondern natürlich auch damit, ob die Patientin und ggf. ihr familiäres Umfeld gewillt und in der Lage sind, eine solche Behandlung auf sich zu nehmen. Was trivial klingt, führt in der Praxis immer wieder zu Enttäuschungen und Therapieabbrüchen, die dann möglicherweise von der Patientin als Versagen verbucht werden. Aus diesem Grund ist eine größtmögliche Transparenz in Bezug auf den Ablauf, notwendige Anstrengungen, Nebenwirkungen und Realisierbarkeit von Zielen gegenüber den Beteiligten bereits zu Beginn der Behandlung wichtig. Eine psychotherapeutische Behandlung kann, insbesondere im ambulanten Setting, eine hohe Motivation und eine große zeitliche und inhaltliche Belastung aller Beteiligten bedeuten. Nicht immer verfügen Patientin und familiäres Umfeld aber über die dafür notwendigen Ressourcen, so dass es manchmal sinnvoll sein kann, entweder auf einen geeigneteren Zeitpunkt zu warten oder die äußeren Rahmenbedingungen so zu gestalten, dass weniger Ressourcen für die Behandlung notwendig sind.

Zunächst ist auf Seiten der Patientin die Therapiemotivation zu klären. Für viele Patientinnen ist der Aufnahme einer psychotherapeutischen Behandlung ein langer und beschwerlicher Weg vorausgegangen, oftmals mit vielfältigen und erfolglosen Versuchen, die Symptomatik zu reduzieren. Dementsprechend unmotiviert sind Kinder und Jugendliche verständlicherweise oft, einen weiteren Behandlungsversuch zu wagen und damit auch ein weiteres Scheitern zu riskieren. Insbesondere jüngere Kinder haben häufig eine weniger differenzierte Einsicht in die Symptomatik, ihre Beeinträchtigung und damit die Notwendigkeit, an einer Therapie teilzunehmen. Das ist vollkommen normal, muss aber zu Beginn einer Behandlung durch eine geeignete Beziehungsgestaltung ernst genommen werden. Ein anderer Grund für eine reduzierte oder fehlende Therapiemotivation oder auch Ambivalenz kann eine starke Verstrickung in die Symptomatik sein. Dieses Phänomen begegnet uns besonders oft bei Suchterkrankungen im weitesten Sinne, aber auch wenn durch die Symptomatik ein starker sekundärer Krankheitsgewinn entsteht. Eine weitere häufige Ursache für eine geringe Therapiemotivation ist in der Scham der Patientinnen für ihre Symptomatik begründet, die oftmals auf Stigmatisierung beruht. Es ist wichtig, die Therapiemotivation und Faktoren, die diese möglicherweise beeinträchtigen, genau zu eruieren, um einen Behandlungserfolg realistisch einschätzen zu können, die Patientin nicht zu überfordern und den Faktoren, die zu einer Reduktion der Motivation führen, mit geeigneten Gesprächsführungstechniken zu begegnen.

Auch auf Seiten des familiären Umfeldes kann die Therapiemotivation beeinträchtigt sein. Nicht alle Eltern kommen freiwillig bzw. aufgrund eines selbst empfundenen Leidensdrucks mit ihren Kindern in die Behandlung. Manchmal üben auch andere Protagonistinnen, wie das Jugendamt oder die Schule, Druck auf die Eltern aus, was in vielen Fällen zwar gerechtfertigt, für den Therapieerfolg aber ungünstig ist. Bei anderen Eltern fehlen aufgrund psychosozialer Rahmenbedingungen die Ressourcen, eine psychotherapeutische Behandlung im hinreichenden Umfang wahrzunehmen. Dies kann finanzielle (z. B. die Fahrkarte für den Bus zur Praxis), zeitliche (z. B. Vollzeitbeschäftigung einer alleinerziehenden Mutter) oder psychische (z. B. eigene psychische Erkrankung des Elternteils) Ressourcen umfassen. Selbst wenn die Eltern dazu in der Lage sind, regelmäßige Termine mit dem Kind wahrzunehmen, werden sie Rahmen einer verhaltenstherapeutischen Behandlung, insbesondere bei jüngeren Kindern, häufig als Ko-Therapeutinnen einbezogen, was eine nicht unwesentliche Anstrengung erfordert, zu der aus den oben genannten Gründen nicht alle Eltern in der Lage sind. Ein weiterer häufiger Grund ist, wie bei den Kindern auch, ein Scham- oder auch Schuldgefühl der Eltern. Viele Eltern verfügen über ein unzureichendes Störungsmodell, indem sie bei sich selbst die Ursache für die Störung des Kindes sehen. In diesem Fall stellt die Psychotherapie eine potenzielle Gefährdung des Selbstwertes als Mutter oder Vater dar, die Eltern fürchten sich vor Vorwürfen und davor, dass ihre Annahmen bestätigt werden könnten.

Die Therapiemotivation von Kind und Eltern, aber auch andere Faktoren wie z. B. die Art, Dauer und Schwere der psychischen Störung, entscheiden schließlich über die Rahmenbedingungen der psychotherapeutischen Behandlung. Hier sind verschiedene Entscheidungen zu treffen:

Übersicht

- Behandlungssetting: Es ist zu entscheiden, ob die Behandlung im ambulanten, teilstationären oder vollstationären Rahmen stattfindet. Bei der Entscheidung für eine vollstationäre Behandlung ist zudem eine offene oder geschlossene Unterbringung möglich. Letztere ist dann indiziert, wenn eine akute Eigen- oder Fremdgefährdung vorliegt. Grundsätzlich ist immer zu bedenken, dass jede Art der Behandlung auch Risiken und Nebenwirkungen hat und positive und negative Auswirkungen abzuwägen sind. Weiterhin kann es sein, dass bestimmte Settings sich nicht für bestimmte Störungsbilder eignen, z. B. teilstationärer Aufenthalt bei einer Störung mit Trennungsangst, da hier die intermittierende Verstärkung die Symptomatik aufrechterhalten würde.
- Frequenz: Bei einer ambulanten Psychotherapie ist zu entscheiden, wie häufig und in welchem Verhältnis Kind- und Elternkontakte stattfinden. Die übliche Frequenz von wöchentlichen Terminen ist kein Muss, und gerade bei Kindern und Jugendlichen bietet es sich an, eine höhere Frequenz oder Doppeltermine anzubieten, wie z. B. bei der Exposition. Gerade lange Therapiedauern sind für Kinder schwer absehbar und bei einer höheren Frequenz können in der Regel die Therapien schneller

erfolgreich beendet werden. Das Verhältnis von Kind- und Elternkontakten wird vorwiegend vom Entwicklungsalter der Kinder abhängig gemacht. Mit zunehmendem Alter sollten in der Regel weniger Elternkontakte stattfinden, um die Autonomie und Selbstständigkeit der Jugendlichen zu stärken, was ihrer Entwicklungsaufgabe entspricht. Natürlich gibt es auch hier Ausnahmen, beispielsweise, wenn die Eltern stark in die Symptomatik eingebunden sind.
- Mono- oder multimodale Therapie: Je nach Störungsbild und Komorbiditäten kann es notwendig sein, zusätzlich zur psychotherapeutischen Behandlung weitere Therapieverfahren oder flankierende Maßnahmen einzuleiten, wie beispielsweise eine Pharmakotherapie, Jugendhilfemaßnahmen oder Sprachheiltherapie. Es ist sehr wichtig, die eigenen psychotherapeutischen Grenzen zu kennen und im Sinne des Patientinnenwohls weitere Maßnahmen zu empfehlen, wenn dies mit großer Wahrscheinlichkeit zu einer Besserung der Symptomatik führt. Auch ist zu entscheiden, ob eine multimodale Therapie bereits von Beginn an eingeleitet werden sollte oder erst im Verlauf, wenn bestimmte, im Vorfeld festzulegende Kriterien erfüllt sind, sich also z. B. die Symptomatik in einem bestimmten Zeitraum unter der Psychotherapie allein nicht signifikant verbessert. Gleichzeitig sollte allerdings immer ein Bezug zwischen Symptomatik und Maßnahme bestehen, eine Maßnahmenanwendung nach dem »Gießkannenprinzip«, wie leider in vielen Kliniken üblich, ist aufgrund der mit allen diesen Maßnahmen verbundenen Nebenwirkungen zu vermeiden.
- Priorisierung: Nach der Festlegung der Therapieziele mit der Patientin und ggf. ihrer Familie ist es wichtig, die Ziele für die Psychotherapie zu priorisieren. Diese Priorisierung kann im Laufe der Therapie erneut überprüft werden, da sie sich manchmal verändert, sie sollte aber dennoch zu Beginn vorläufig festgelegt werden, um einer Überforderung und falschen Erwartungen vorzubeugen.

11.2.2 Festlegen von Therapiezielen

Die Festlegung von Therapiezielen und damit auch die Erteilung eines konkreten Auftrages von Seiten der Patientin und ihrer Familie an die Therapeutin ist ein sehr wichtiger Punkt der Fallkonzeptualisierung, der nicht übergangen werden sollte. Auch wenn sich aus der Diagnostik und den Verhaltensanalysen für die Therapeutin klar ersichtliche Ziele ergeben können, ist es wichtig, diese gemeinsam mit der Patientin und den Eltern zu verbalisieren und zu priorisieren.

Therapieaufträge

Auftragsfallen:

- unterschiedliche Behandlungsaufträge von der Familie, Institutionen
- Auftrag zur »Reparatur«
- Auftrag, den Schuldigen an der Symptomatik zu identifizieren
- Auftrag, »wasch mich, aber mach mich nicht nass«

> Idealfall eines therapeutischen Auftrags:
>
> - realistisch
> - konkret
> - attraktiv für alle
> - Auftrag muss von allen gewollt sein
> - Kind und Eltern sind veränderungsbereit

Anders als in der Psychotherapie von Erwachsenen ist man als Kinder- und Jugendlichenpsychotherapeutin immer wieder mit der Herausforderung konfrontiert, mit den Vorstellungen und Wünschen verschiedener Akteurinnen umzugehen und diese »unter einen Hut« zu bekommen. Nur selten stimmen die Therapieziele dieser verschiedenen Akteurinnen überein, manchmal widersprechen sie sich sogar. In jedem Fall sollten die Ziele der Patientinnen (auch der jüngeren!) und der Eltern explizit erfragt und priorisiert werden. Gegebenenfalls können auch Ziele von außerfamiliären Personen wie Mitarbeiterinnen der Jugendhilfe oder Schule Berücksichtigung finden, wenn sich die Familie darauf einlassen kann. Das Kind oder die Jugendliche sollten dabei unbedingt ernst genommen und gehört werden, auf keinen Fall sollte der Eindruck vermittelt werden, dass nur die Ziele der Erwachsenen wichtig sind oder an erster Stelle stehen. Manchmal sind zähe Verhandlungen notwendig, um sich mit allen unmittelbar Beteiligten verbindlich auf eine Reihenfolge der Therapieziele zu einigen, manchmal kann man die vermeintlich divergierenden Ziele aber auch geschickt im Sinne eines Verstärkungssystems miteinander verbinden. Die zeitliche Investition, die man in die Erarbeitung der Therapieziele steckt, zahlt sich durch eine erhöhte Adhärenz bei der Durchführung der Therapie aus. Die Therapieziele sollten gemeinsam mit allen Beteiligten verschriftlicht werden, so dass im Verlauf oder bei Unstimmigkeiten darauf zurückgegriffen werden kann.

Neben der Priorisierung der Therapieziele ist unbedingt darauf zu achten, dass die formulierten Ziele grundsätzlich überhaupt erreichbar, also realistisch sind. Unrealistische Ziele oder Aufträge sollten nicht angenommen, sondern direkt so umformuliert werden, dass sie erreichbar sind, um ein Scheitern zu verhindern und Enttäuschungen vorzubeugen. Eltern und Kinder können nicht immer einschätzen, welche Ziele realistisch sind und welche nicht. Hier muss die Therapeutin ggf. aktiv korrigieren.

Fallbeispiel Therapieziele

Die 15-jährige Kathrin wird von ihren Eltern in der verhaltenstherapeutischen Ambulanz aufgrund einer Anorexia Nervosa vorgestellt. Gefragt nach ihren Zielen für die Therapie formulieren die Eltern, dass sie sich wünschen, dass Kathrin nach Abschluss der Therapie

1. normalgewichtig sei und ihr Gewicht selbständig halten könne;
2. wieder Freude am Essen habe, unbeschwert alle Arten von Nahrungsmitteln zu sich nehme;
3. nicht mehr an Kalorien denke und diese nicht mehr zähle.

Während das erste Behandlungsziel von der Therapeutin unter den gegebenen Voraussetzungen und vor den mit Kathrin und ihrer Familie vereinbarten Rahmenbedingungen als realistisch eingeschätzt wird, schätzt sie die beiden anderen Ziele als unrealistisch ein: Erfahrungsgemäß bleiben mit der Symptomatik assoziierte Kognitionen, auch wenn sie sich grundsätzlich mit der Gewichtszunahme verbessern und entsprechend psychotherapeutisch behandelt werden, noch lange über die Akutsymptomatik hinaus erhalten. Das Essverhalten ist bei den meisten Patientinnen über längere Zeit weiter kognitiv gesteuert und weder spontan noch lustbetont. Mit dieser Realität sind Kathrins Eltern bei der Festlegung der Therapieziele zu konfrontieren und die Therapieziele entsprechend anzupassen, indem auf das zweite Ziel verzichtet und das dritte Ziel umformuliert wird (»weniger« statt »nicht mehr«).

Ein weiterer Punkt, auf den die Therapeutin achten sollte, ist, dass die Therapieziele möglichst konkret formuliert sind. Hier können Fragen helfen wie: »Was müsste unbedingt erfüllt sein, damit du/Sie mit dem Ergebnis zufrieden bist/sind? Wie genau müsste das aussehen?« Erfahrungsgemäß führen ungenau formulierte Ziele zu unterschiedlichen Erwartungen der Beteiligten, und damit automatisch zu Enttäuschungen. Ein einfaches Beispiel hierfür, das auch Kindern und Eltern in der Regel gut verständlich ist, ist das des »aufgeräumten Zimmers«: Beide Seiten können eine stark unterschiedliche Vorstellung von einem solchen Zimmer haben. Somit wäre die Formulierung »aufgeräumtes Zimmer« nicht hinreichend konkret. Stattdessen sollte genau spezifiziert werden, was zu welchem Zeitpunkt wohin geräumt sein muss, damit das Ziel erreicht wurde.

Im Therapieverlauf bietet es sich an, die anfangs formulierten Ziele nochmals zu überprüfen, beispielsweise wenn bestimmte Zwischenziele erreicht wurden oder deutlich wird, dass sich Prioritäten verändert haben. So können Erfolge und Fortschritte gewürdigt und die Ziele an die aktualisierten Gegebenheiten angepasst werden. Nicht selten merken Patientin und Eltern, dass sie bereits mit der Erreichung eines Teilziels zufrieden sind; dann sollte geprüft werden, ob diese Teilzielerreichung ausreichend ist. Falls ja, ist es natürlich nicht notwendig, dass die ursprünglich formulierten Ziele weiterverfolgt werden.

11.2.3 Auswahl geeigneter Methoden

Schließlich sind bei der Therapieplanung in Abhängigkeit von Patientinnenmerkmalen und Merkmalen ihrer Störung die geeigneten Methoden auszuwählen. Was so banal klingt, ist leider keinesfalls selbstverständlich, da oftmals die eigenen Kompetenzen und Vorlieben mehr darüber entscheiden, wie eine Patientin behandelt wird, als die Passung von Methode und Merkmalen.

Innerhalb der psychotherapeutischen Behandlung kann zwischen verschiedenen Therapieschulen und Schwerpunktsetzungen gewählt werden. Das therapeutische Verfahren sollte auf der Grundlage empirischer Evidenz hinsichtlich der Wirksamkeit für das jeweilige Störungsbild im Kindes- und Jugendalter ausgewählt werden. Gleiches gilt für verschiedene Maßnahmen innerhalb einer Therapieschule. In der

Regel liegen für bestimmte Problembereiche und Störungsbilder eine Vielzahl von Therapiemanualen vor, die wenigsten davon sind jedoch nach wissenschaftlichen Standards evaluiert.

11.2.4 Schwerpunktsetzung der Therapie

Bei der Schwerpunktsetzung auf entweder die konkrete Verhaltensmodifikation oder die kognitiv-motivationale Klärung des Problems spielen neben den Wünschen der Patientinnen und ihrer Familie verschiedene Merkmale der Patientin, ihres Umfeldes und ihrer Störung eine Rolle (▶ Tab. 11.2).

Tab. 11.2: Merkmale, die die methodische Schwerpunktsetzung der Therapie beeinflussen

	Schwerpunktsetzung auf	
	konkrete Verhaltensmodifikation	kognitiv-motivationale Klärung
(Entwicklungs-) Alter	Kleinkinder, jüngere Schulkinder	ältere Schulkinder und Jugendliche
psychosoziale Anpassung	geringes Funktionsniveau	hohes Funktionsniveau
kognitive Fähigkeiten	geringer IQ und geringes Introspektionsvermögen	hoher IQ und gutes Introspektionsvermögen
Belastungsfähigkeit	hohe Belastung	noch vorhandene Belastbarkeit
familiäre Ressourcen	Familien mit multiplen Belastungen und geringen Ressourcen	sozial gut integrierte Familien mit wenig Belastungen
Sozialstruktur innerhalb der Familie	Familien mit wenig tragfähigen Bindungsmustern	Familien mit guten Bindungen
Art der Erkrankung	Erkrankung mit starkem Einfluss auf kognitive Leistungsfähigkeit und Organisationsgrad	Erkrankung mit geringerem Einfluss auf kognitive Leistungsfähigkeit und Organisationsgrad
Schweregrad der Erkrankung	hoher Schweregrad	mäßiger Schweregrad

Selbstverständlich kann die Schwerpunktsetzung im Verlauf der Therapie angepasst werden, wenn sich Merkmale verändern. Beispielsweise kann es zu Beginn der Therapie einer jugendlichen Patientin mit einer schwerwiegenden depressiven Episode indiziert sein, die konkrete Verhaltensmodifikation im Sinne von Aktivierung und euthymer Therapie zu fokussieren, während sich die Schwerpunktsetzung nach einer Symptombesserung auf kognitive Ansätze verschieben kann. Abgesehen von der Schwerpunktsetzung ist es jedoch auch möglich und nötig, komplexe Inhalte in altersangemessener Form zu vermitteln. Es ist nicht die Aufgabe der Patientinnen, die Psychotherapeutin zu verstehen, sondern die Aufgabe der Psychotherapeutin, sich für ihre Patientinnen verständlich auszudrücken. Oftmals bedarf es nur kleiner Modifikationen des Sprachgebrauchs, der Verbildlichung eines Sachverhaltes oder dem Bemühen von Analogien, damit dies gelingt. Für jüngere Kinder liegt die Reihe »Psychologische Kinderbücher« aus dem Hogrefe-Verlag vor, die sehr anschaulich verschiedene Störungsbilder für Kinder im Alter bis ca. elf Jahre anschaulich erklärt.

Wurde die Entscheidung für eine bestimmte psychotherapeutische Methode und ein konkretes Verfahren oder auch die Kombination aus mehreren getroffen, ist zudem noch über flankierende Maßnahmen zu entscheiden. Diese Maßnahmen können die unterschiedlichsten Lebensbereiche der Patientin betreffen (▶ Tab. 11.3).

Tab. 12.3: Beispiele für eine Psychotherapie flankierende Maßnahmen

Bereich	Beispiele
Medizin	Psychopharmakotherapie, Hormonsubstitution
andere Heilberufe	Sprachheiltherapie, Physiotherapie, Ernährungsberatung
Schule	Förderunterricht, Nachteilsausgleich, Schulwechsel, Schulbegleitung
Jugendhilfe	ambulante/teilstationäre/stationäre Maßnahmen
Beratungsangebote	Paarberatung, Mediation, Schuldnerberatung

Auch wenn viele dieser Bemühungen, z. B. die Koordination der flankierenden Maßnahmen, durch die Krankenkassen nicht vergütet werden, ist ein enger Austausch mit den an diesen flankierenden Maßnahmen Beteiligten wichtig und Hilfeplankonferenzen, die alle Beteiligten gemeinsam an einen Tisch bringen, sollten regelhaft geplant und durchgeführt werden.

11.3 Fallbeispiel

Im Folgenden soll die Fallkonzeptualisierung anhand eines Fallbeispiels durchgespielt werden.

Fallbeispiel Fallkonzeptualisierung

Anna ist 9 Jahre alt und wird von ihren Eltern in der psychotherapeutischen Ambulanz vorgestellt. Sie besuche die dritte Klasse der Grundschule bei zumeist mittleren Leistungen. Nur im Fach Mathematik seien ihre Leistungen unterdurchschnittlich, hier habe das Mädchen bereits erhebliche Selbstzweifel bezüglich ihrer Kompetenzen entwickelt. Anna lebe mit ihren Eltern und ihrem 13 Jahre alten Bruder in einem Reihenhaus, wo sie ein eigenes Zimmer habe. Die

Eltern berichten, dass Anna sich schlecht konzentrieren könne und durch Kleinigkeiten abgelenkt sei. Sie fange immer wieder mit Tätigkeiten an, die sie dann aber nicht zu Ende führe, was insbesondere bezüglich der Hausaufgaben schwierig sei und regelmäßig zu Streitigkeiten führe. Zudem sei sie sehr unruhig und impulsiv. Sie könne nicht lange ruhig sitzen bleiben und handele, bevor sie über etwas nachgedacht habe. Ihre Lehrerin habe diesen Eindruck ebenfalls bestätigt. Sie beschreibe Anna als extrem unkonzentriert, was sich besonders in den späteren Schulstunden bemerkbar mache. Anna spiele dann den Klassenclown und lenke sich und andere Kinder ab. Die Lehrerin schätze Anna zwar als gut begabt ein, allerdings unterliefen ihr zahlreiche Flüchtigkeitsfehler, die dann zu nur mäßigen schulischen Leistungen beitrügen. Dabei sei Anna schnell für Dinge zu begeistern. Die anderen Kinder, die Anna in der ersten Klasse noch recht zugewandt gewesen seien, verhielten sich inzwischen vorwiegend ablehnend dem Mädchen gegenüber, worunter sie sehr leide. Sie habe nur eine gute Freundin, mit der sie sich regelmäßig treffe. Dieses Mädchen aus der Nachbarschaft sei jedoch wesentlich jünger als Anna. In der Familienanamnese ergibt sich bei der Mutter von Anna eine depressive Erkrankung mit deutlichem Rückzug und Antriebslosigkeit. Der Vater beschreibt bei sich selbst eine erhöhte Impulsivität und Ablenkbarkeit.

Die zusammenfassende Diagnostik zum Fallbeispiel, soweit sich nennenswerte Befunde gezeigt haben, ist der folgenden Tabelle dargestellt (▶ Tab. 11.4).

Tab. 11.4: Zusammenfassende Diagnostik vom Fallbeispiel Anna

Eigenanamnese	Familienanamnese	Testdiagnostik
• Schwangerschaft: durchgehender Noxeneinfluss Nikotin (10 Z./d) • unauffällige Geburt • frühkindliche Entwicklung: Schreikind • Meilensteine zeitgerecht • Kindergartenbesuch ab 3 Jahre, Hypermotorik und Impulsivität beschrieben • Einschulung regelrecht • Stärken: Kreativität, Begeisterungsfähigkeit • Schwächen: Impulsivität • Hobbies: Reiten und Fußball	• Bruder Max: Diagnose ADHS im Alter von 7 Jahren, MPH-Behandlung mit gutem Erfolg • Vater wird als impulsiv und den Kindern sehr ähnlich beschrieben • Cousin väterlicherseits ebenfalls ADHS-Diagnose	• WISC-V: Gesamt-IQ: 112 AG: 98 SV: 118 VG: 101 VRD: 110 FS: 116 • FBB-ADHS: Elternfragebogen auffällig Lehrerfragebogen auffällig • CBCL: Aufmerksamkeitsprobleme, körperliche Beschwerden • DIKJ, SPAIK: unauffällig • Kinder-DIPS: Aufmerksamkeitsdefizit-/Hyperaktivitätsstörung

Von der Therapeutin werden in diesem Fall zwei Verhaltensanalysen erstellt, eine Mikro- und eine Makroanalyse. Auf eine Plananalyse wird in diesem Fall verzichtet, da es sich bei der Symptomatik weniger um eine durch zugrundeliegende kognitive Strukturen beeinflusste zu handeln scheint (▶ Abb. 11.8, ▶ Abb. 11.9).

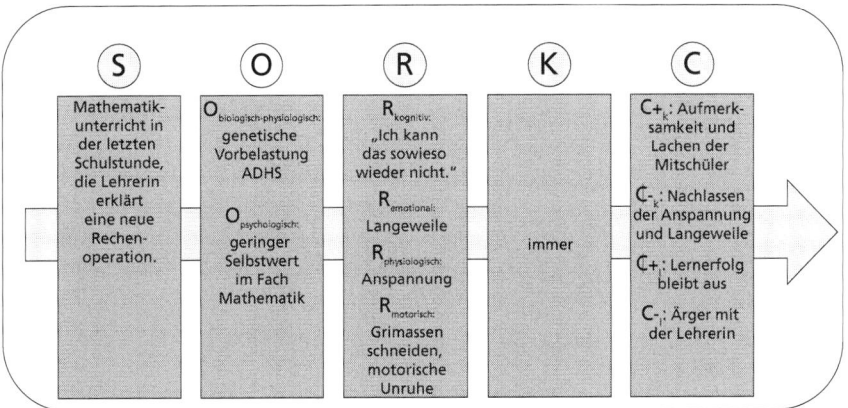

Abb. 11.8: Mikroanalyse für das Fallbeispiel Anna

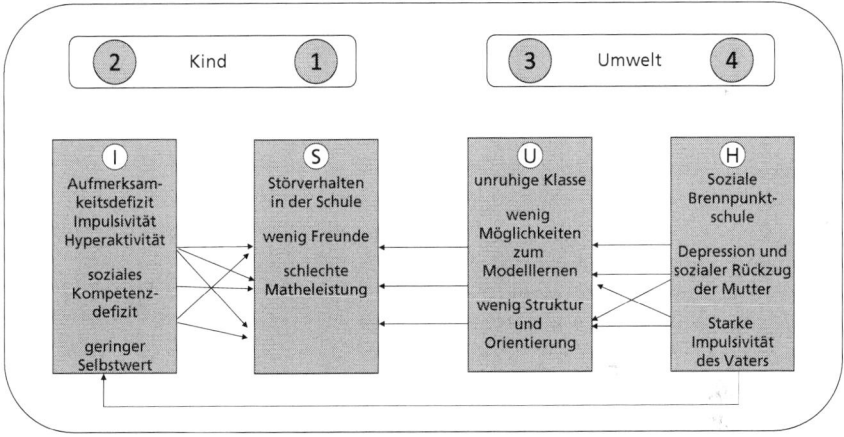

Abb. 11.9: Makroanalyse für das Fallbeispiel Anna

Aus der Mikroanalyse werden die verstärkenden Mechanismen ersichtlich, die zur Aufrechterhaltung des Problemverhaltens führen. Dadurch, dass Anna kurzfristig Aufmerksamkeit und positive Zuwendung ihrer Mitschülerinnen erhält und sich gleichzeitig ihre Anspannung und Langeweile reduzieren, ist die Wahrscheinlichkeit groß, dass sie dasselbe Problemverhalten in Zukunft wieder zeigen wird. Die Makroanalyse gibt darüber hinaus Aufschluss über bedeutsame Hintergrundvariablen. Hier ist einerseits das schwierige Klassenumfeld zu nennen, das ein das Problemverhalten aufrechterhaltendes Umfeld bietet. Gleichzeitig sind durch die psychische Störung der Mutter und die erhöhte Impulsivität des Vaters die Erziehungsbedingungen so gestaltet, dass das Mädchen nicht die hinreichende Struktur erhält, die es bei seiner Prädisposition benötigt. Durch den ausgeprägten Rückzug der Mutter fehlt dem Kind ein Modell zum Erlernen sozialer Kompetenzen.

Diese Erkenntnisse münden schließlich in der konkreten Therapieplanung. Die Therapeutin entscheidet sich vor dem Hintergrund des hinreichend hohen Funktionsniveaus und der noch vorhandenen familiären Ressourcen für ein ambulantes Behandlungssetting. Des Weiteren wird um die Familie, insbesondere die belastete Mutter, nicht zu überfordern, vereinbart, dass die Therapie zweimal wöchentlich stattfinden soll, wobei die Patientin einmal durch die Mutter und einmal durch den Vater gebracht werden soll. Da die Patientin mit neun Jahren noch jung ist und Erziehungsfaktoren als einflussreich hinsichtlich der Symptomatik in der Makroanalyse identifiziert wurden, wird ein Verhältnis von 3:1 Kind-/Elternkontakte gewählt.

Gemeinsam mit Kind und Eltern werden die Therapieziele festgelegt und priorisiert:

1. Verringerung von Unaufmerksamkeit, Hyperaktivität und Impulsivität
2. Aufbau sozialer Beziehungen zu Gleichaltrigen
3. Stärkung des Selbstwertes

Aufgrund des Alters, der Art der Symptomatik und der eingeschränkten Ressourcen der Eltern entscheidet sich die Therapeutin für eine Schwerpunktsetzung auf die konkrete Verhaltensmodifikation. An flankierenden Maßnahmen werden die folgenden vereinbart und unmittelbar in die Wege geleitet:

- Vorstellung bei einer Kinder- und Jugendpsychiaterin zur Beratung bezüglich einer pharmakotherapeutischen Behandlung
- Kontaktaufnahme zur Schule zur Initiierung eines Förderunterrichts in Mathematik
- Initiierung einer psychotherapeutischen Behandlung der Mutter

Im Laufe der Behandlung werden die Therapieziele erneut überprüft. Hier zeigt sich, dass das dritte Ziel (Stärkung des Selbstwertes) sich aufgrund der positiven Entwicklungen in den beiden ersten Bereichen erübrigt hat: Anna konnte deutlich an Selbstvertrauen gewinnen durch die erfolgreiche Verminderung der ADHS-Symptomatik und die damit einhergehenden schulischen Erfolge, sowie durch den Aufbau von sozialen Beziehungen zu Gleichaltrigen.

11.4 Überprüfung der Lernziele

- Beschreiben Sie die Bausteine der Fallkonzeptualisierung.
- Differenzieren Sie die Makroanalyse von der Mikroanalyse.
- Was ist bei der Festlegung von Therapieziele zu beachten?
- Wie erstellen Sie einen Behandlungsplan?

12 Therapieanträge

> **Lernziele**
>
> - Sie kennen das Vorgehen bei einem Kurzzeitantrag.
> - Sie wissen, welche Kriterien eine Gutachterin bei der Prüfung eines Therapieantrags berücksichtigt.

Nach § 12 SGB V (Gesetzliche Krankenversicherung) müssen psychotherapeutische Leistungen ausreichend, zweckmäßig und wirtschaftlich sein; sie dürfen das Maß des Notwendigen nicht überschreiten. Leistungen, die nicht notwendig oder unwirtschaftlich sind, können Versicherte nicht beanspruchen, dürfen die Leistungserbringer nicht bewirken und die Krankenkassen nicht bewilligen.

Seit dem 21.12.2018 gilt die neue Psychotherapierichtlinie (https://www.g-ba.de/richtlinien/20/). Diese Richtlinie legt fest, wann und wie Psychotherapie in der vertragsärztlichen Versorgung angewendet werden kann und bei welchen Erkrankungen Versicherte der gesetzlichen Krankenversicherung (GKV) einen Anspruch auf eine psychotherapeutische Behandlung haben, welche psychotherapeutischen Verfahren und Methoden eingesetzt und welche diagnostischen und therapeutischen Leistungen erbracht werden können (Bundespsychotherapeutenkammer, 2017).

> **Antrags- und Genehmigungsschritte für psychotherapeutische Leistungen nach der Psychotherapierichtlinie 2018**
>
> - *Psychotherapeutische Sprechstunde und Probatorik*: weder anzeige- noch antragspflichtig
> - *Vor Akutbehandlung, Kurz- und Langzeittherapie*: somatische Abklärung erforderlich
>   Eine Akutbehandlung soll zeitnah nach der Indikationsstellung begonnen werden. Es bietet sich daher an, den Konsiliarbericht bereits nach dem ersten Gespräch in der Sprechstunde einzuholen.
> - *Akutbehandlung*: anzeigepflichtig
> - *Vor einer Kurz- und Langzeittherapie*: Durchführung mindestens zwei probatorischer Sitzungen
> - *Kurzzeittherapie*: antrags-, aber nicht gutachterpflichtig

- *Langzeittherapie*: antrags- und gutachterpflichtig
- *Kurz- und Langzeittherapie*: kann nach der ersten probatorischen Sitzung beantragt werden.
  Bedingung ist die Festlegung eines Termins für die zweite probatorische Sitzung. Die beiden Termine sind im PTV 2 einzutragen.
- *Genehmigungsfrist Kurzzeittherapie*: drei Wochen
- *Genehmigungsfrist Langzeittherapie*: fünf Wochen
  Nach Beantragung einer Kurz- oder Langzeittherapie können sich Wartezeiten ergeben, weil die Krankenkasse die Behandlung genehmigen muss. Innerhalb des oben genannten Zeitraums müssen die Krankenkassen über eine Genehmigung entscheiden. Trifft innerhalb dieses Zeitraums keine Rückmeldung der Krankenkasse ein, gilt die Therapie als bewilligt wie beantragt. Zur Überbrückung können nach Antragstellung bis zur Höchstgrenze weitere probatorische Sitzungen durchgeführt werden.
- *Zweiter Abschnitt der Kurzzeittherapie (KZT 2)*: Beantragung frühestens nach der siebten Stunde des ersten Abschnitts der Kurzzeittherapie (KZT 1).
- *Umwandlung Kurz- in Langzeittherapie*: antrags- und gutachterpflichtig
  Die Umwandlung muss bis zur 20. Sitzung der Kurzzeittherapie beantragt werden.
- *Verlängerung Langzeittherapie*: antragspflichtig
  Ob eine Gutachterin hinzugezogen wird, liegt im Ermessen der Krankenkasse. Für eine Ablehnung ist allerdings auf jeden Fall die Stellungnahme einer Gutachterin erforderlich, es sei denn, es besteht offensichtlich keine Indikation für eine Fortführung der Psychotherapie.
- *Einheitliche Gliederung der Berichte*
  Die Berichte an die Gutachterin bei Erst- oder Umwandlungsanträgen sind nach einer für alle Verfahren und Altersgruppen einheitlichen Gliederung gemäß Leitfaden (PTV 3) zu erstellen. Relevante biografische Faktoren sollen dabei im Rahmen des funktionalen Bedingungsmodells (VT) bzw. der Psychodynamik (TP, AP) dargestellt werden. Der Bericht an die Gutachterin soll in der Regel zwei Seiten umfassen. Auch für Fortführungsanträge wird im PTV 3 eine einheitliche Gliederung vorgegeben.
- Die *Rezidivprophylaxe* soll bereits im Antrag für eine Langzeittherapie mitbeantragt werden.
- Das *Ende einer Richtlinientherapie* ist der Krankenkasse zeitnah mitzuteilen (PTV 12).
- Für die Verhaltenstherapie, tiefenpsychologisch fundierte Psychotherapie und analytische Psychotherapie stehen jeweils eigene *Gutachterinnen* zur Verfügung.

12.1 Kurzzeitanträge

Kurzzeitanträge sind antrags- aber nicht gutachterpflichtig (▶ Tab. 9.1). D. h. der Krankenkasse gegenüber wird ein Antrag auf Kurzzeittherapie gestellt. Die Kurzzeittherapie (KZT) wird in zwei Abschnitten mit jeweils bis zu zwölf Stunden beantragt. Für jeden Abschnitt muss ein Antrag gestellt werden (Formblätter PTV1 und PTV2, Zugriff unter: https://www.kbv.de/html/27068.php). Der Antrag kann nach der ersten Stunde der Probatorik gestellt werden, sofern ein weiterer Termin vereinbart wurde. Die Krankenkasse muss innerhalb von drei Wochen über den Antrag entscheiden und die Patientin erhält von ihrer Krankenkasse eine Mitteilung über die Bewilligung. Die Therapeutin wird von der Krankenkasse nur im Falle einer Ablehnung benachrichtigt. Der zweite KZT-Abschnitt kann frühestens nach der siebten Stunde des ersten KZT-Abschnitts beantragt werden. Im Rahmen der psychotherapeutischen Versorgung von Kindern und Jugendlichen stehen außerdem jede vierte Sitzung Stunden mit Bezugspersonen zur Verfügung. D. h. zu den zwölf KZT-Sitzungen können jeweils drei Stunden mit Bezugspersonen beantragt werden, so dass eine KZT im Kindes- und Jugendalter bis zu 30 Stunden umfasst.

- PTV1: Dieser muss von den Sorgeberechtigten und eventuell Patientinnen unterschrieben werden (Patientinnen sollten ab einem Alter von 15 Jahren ebenfalls unterschreiben bzw. vgl. rechtliche Absprache mit Patientinnen ab 15 Jahren; ▶ Kap. 9.3). Wichtig ist ein komplettes Ausfüllen (Krankenkassendaten, Chiffre, Angaben zum Mitglied usw.).
- PTV2: Dieser wird bei den Ausbildungstherapien von der Supervisorin des Therapiefalls und der Ausbildungstherapeutin unterschrieben, sowie mit dem Stempel der Ausbildungsambulanz abgestempelt.

Obschon diese neuen Richtlinien die Beantragung einer Kurzzeittherapie erheblich vereinfachen, da keine Gutachteranträge mehr vorgesehen sind, haben sich die universitären Ausbildungsinstitute, die in unith e. V. zusammengeschlossen sind, darauf geeinigt, dass zur Qualitätssicherung kurze Anträge geschrieben werden, die zwar nicht an die Krankenkasse geschickt, aber zu den Akten genommen werden. In der Regel entsprechen diese Anträge den neuen Richtlinien für die Langzeittherapie, d. h. auf zwei Seiten soll kurz und knapp ein Überblick über die Symptomatik, Anamnese, Diagnostik und geplante Therapie gegeben werden (▶ Kap. 12.2).

12.2 Langzeittherapieanträge – lästige Pflicht oder Möglichkeit der Reflektion?

Bei einer Langzeittherapie (LZT) besteht die Pflicht, den Therapieantrag an die Krankenkasse nach den probatorischen Sitzungen abzuschicken und mit dem Beginn der Therapie zu warten, bis die Zusage da ist. Werden probatorische Sitzungen vor der Therapie nicht vollumfänglich für die Diagnostik benötigt, können diese auch zur Überbrückung der Therapiepause vor der Bewilligung genutzt werden. Die Gutachterinnen haben die Pflicht, den Antrag innerhalb von fünf Wochen zu bearbeiten und der Krankenkasse eine Empfehlung auszusprechen, die diese als Grundlage für ihre Leistungspflicht heranzieht. Innerhalb von fünf Wochen muss die Krankenkasse einen Bescheid über Befürwortung oder Ablehnung an die Therapeutin und Patientin verschicken. Geschieht dies nicht, gilt der Antrag als bewilligt, selbst wenn noch keinerlei Prüfung erfolgt ist; so schreibt es das Sozialgesetzbuch (SGB) Fünftes Buch (V) ausdrücklich vor.

Im Gutachterverfahren hat die Gutachterin formal und inhaltlich zu beurteilen, ob:

1. eine Krankheit entsprechend des Indikationskatalogs der Psychotherapierichtlinien vorliegt;
2. Verhaltenstherapie bei dieser Krankheit indiziert ist;
3. die geplante Verhaltenstherapie zweckmäßig und wirtschaftlich ist und eine hinreichend gute Prognose zulässt;
4. die Rahmenbedingungen eingehalten werden.

Abgelehnt werden Maßnahmen ohne »Krankheitswert« (z. B. wenn Berufsförderung, Erziehungsberatung, Sexualberatung oder nicht anerkannte Verfahren im Antrag beschrieben werden) und Fälle ohne ausreichend gute Prognose, wobei die Ablehnungsquote mit 1,0–9,4 % seit 1995 gering ausfällt. Im Falle einer Ablehnung ist die Anforderung eines Obergutachtens durch eine Obergutachterin möglich. In einem solchen Fall sollte auf alle beanstandeten Punkte ausführlich begründet eingegangen werden, nach Möglichkeit in neutralem Ton, da eine Sachebene verhandelt wird.

Im Rahmen von Ausbildungstherapien wird der Antrag von der Ausbildungstherapeutin und der Supervisorin unterschrieben. Der Therapieantrag endet mit dem Zusatz:

»Der/Die Antragsteller/in _____ ist Teilnehmer/in im Studiengang zur Ausbildung in Kinder- und Jugendlichenpsychotherapie und hat das Zwischenkolloquium erfolgreich abgelegt. Die Therapie findet als Ausbildungstherapie unter Supervision statt.«

Eine Kopie des Therapieantrags verbleibt auch in der Therapieakte.

12.3 Anträge aus Sicht eines Gutachters

Aus Sicht der Gutachterin sind die folgenden Aspekte bei der Antragsbegutachtung relevant und werden begutachtet:

Qualität, Humanität, Wirtschaftlichkeit

Die Gutachterin prüft, ob eine ausreichende, zweckmäßige Versorgung beantragt wird, die das Maß des Notwendigen nicht überschreitet und in der fachlich sowie wirtschaftlich gebotenen Qualität erbracht wird. Relevant sind dafür die Vorgaben nach § 12 SGB V:

- Notwendigkeit
- Zweckmäßigkeit
- Wirtschaftlichkeit

Zielsetzung der Begutachtung

Die Gutachterin beurteilt, ob eine Erkrankung vorliegt, die die Leistungspflicht der Kasse begründet. Dabei ist zu prüfen, ob Verhaltenstherapie (VT) indiziert ist, die Therapie eine Richtlinientherapie im Sinne der VT ist und eine hinreichend günstige Prognose erkennbar ist. Eine Gutachterin befürwortet die Therapie, wenn der Behandlungsplan aus einem individuell entwickelten übergeordneten Störungsmodell abgeleitet ist, das unter gleichwertiger Berücksichtigung der lebensgeschichtlichen Entwicklung der Patientin, des psychischen Befundes zum Zeitpunkt der Antragstellung und der Verhaltensanalyse des symptomatischen Verhaltens entwickelt wurde. Die einzelnen zur Erreichung der bestimmten Therapieziele eingesetzten Verfahren müssen als Teil einer aus dem übergeordneten Störungsmodell abgeleiteten umfassenden individuellen Behandlungsstrategie erkennbar sind (KEIN Copy-and-paste aus anderen Anträgen!). Im Rahmen von Therapien an universitären Ausbildungsinstituten werden regelhaft Studientherapien z. B. im Rahmen von Psychotherapieforschungsprojekten durchgeführt. Dafür werden häufig hoch standardisierte, manualisierte Therapien angewendet. Bei der Antragsstellung empfiehlt es sich, auf diesen Kontext hinzuweisen (siehe Beispielantrag Angststörungen, Anhang O) und im Rahmen der Standardisierung die für die Patientin individuelle Vorgehensweise und das individuelle Störungsmodell herauszustellen.

Der Bericht für den Antrag auf LZT folgt formalen Vorgaben, wie sie der Leitfaden zum Erstellen des Berichts an die Gutachterin oder den Gutachter zusammenfasst:

12.4 Leitfaden zum Erstellen des Berichts an die Gutachterin oder den Gutachter

Im Folgenden wird ein Überblick über die im Therapieantrag geforderten Punkte sowie die Kritikpunkte aus Sicht der Gutachterinnen gegeben.

> Unter dem Link https://dl.kohlhammer.de/978-3-17-035653-5 können verschiedene Therapieanträge zu den unterschiedlichen Antragsformen (KZT, LZT, Umwandlung- und Fortführungsantrag) von der Webseite des Verlages heruntergeladen werden und als Muster genutzt werden.

12.4.1 Hinweise zum Erstellen des Berichts zum Erst-, Umwandlungs- oder Fortführungsantrag

Die Therapeutin erstellt den Bericht an die Gutachterin persönlich und in freier Form nach der in diesem Formblatt vorgegebenen Gliederung und versieht ihn mit Datum und Unterschrift. Der Bericht soll auf die für das Verständnis der psychischen Störung und deren Ursachen sowie auf die für die Behandlung relevanten Informationen begrenzt sein. Die jeweiligen Unterpunkte der Gliederungspunkte des Informationsblattes sind als Hilfestellung zur Abfassung des Berichts gedacht und müssen nur bei Relevanz abgehandelt werden. Gliederungspunkte mit einem Zusatz »VT« sind nur bei einem Bericht zur Verhaltenstherapie, mit dem Zusatz »TP« nur bei einem Bericht zur tiefenpsychologisch fundierten Psychotherapie und mit dem Zusatz »AP« nur bei einem Bericht zur analytischen Psychotherapie zu berücksichtigen. Die Angaben können stichwortartig erfolgen. Relevante biografische Faktoren sind im Rahmen des funktonalen Bedingungsmodells (VT) bzw. der Psychodynamik (TP, AP) darzustellen. Der Umfang des Berichts soll in der Regel zwei Seiten umfassen.

12.4.2 Bericht zum Erst- oder Umwandlungsantrag

1. Relevante soziodemografische Daten

- Bei Erwachsenen ab 18 Jahren: aktuell ausgeübter Beruf, Familienstand, Zahl der Kinder;
- Bei Kindern und Jugendlichen bis 18 Jahren: Angaben zur Lebenssituation, zu Kindergarten oder zu Schulart, ggf. Schulabschluss und Arbeitsstelle, Geschwisterzahl und -position, zum Alter und Beruf der Eltern und ggf. der primären Betreuungspersonen.
- Knapp den Zuweisungskontext und die Erwartungshaltung der Patientin (ggf. auch ihrer Ärztin oder ihrer Angehörigen) darstellen.

2. Symptomatik und psychischer Befund

- Von der Patientin geschilderte Symptomatik mit Angaben zu Schwere und Verlauf; bei Kindern und Jugendlichen eigene Angaben sowie diesbezügliche Angaben von Eltern und Bezugspersonen, Informationen aus der Schule. Meist gibt es dazu schon Informationen aus der Sprechstunde und dem Erstgespräch, die genutzt werden sollten oder z. B. aus einem Anamnesebogen. Es sollten möglichst

auch wörtliche Zitate der Patientin aufgenommen werden, z. B. »komme morgens überhaupt nicht hoch, kann mich zu nichts mehr aufraffen« statt »Antriebsschwäche«. Bei mehreren Problembereichen/Diagnosen soll die Symptomatik abschnittsweise sortiert werden. Die Störungskriterien der nachfolgenden Diagnosen müssen erwähnt sein; mindestens die Leitsymptome/-kriterien der Diagnosen sollten sich hier wiederfinden. Insgesamt muss die Symptomatik mit den weiteren Punkten des Antrags übereinstimmen.
- Auffälligkeiten bei der Kontaktaufnahme, der Interaktion und bezüglich des Erscheinungsbildes
- Psychischer Befund (▶ Tab. 9.2):
  – Orientierung
  – Mimik, Gestik, Stimme, Psychomotorik
  – Affekt, Stimmung, Schwingungsfähigkeit
  – inhaltliches und formales Denken
  – Wahrnehmungsstörungen
  – subjektive, auch beobachtbare und objektive Aufmerksamkeits-, Gedächtnis- und Auffassungsleistungen
  – Impulskontrollstörungen
  – Suizidalität, selbstverletzendes Verhalten
  – Interaktionsverhalten im therapeutischen Kontakt
  – intellektuelle Leistungsfähigkeit
  – ggf. Persönlichkeitszüge
  – keine Abwertungen (z. B. »weitschweifig«), sondern präzise, wertfreie Beschreibungen des beobachteten Verhaltens
  – prüfen, ob Symptomatik und psychopathologischer Befund stimmig sind
  – Befund ggf. störungsspezifisch ausweiten
  – Suizidgefahr sorgfältig einschätzen, insbesondere bei den besonders gefährdeten Störungen und vorangegangenen Suizidversuchen
- Krankheitsverständnis der Patientin; bei Kindern und Jugendlichen auch Krankheitsverständnis der relevanten Bezugspersonen
- Ergebnisse psychodiagnostischer Testverfahren
  – testpsychometrische Befunde
  – bei Einschätzungen der kognitiven Leistungsfähigkeit zwischen subjektiven und objektiven Befunden trennen – insbesondere bei Fragen der Über- oder Unterforderung, differentialdiagnostische Überlegungen

Aus Sicht der Gutachterin

- *Symptomatik:* Wird deutlich, worunter die Patientin leidet? Wörtliche Zitate? Symptome mit Krankheitswert?
- *Indikation:* Besteht Indikation für VT?
- *Aktueller Anlass:* Wird deutlich, warum die Patientin gerade jetzt kommt?
- *Motivation:* Kommt die Patientin von sich aus? Vermittelt? Geschickt?
- *Anliegen:* Welche Zielvorstellungen, Wünsche bzgl. der Therapie äußert die die Patientin?

Typische Mängel

- Angaben lassen nicht erkennen, worunter die Patientin eigentlich leidet, warum sie in Therapie kommt.
- Symptome werden in der weiteren Darstellung und Behandlungsplanung nicht mehr erwähnt.
- Symptome führen nicht zu entsprechender Diagnose.

Psychopathologischer Befund (PPB)

- *Beziehungsgestaltung*: Werden das aktuell charakteristische Interaktionsverhalten und der habituelle (ggf. dysfunktionale) Beziehungsstil dargestellt? Emotionaler Kontakt? Äußeres Erscheinungsbild?
- *Psychopathologie:* Wird der PPB im Antrag differenziert mitgeteilt und passt er zum Vorstellungsanlass, der Problemgeschichte und Anamnese?
- *Testdiagnostik:* Welche aktuellen relevanten Befunde liegen vor?

Typische Mängel

- Beziehungsgestaltung wird nicht berücksichtigt (Wie setzt die Patientin sich in Szene?)
- PPB ist »reines Formblatt«, es wird die Verhaltens- und Persönlichkeitsbeschreibung unterschlagen, die v. a. die störungsrelevanten Verhaltensbesonderheiten darlegen sollte.
- Testbefunde werden nicht dargestellt.

3. Somatischer Befund/Konsiliarbericht

- Somatische Befunde (ggf. einschließlich Suchtmittelkonsum) sollen in Bezug zur geplanten Psychotherapie gesetzt werden. Die Art der ggf. geplanten ärztlichen Mitbehandlung ist zu beschreiben[3]. Für den Konsiliarbericht sollte der Patientin die gestellte Diagnose (mit ICD-Nummer) mitgegeben werden. Auf diese Weise können widersprüchliche Diagnosen zwischen Antrag und Konsil vermieden werden. Es empfiehlt sich, Kontakte mit Ärztinnen vorher mit der Supervisorin vorzubereiten.
- Gegebenenfalls die aktuelle psychopharmakologische Medikation aufführen und psychopharmakologisches Wissen demonstrieren.
- Psychotherapeutische, psychosomatische sowie kinder- und jugendpsychiatrische bzw. psychiatrische Vorbehandlungen (falls vorhanden Berichte beifügen).

---

[3] Wenn eine ärztliche Mitbehandlung geplant ist, ist sicherzustellen, dass eine Schweigepflichtentbindung für die mitbehandelnden Kolleginnen vorliegt.

Aus Sicht des Gutachters

- *Somatischer Befund:* Wird körperlicher Befund mitgeteilt, der für Störung relevant ist? Wird psychiatrische Mitbehandlung empfohlen bzw. realisiert?
- *Medikamente:* Wird Medikation aufgeführt?
- *Formale Vollständigkeit:* Enthält Konsil Patientinnen-Chiffre und Unterschrift der Ärztin? Sind Arztstempel und Datum vorhanden?
- *Inhaltliche Sinnhaftigkeit:* Enthält Konsil aussagefähige (lesbare!) Angaben? Stimmen Befunde mit denen der Psychotherapeutin überein? Wird die Indikation bestätigt?

Typische Mängel

- Konsil ist oft völlig inhaltsleer, enthält nur ein Kreuz, eine Diagnoseziffer oder eine deskriptive Diagnose (die vielleicht nicht mit der der Therapeutin übereinstimmt).
- Überlegungen zum Konsil werden im Antrag nicht aufgeführt.

4. **Behandlungsrelevante Angaben zur Lebensgeschichte (ggf. auch zur Lebensgeschichte der Bezugspersonen), zur Krankheitsanamnese, zum funktionalen Bedingungsmodell (VT)**

- Funktionales Bedingungsmodell (VT): Verhaltensanalyse, prädisponierende, auslösende und aufrechterhaltende Bedingungen und kurze Beschreibung des übergeordneten Störungsmodells (Makroanalyse). Zentraler Bestandteil ist die Suche nach Variablen, die das Problemverhalten aufrechterhalten oder das Zielverhalten erschweren. SORKC auf Mikroebene = Situations- und funktionale Bedingungsanalyse (▸ Kap. 11.2); hier soll die »instrumentelle Funktion der Störung im Gesamt-Funktionieren der Patientin« dargestellt werden, d. h. sie ist die Antwort auf Fragen wie:
  – Weshalb trat genau diese Symptomatik gerade zu jenem Zeitpunkt auf?
  – Welche Bedeutung hatte sie für die Interaktion der Patientin mit ihrer Umgebung?
  – In welchem Zusammenhang steht sie zu ihrer Lebensplanung und zu ihren Zielen?
  Die SORKC-Analyse ist ein hypothetisches, plausibles und konsistentes Bedingungsmodell, das die Aufrechterhaltung der Störung erklärt und sowohl intrapersonale als auch interpersonelle funktionale Aspekte berücksichtigt. Für die Mikroanalyse:
  – Typische Situation *vor* Therapiebeginn auswählen.
  – Vier Ebenen (kognitiv, emotional, physiologisch, motorisch) gut trennen – passen Emotionen zu Kognitionen?
  – Bei mehreren parallel existierenden Symptomen sollten diese in einen funktionalen Zusammenhang gebracht werden, wobei die Hauptsymptomatik im Zentrum stehen sollte.

- Zu berücksichtigen sind familiäre Bedingungen, psychische, soziale und, wenn relevant, körperliche Entwicklung, schulische und berufliche Entwicklung, aktuelle Familiensituation bzw. aktuelle schulische/Arbeits- und Lebenssituation, ökonomische Situation. Hypothesen zu den lerngeschichtlichen Bedingungen, die zur Ausprägung und Aufrechterhaltung der bestehenden Störung geführt haben, sind aufzustellen, der Krankheitsverlauf muss dargestellt und besondere Belastungssituationen berücksichtigt werden. Eine Bewertung des Erfolges oder Misserfolges früherer ambulanter und stationärer Psychotherapien ist vorzunehmen. Eine bloße Aufzählung chronologischer Lebensdaten ohne plausible Darstellung der lerngeschichtlichen Zusammenhänge genügt nicht. Oft fällt diese zudem unnötig ausführlich und lang aus, ohne dass deutlich wird, in welchem Zusammenhang die bestehende Symptomatik zur Lebensgeschichte steht, die aktuelle Lebenssituation kommt dagegen oft zu kurz. Entlassungsberichte stationärer Behandlungen sind sehr knapp zusammenzufassen und in anonymisierter Form beizulegen. Bei zahlreichen Berichten gilt die Faustregel, dass die letzten drei oder die drei aussagekräftigsten beigelegt werden.

Aus Sicht der Gutachterin

Behandlungsrelevante Angaben zur Lebensgeschichte

- *Primärfamilie:* Alter, Persönlichkeitsmerkmale der Eltern, Geschwister, ggf. sonstige Bezugspersonen; sozio-ökonomischer Status (SÖS), Familienklima, Erziehungsstil, Werte, Lebensregeln, Familienkrankheiten.
- *Entwicklung:* Kurze Darstellung der psychischen, körperlichen, sozialen, schulischen/beruflichen Entwicklung (U-Heft-Daten).
- *Prädisposition:* Wird die Entwicklung, die zur Symptomatik geführt hat, deutlich, z. B. sind chronische Stressoren, Frustration basaler Bedürfnisse erkennbar? Adäquate und inadäquate Bewältigungsversuche?
- *Vulnerabilität:* Kritische Lebensereignisse? Traumata?
- *Epikrise:* Erfassung der Krankheitsanamnese? Vorbehandlungen zeitlich und inhaltlich erfasst? Berichte der Klinik, ambulanter Vorbehandlungen vorhanden?
- *Aktueller Kontext:* Wie beeinflusst die aktuelle Lebenssituation die Erkrankung? z. B. soziale Beziehungen, Freundinnen, Eltern, …?
- *Gesundheitsverhalten/Ressourcen:* Welche? (Sport, Hobbies, …)

Typische Mängel

- In der lebensgeschichtlichen Entwicklung und der Krankheitsanamnese werden oft lange biografische Schilderungen gegeben, ohne dass deutlich wird, was das mit der Entwicklung der Störung und den erkrankungsrelevanten Faktoren zu tun hat.
- Beschreibung der konkreten aktuellen Lebenssituation, insbesondere auch bei Kindern und Jugendlichen die Darstellung der schulischen Situation (bei Er-

wachsenen berufliches Umfeld), tritt hinter Beschreibungen zurückliegender Ereignisse zurück.

Funktionales Bedingungsmodell

- *Makroebene:* Werden Prädisposition und Vulnerabilität nochmals kurz zusammengefasst? Wird der Aspekt der globalen Lebensführung, der zur Auslösung geführt hat, benannt? Werden Entstehung, erstmaliges Auftreten, ggf. die zeitliche Entwicklung der Symptomatik analysiert (warum tritt bei dieser Person zu diesem Zeitpunkt dieses Verhalten auf)? Wird daraus ein *individuelles* Störungsmodell auf der Basis klinisch-psychologischen Wissens entwickelt?
- *Phänomenologie:* Gibt es qualitativ neues Verhalten? Werden die vier Ebenen der Krankheitssymptome (kognitiv, emotional, physiologisch, motorisch) dargestellt?
- *Mikroebene:* Werden die dysfunktionalen Ausprägungen am Beispiel einer typischen Problemsituation auf den verschiedenen Ebenen analysiert (SORKC-Modell)? Werden externe und/oder interne Stimuli identifiziert? Werden interaktionelle Konsequenzen der Störung beachtet?
- *Funktionsanalyse/Ressourcen:* Werden die aufrechterhaltenen Bedingungen im aktuellen Lebenskontext dargestellt? (Verstärkung, Vermeidung...)
- *Verhaltensdefizite/-exzesse:* Werden aktuelle oder prinzipiell zur Verfügung stehende Verhaltensaktiva, Ressourcen, Selbsthilfestrategien benannt? Werden Verhaltensdefizite und/oder -exzesse dargestellt?

Typische Mängel

- Verhaltensanalyse ist unvollständig oder zu schematisch, ohne ein wirkliches Bedingungsverständnis.
- Es werden lediglich die vier Verhaltensmodalitäten (kognitiv, emotional, physiologisch, motorisch) beschrieben.
- Bedingungsmodell zeigt nicht auf, wo ein Ansatz für VT gegeben ist.
  - SORKC-Schema wird inhaltlich falsch dargestellt; insbesondere negative Verstärkung.
- Verhaltensaktiva, Ressourcen, Verhaltensdefizite und -exzesse werden nicht beschrieben.

5.   Diagnose zum Zeitpunkt der Antragsstellung

- ICD-Diagnose/n mit Angabe der Diagnosesicherheit (G für gesicherte Diagnosen und V für Verdachtsdiagnose) jeweils anfügen mit Störungsziffer (z. B. F90.0). Im Kindes- und Jugendalter sollten die Achsen des Multiaxialen Klassifikationsschemas (MAS) angeführt werden:
  - Achse I: Psychische Störung
  - Achse II: Teilleistungsstörungen
  - Achse III: Intelligenzniveau

- Achse IV: Körperliche Symptomatik
- Achse V: Psychosoziale Faktoren
- Achse VI: Funktionsniveau

Die Reihenfolge der Diagnosen erfolgt nach Bedeutsamkeit (sollte sich im übrigen Bericht wiederholen). Wichtige komorbide Störungen sind auch aufzulisten; dies gilt auch für entsprechende wichtige körperliche Diagnosen.
- Differenzialdiagnostische Angaben falls erforderlich. Differentialdiagnostische Erwägungen sind vor dem Hintergrund der durchgeführten Diagnostik darzustellen (z. B. Hinweis auf Durchführung eines klinischen Interviews).

Aus Sicht der Gutachterin

- *Diagnose:* Stimmen Diagnosen aus Konsil, ggf. Klinik und der Psychotherapeutin überein? Wenn nicht, nimmt Therapeutin dazu differentialdiagnostisch Stellung?
- *ICD-10:* Sind die ICD-Kodierung und Klartextdiagnose vorhanden?
- *Plausibilität:* Ist die Diagnose stimmig mit Symptomatik, funktionalem Bedingungsmodell und sonstigen Befunden?

Typische Mängel

- Darstellung der somatischen und psychopathologischen Diagnosen im Konsil sind unzureichend oder passen nicht zum Bericht der Therapeutin.
- Diagnosen passen nicht zur eingangs beschriebenen Symptomatik.
- Differentialdiagnostische Überlegungen fehlen.
- Es gibt keine ICD-Diagnose.

6. Behandlungsplan und Prognose

- Beschreibung der konkreten mit der Patientin reflektierten Therapieziele; bei Kindern und Jugendlichen ggf. auch Beschreibung der Therapieziele, die mit den Bezugspersonen vereinbart wurden. Der Behandlungsplan ist auch abhängig von den Wünschen der Patientin und dem, was die Therapeutin aufgrund ihres Störungskonzeptes, ihres Wissens über Hypothesen zu den aufrechterhaltenden und auslösenden Bedingungen annimmt. Für eine LZT sollten maximal fünf Therapieziele formuliert und in eine sinnvolle Reihenfolge gebracht werden. Ziele sollten nicht so allgemein formuliert werden, dass sie auf viele Patientinnen zutreffen, sondern möglichst konkret für die individuelle Patientin operationalisiert werden. Es ist hilfreich, Ziele in kurz- und langfristige Ziele aufzuteilen. Bei eng an der Symptomatik orientierten Zielen, sollten die übergeordneten Ziele nicht übersehen werden.
- Individueller krankheitsbezogener Behandlungsplan, auch unter Berücksichtigung eventuell vorausgegangener ambulanter und stationärer Behandlungen sowie Angaben zu den im individuellen Fall geplanten Behandlungstechniken und -methoden; bei Kindern und Jugendlichen Angaben zum geplanten Einbezug der Bezugspersonen muss sich logisch aus Störungsmodell und Therapiezielen ableiten.

Die Behandlungsstrategien müssen auf den Einzelfall abgestimmt sein. Wenn von der üblichen Sitzungsfrequenz abgewichen werden soll, müssen diese Abweichungen dargestellt und begründet werden (ebenso Kombination von Einzel- und Gruppentherapie; Familiengespräche; siehe unten). Es müssen Methoden, die dem aktuellen Forschungsstand der Wirksamkeitsforschung entsprechen, angewandt werden. Wenn eine medikamentöse Behandlung erfolgt, muss diese erwähnt und ein Bezug zur VT hergestellt werden. Spätestens der Behandlungsplan muss individualisiert sein und konkret beschreiben, welches Ziel mit welchen Mitteln, in welcher Reihenfolge erreicht werden soll. Dabei ist dies keine »Methodenliste«, oftmals ist »weniger mehr«. Die Zweckmäßigkeit der einzelnen Interventionen muss kritisch geprüft und der Zeitaufwand realistisch eingeschätzt werden. Es empfiehlt sich, störungsspezifische Literatur (Manuale) zu Rate ziehen.
- Begründung des Settings (Einzel- oder Gruppentherapie oder Kombinationsbehandlung), der Sitzungszahl sowie der Behandlungsfrequenz und ggf. auch kurze Darstellung des Gruppenkonzepts; bei Kombinationsbehandlung zusätzlich kurze Angaben zum abgestimmten Gesamtbehandlungsplan. Darstellung des geplanten Einbezugs der relevanten Bezugspersonen in die Therapie und entsprechende Beantragung, z. B. im Verhältnis 4:1 (nach jeder 4. Sitzung mit dem Kind, eine mit den Bezugspersonen). Wenn von dem Verhältnis 4:1 abgewichen werden soll, muss dies gut begründet dargestellt werden.
- Kooperation mit anderen Berufsgruppen.
- Prognose unter Berücksichtigung von Motivation, Umstellungsfähigkeit, inneren und äußeren Veränderungshindernissen; bei Kindern und Jugendlichen auch bezüglich der Bezugspersonen. Die Prognose muss realistisch sein. Besonders bei chronischen Erkrankungen ist eine realistische Prognose ein Qualitätsmerkmal.

Aus Sicht der Gutachterin

Therapieziele

- *Individuell:* Werden Therapieziele individualisiert?
- *Überprüfbar:* Sind die Therapieziele konkret formuliert und ausreichend operationalisiert?
- *Positiv alternativ:* Sind die Therapieziele als positive Alternativen formuliert (nicht bloß als Gegenteil)?
- *Erreichbar:* Können die Therapieziele in dem beantragten Kontingent erreicht werden?
- *Prognose:* Ist die Prognose, auch unter Berücksichtigung des beantragten Kontingents, hinreichend positiv?

Typische Mängel

- Therapieziele haben keinen Bezug zu den von der Patientin geäußerten Klagen ebenso wenig wie zu den Ergebnissen der Verhaltensanalyse.
- Ziele der Patientin oder Therapeutin?

- Günstige Prognose ist nicht begründet; Motivation keine hinreichende Voraussetzung (Umstellungsfähigkeit, Compliance, Lebensumstände?).

Behandlungsplan

- *Strategie:* Wird eine Gesamtbehandlungsstrategie erkennbar?
- *Interaktion:* Wird die Therapeutin-Patientin-Interaktion berücksichtigt?
- *Interventionsfokus:* Wird zwischen direkter und indirekter Intervention (strategische vs. Symptomtherapie) differenziert?
- *Zuordnung:* Sind die Methoden den Zielen zugeordnet?
- *Fachwissen:* Werden störungsspezifische Manuale bzw. neuere Methoden integriert?
- *Individuell:* Ist im Behandlungsplan die individuelle Patientin erkennbar?
- *Adhärenz:* Sind ggf. besondere Maßnahmen zur Förderung der Adhärenz vorgesehen?
- *Rückfall:* Werden Rückfallprophylaxe, Selbsthilfemaßnahmen diskutiert?
- *Therapieende:* Wird das Therapieende vorbereitet?
- *Kooperation:* Werden ggf. verschiedene Behandlungen/Behandelnde aufeinander bezogen?
- *Kontingente:* Werden Sitzungszahl, -frequenz, Katamnese geplant? Wird ggf. die Kombination Gruppe-Einzelbehandlung angegeben?

Typische Mängel

- Im Behandlungsplan werden weitere Therapieziele benannt, die sich nicht schlüssig aus der Symptomatik und Diagnostik ergeben.
- Die Beschreibung der therapeutischen Interventionen, mit denen die Therapieziele erreicht werden sollen, erschöpfen sich in Behandlungsschablonen.
- Das reine Aufzählen von Schlagworten ist kein Behandlungsplan.
- Der Behandlungsplan lässt keinen strategischen Aufbau erkennen.
- Die stichwortartige Auflistung komplexer Therapieverfahren erlaubt kein Urteil über die Zweckmäßigkeit der Therapie.
- Der absehbare, geplante Therapieprozess, der im Rahmen der bewilligten Stunden zu einem plausiblen Ergebnis führen kann, wird nicht beschrieben (kein Fokus der Behandlung).
- Ungeeignete therapeutische Ansatzpunkte, z. B. »Tatsachen«, also Sachverhalte, die weder durch Therapie noch durch andere Maßnahmen änderbar sind (z. B. Trennung der Eltern) oder Schwierigkeiten, deren Besserung oder Veränderung auch ohne Therapie absehbar ist bzw. Schwierigkeiten, für die es bessere Anlaufstellen gibt (Ärztinnen, Pastorin, Anwältinnen, Polizei, Sozialarbeiterinnen etc.) oder Beschwerden mit geringer subjektiver Belastung oder subjektiver Bedeutung und damit fehlender Therapierelevanz oder momentan irrelevante Dinge (z. B. Schwierigkeiten, bei denen erst »Zwischenergebnisse« abgewartet werden müssen) oder unrealistische Ziele (z. B. »immerwährendes Glück«) oder Ansatzpunkte, bei denen ethische Bedenken bestehen.

12.4.3 Rezidivprophylaxe

Diese muss bei der Antragsstellung mit beantragt werden. Bei einer Behandlungsdauer von 40 oder mehr Stunden können maximal zehn Stunden, bei 60 oder mehr Stunden maximal 20 Stunden des Therapiekontingents für die Rezidivprophylaxe genutzt werden, d. h. es handelt sich nicht um zusätzliche Stunden. Die Rezidivprophylaxe kann bis zu zwei Jahre nach Abschluss der Langzeittherapie durchgeführt werden. Dazu gibt die Therapeutin bereits im Antrag für eine Langzeittherapie (PTV 2) an, wie viele Stunden für die Rezidivprophylaxe eingesetzt werden sollen, oder dass dies zum Zeitpunkt der Antragsstellung noch nicht absehbar ist. Wichtig ist nur, dass eine Rezidivprophylaxe nicht im Vorfeld ausgeschlossen wird. Die Therapeutin informiert die Krankenkasse (PTV 12) über das Ende der Psychotherapie und gibt an, wie viele Therapieeinheiten genutzt wurden, und ob verbleibende Stunden für eine Rezidivprophylaxe verwendet werden sollen.

Gruppentherapie und Kombinationsbehandlung

Im Rahmen eines Therapieantrags können auch Gruppentherapie bzw. die Kombinationsbehandlung aus Gruppen- und Einzeltherapie beantragt werden. Die Gruppengröße wurde einheitlich auf drei bis neun Teilnehmerinnen festgelegt.

Bei der Beantragung einer Therapie kreuzt die Therapeutin auf dem PTV 12 Formular an, ob ausschließlich Einzeltherapie, Gruppentherapie oder eine Kombinationsbehandlung vorgesehen ist. Bei einer Kombinationsbehandlung muss angegeben werden, welches die überwiegend durchgeführte Anwendungsform ist und ob die Behandlung gegebenenfalls durch zwei Therapeutinnen (eine für die Einzel- eine zweite für die Gruppentherapie) erfolgt.

Sind zwei Therapeutinnen beteiligt, füllen beide jeweils ein Formular aus und fügen es dem Antrag der Versicherten (einmal PTV 1 ausreichend) bei.

Wenn zwei Therapeutinnen eine Kombinationsbehandlung mit 60 Therapieeinheiten beantragen, geben beide Therapeutinnen auf dem PTV 2 das gleiche Behandlungssetting an (z. B. »Kombinationsbehandlung mit überwiegend Gruppentherapie«). Einzeltherapeutin A führt darüber hinaus ihre individuell beantragten Therapieeinheiten auf (z. B. 20 Therapieeinheiten in der Einzelbehandlung); Gruppentherapeutin B »ihre« Therapieeinheiten (z. B. 40 Therapieeinheiten in der Gruppenbehandlung).

Es ist auch möglich, während einer laufenden Behandlung das Verhältnis der Stunden zwischen Einzel- und Gruppentherapie zu ändern. Folgendes ist dabei zu beachten:

Eine Therapeutin behandelt: Bleibt die überwiegende Anwendungsform bestehen, überwiegt also beispielsweise die Einzeltherapie, ist weder ein erneuter Antrag noch eine Anzeige notwendig. Ändert sich die überwiegende Anwendungsform, genügt bei der Kurzzeittherapie eine formlose Mitteilung an die Krankenkasse, bei der Langzeittherapie ist ein erneuter Antrag erforderlich – gegebenenfalls auch ein neues Gutachten.

Zwei Therapeutinnen behandeln: Bleibt es bei der überwiegenden Form, die beide im Antrag angegeben haben, genügt eine gemeinsame formlose Anzeige bei der Kasse. Anderenfalls ist ein neuer gemeinsamer Antrag erforderlich.

Zusätzlich erforderliche Angaben bei einem Umwandlungsantrag

- Bisheriger Behandlungsverlauf, Veränderung der Symptomatik und Ergebnis in Bezug auf die Erreichung bzw. Nichterreichung der Therapieziele; bei Kindern und Jugendlichen auch bezüglich der begleitenden Arbeit mit den Bezugspersonen.
- Begründung der Notwendigkeit der Umwandlung der Kurzzeittherapie in eine Langzeittherapie.
- Weitere Ergebnisse psychodiagnostischer Testverfahren.

Bericht zum Fortführungsantrag

Bei mehreren Berichten zu Fortführungsanträgen sind die Berichte entsprechend fortlaufend zu nummerieren

1. Darstellung des bisherigen Behandlungsverlaufs seit dem letzten Bericht, der Veränderung der Symptomatik und des Behandlungsergebnisses in Bezug auf die Erreichung bzw. Nichterreichung der Therapieziele; bei Kindern auch bezüglich der begleitenden Behandlung der Bezugspersonen.
2. Aktuelle Diagnose/n gemäß ICD und aktueller psychischer Befund, weitere Ergebnisse psychodiagnostischer Testverfahren.
3. Begründung der Notwendigkeit der Fortführung der Behandlung, weitere Therapieplanung, geänderte/erweiterte Behandlungsziele, geänderte Behandlungsmethoden und -techniken, Prognose, Planung des Therapieabschlusses, ggf. weiterführende Maßnahmen nach Ende der Therapie.

Eine Kinder- und Jugendlichenpsychotherapie muss nicht mit dem 21. Geburtstag enden. Sie kann fortgeführt werden, wenn dies dem Therapieerfolg dient. Grundsätzlich haben Patientinnen ab 18 Jahren Anspruch auf eine Erwachsenentherapie – dann gelten die Regelungen für Erwachsene.

12.5 Überprüfung der Lernziele

- Was sind Kriterien eines Gutachters bei der Prüfung eines Therapieantrags?
- Wie gehen Sie bei einem Kurzzeitantrag vor?

Literaturverzeichnis

Achenbach, T. M., Kinnen, C., Arbeitsgruppe Deutsche Child Behavior Checklist, Plück, J., Döpfner, M. (2014). *CBCL/6-18R, TRF/6-18R, YSR/11-18R. Deutsche Schulalter-Formen der Child Behavior Checklist von Thomas M. Achenbach Elternfragebogen über das Verhalten von Kindern und Jugendlichen (CBCL/6-18R), Lehrerfragebogen über das Verhalten von Kindern und Jugendlichen (TRF/6-18R), Fragebogen für Jugendliche (YSR/11-18R)*. Göttingen und Bern: Hogrefe /Testzentrale.
Adam, S. & Hoyer, J. (2003). PSWQ/KF - Penn State Worry Questionnaire - Kinderform. *PSYNDEX Tests Info*. Dresden: TU Dresden, Institut für Klinische Psychologie und Psychotherapie.
American Psychological Association, T. F. O. P., & Procedures, D. O. P. (1993). *A report adopted by the Division 12 board of the American Psychological Association*. Washington DC: American Psychological Association.
American Psychiatric Assiociation. (2013). *Diagnostic and Statistical Manual of Mental Disorders: DSM-5*. Washington D.C.: American Psychiatric Publishing.
Anderson, R., Spence, S., Donovan C., March, S., Prosser, S., & Kenardy J. (2012). Working alliance in online cognitive behavior therapy for anxiety disorders in youth: Comparison with clinic delivery and its role in predicting outcome. *Journal of Medical Internet Research, 14* (3): e88.
Andreas, S., Theisen, P., Mestel, R., Koch, U., & Schulz, H. (2009). Validity of routine clinical DSM-IV diagnoses (Axis I/II) in patients with mental disorders. *Psychiatry Research, 170*(2-3).
Arbeitsgemeinschaft der Wissenschaftlichen Medizinischen Fachgesellschaften (AWMF) - S2k-Leitlinie: Suizidalität im Kindes- und Jugendalter vom 31.05.2016. Abgerufen von https://www.awmf.org/leitlinien/detail/ll/028-031.html.
Arseneault, L., Kim-Cohen, J., Taylor, A., Caspi, A., & Moffitt, T.E. (2005). Psychometric evaluation of 5- and 7-year-old children's self-reports of conduct problems. *Journal of Abnormal Child Psychology, 33*(5):537-50.
Aydin, N., & Fritsch, K. (2015). Stigma und Stigmatisierung von psychischen Krankheiten. *Psychotherapeut, 60*(3), 245–257.
Beyer, A. & Lohaus, A. (2006). *Stressbewältigung im Jugendalter: Ein Trainingsprogramm*. Göttingen: Hogrefe.
Birmaher, B., Brent, D. A., Chiappetta, L., Bridge, J., Monga, S., & Baugher, M. (1999). Psychometric properties of the screen for child anxiety related emotional disorders (SCARED): a replication study. *Journal of the American Academy of Child and Adolescent Psychiatry, 38*(10), 1230–6.
Bluhm, R. L., Covin, R., Chow, M., Wrath, A., & Osuch, E. A. (2014). »I just have to stick with it and it'll work«: Experiences of adolescents and young adults with mental health concerns. *Community Mental Health Journal, 50*(7), 778–786.
Bolten, M. (2011). Therapiemotivation und Umgang mit Widerständen in der Behandlung von Kindern und Jugendlichen mit Adipositas. Verhaltenstherapie mit Kindern & Jugendlichen. *Zeitschrift für die psychosoziale Praxis, 61*, 65-73.
Bruchmüller, K., Margraf, J., Suppiger, A., & Schneider, S. (2011). Popular or unpopular? Therapists' use of structured interviews and their estimation of patient acceptance. *Behavior Therapy, 42*(4).
Bruchmüller, K., Margraf, J., & Schneider, S. (2012). Is ADHD diagnosed in accord with diagnostic criteria? Overdiagnosis and influence of client gender on diagnosis. *Journal of Consulting and Clinical Psychology, 80*(1).

Calinoiu, I., & McClellan, J. (2004). Diagnostic interviews. *Current Psychiatry Reports, 6*(2), 88–95.
Casey, R. J., & Berman, J. S. (1985). The outcome of psychotherapy with children. *Psychological Bulletin, 98*(2), 388–400.
Caspar, F. (1996). *Beziehungen und Probleme verstehen. Eine Einführung in die psychotherapeutische Plananalyse.* (2. überarbeitete Auflage). Bern: Huber.
Chambless, D. L., & Hollon, S. D. (1998). Defining empirically supported therapies. *Journal of Consulting and Clinical Psychology, 66,* 7–18.
Chambless, D. L., & Ollendick, T. H. (2001). Empirically supported psychological interventions: Controversies and evidence. *Annual Review of Psychology, 52,* 685–716.
Christiansen, H., Anding, J., & Donath, L. (2014). Interventionen für Kinder psychisch kranker Eltern. In U. Ziegenhain, & J. M. Fegert (Hrsg.), *Kinder psychisch kranker Eltern: Herausforderungen für eine interdisziplinäre Kooperation in Betreuung und Versorgung* (S. 80–105). Weinheim: Beltz.
Christiansen, H., & Hirsch, O. (2014). *Conners Skalen zu Aufmerksamkeit und Verhalten für Erwachsene: Deutschsprachige Adaption der Conners' Adult ADHD Rating Scales (CAARS TM) von C. Keith Conners. Drew Erhardt und Elisabeth Sparrow; CAARS.* Bern: Huber.
Conners, C. K., Lidzba, K., Christiansen, H., & Drechsler, R. (2013). *Conners 3: Conners Skalen zu Aufmerksamkeit und Verhalten - 3: deutschsprachige Adaption der Conners 3. Edition von C. Keith Conners; Manual.* Bern: Huber.
Corrigan, P. W. (1998). The impact of stigma on severe mental illness. *Cognitive and Behavioral Practice, 5*(2), 201–222.
Corrigan, P. W. (2000). Mental health stigma as social attribution: Implications for research methods and attitude change. *Clinical Psychology-Science and Practice, 7*(1), 48–67.
Corrigan, P. W., & Kleinlein, P. (2005). The impact of mental illness stigma. In P. W. Corrigan (Ed.), *On the stigma of mental illness: Practical strategies for research and social change* (S. 11–44). Washington DC: American Psychological Association.
Corrigan, P.W., & O'Shaughnessy, J. R. (2007). Changing mental illness stigma as it exists in the real world. *Australian Psychologist, 42*(2), 90–97.
Denham, S. A., Zinsser, K., & Bailey, C. S. (2011). Emotional intelligence in the first five years of life. Zugriff am 09.03.2018 unter http://www.childencyclopedia.com/emotions/according-experts/emotional-intelligence-first-five-years-life.
Dolle, K., Schulte-Korne, G., Hofacker, N. von, Izat, Y., & Allgaier, A.-K. (2012). Übereinstimmung von klinischer Diagnose, strukturierten Interviews und Selbstbeurteilungsfragebogen bei Depression im Kindes- und Jugendalter. *Zeitschrift für Kinder- und Jugendpsychiatrie und Psychotherapie, 40*(6), 405-414.
Döpfner, M., & Görtz-Dorten, A. (2017). *DISYPS-III: Diagnostik-System für Psychische Störungen nach ICD-10 und DSM-5 für Kinder und Jugendliche – III.* Bern: Hogrefe.
Ehlers, A., Margraf, J., & Chambless, D. (1993). *Fragebogen zu körperbezogenen Ängsten, Kognitionen, und Vermeidung (AKV)* (1. Auflage). Weinheim: Beltz.
Ehlert, U. (2007). Eine Psychotherapie ist immer nur so gut wie ihre Diagnostik. *Verhaltenstherapie, 17,* 81-82.
Esser, G., Hänsch-Oelgart, S. & Schmitz, J. (2017). TBS-TK Rezension: »CBCL/6-18R, TRF/6-18R, YSR/11-18R. Deutsche Schul- alter-Formen der Child Behavior Checklist von Thomas M. Achenbach. *Psychologische Rundschau, 69,* 144–146.
Esser, G., Laucht, M., Drews, S. & Ihle, W. (2013). *DTGA. Depressionsfragebogen für Kinder und Jugendliche.* Göttingen: Hogrefe.
Eyberg, S. M., & Bussing, R. (2010). Parent-child interaction therapy for preschool children with conduct problems. *Clinical Handbook of Assessing and Treating Conduct Problems in Youth.*
Fallon, B. J., & Bowles, T. V. P. (2001). Family functioning and adolescent help-seeking behavior. *Family Relations, 50*(3), 239–245.
Fleischhaker, C., Sixt, B. & Schulz, E. (2011). *DBT-A: Dialektisch-behaviorale Therapie für Jugendliche: Ein Therapiemanual.* Heidelberg: Springer.
Formann, A. K., Waldherr, K., & Piswanger, K. (2011). *Wiener Matrizen-Test 2: WMT-2; ein Raschskalierter sprachfreier Kurztest zu Erfassung der Intelligenz.* Göttingen: Hogrefe.

Franke, G. H., & Derogatis, L. R. (2002). *Symptom-Checkliste von L.R. Derogatis: SCL-90-R; deutsche Version*. Göttingen: Beltz Test.
Gemeinsamer Bundesausschuss (2018). Psychotherapierichtlinien. Zugriff am 25.12.2019 unter https://www.g-ba.de/richtlinien/20/.
Goodman, R., Meltzer, H., Bailey, V. (1998). The Strengths and Difficulties Questionnaire: A pilot study on the validity of the self-report version. *European Child & Adolescent Psychiatry*. 7(3), 125-30.
Goodman, R., & Scott, S. (1999). Comparing the Strengths and Difficulties Questionnaire and the Child Behavior Checklist: Is small beautiful? *Journal of Abnormal Child Psychology, 27*(1), 17–24.
Görtz-Dorten, A., & Döpfner, M. (2010). *Fragebogen zum aggressiven Verhalten von Kindern: FAVK*. Göttingen: Hogrefe.
Grawe, K. (1998). *Psychologische Therapie*. Göttingen: Hogrefe.
Grawe, K. (2004). *Neuropsychotherapie*. Göttingen: Hogrefe.
Greenwald, A., McGhee, D., & Schwartz, J. (1998): Measuring individual differences in implicit cognition: The Implicit Association Test. *Journal of Personality and Social Psychology, 74*(6), 1464–1480.
Grob, A., Meyer, C. S., & Hagmann-von, A. P. (2013). *Intelligence and development scales: IDS; Intelligenz- und Entwicklungsskalen für Kinder von 5-10 Jahren*. Bern: Huber.
Gulliver, A., Griffiths, K. M., & Christensen, H. (2010). Perceived barriers and facilitators to mental health help-seeking in young people: A systematic review. *BMC Psychiatry, 10*, 113.
Hampel, P., & Petermann, F., & Rwynolds, W.M. (2012). *SPS-J-II. Screening psychischer Störungen im Jugendalter – II. Deutschsprachige Adaptation des Reynolds Adolescent Adjustment Screening Inventory TM (RAASITM) von William M. Reynolds*. Bern: Hogrefe /Testzentrale.
Harbarth, S. U., Steinmayr, R., Neidthardt, E., Christiansen, H., & Conners, C. K. (2017). *Conners EC: Conners Skalen zu Aufmerksamkeit, Verhalten und Entwicklungsmeilensteinen im Vorschulalter; deutschsprachige Adaptation der Conners Early Childhood Scales (Conners EC)*. Bern: Hogrefe.
Hautzinger, M. & Bailer, M. (1993). *Allgemeine Depressions Skala: ADS*. Weinheim: Beltz
Hautzinger, M., Keller, F. & Kühner, C. (2006). *Beck Depressions-Inventar: BDI II*. Frankfurt am Main: Harcourt Test Services.
Hautzinger, M., Keller, F. & Kühner, C. (2009). *BDI-II. Beck-Depressions-Inventar. Revision*. 2. Auflage. Frankfurt: Pearson Assessment.
Heckhausen, J. & Heckhausen, H. (2006). *Motivation und Handeln*. Berlin: Springer.
Hintzpeter, B., Metzner, F., Pawils, S., Bichmann, H., Kamtsiuris, P., Ravens-Sieberer, U., & The BELLA study group (2014). Inanspruchnahme von ärztlichen und psychotherapeutischen Leistungen durch Kinder und Jugendliche mit psychischen Auffälligkeiten: Ergebnisse der BELLA-Studie. *Kindheit und Entwicklung, 23*(4), 229–238.
Hirshfeld-Becker, D. R., Biederman, J., Henin, A., Faraone, S.V., Davis, S., Harrington, K., Rosenbaum, J. F. (2007). Behavioral inhibition in preschool children at risk is a specific predictor of middle childhood social anxiety: A five-year follow-up. *Journal of Developmental and Behavioral Pediatrics, 28*(3), 225–233.
Hodges, K. (1993). Structured interviews for assessing children. *Journal of Child Psychology and Psychiatry and Allied Disciplines, 34*(1), 49–68.
Holmbeck, G. N., Li, S. T., Schurman, J. V., Friedman, D. & Coakley, R. M. (2002). Collecting and managing multisource and multimethod data in studies of pediatric populations. *Journal of Pediatric Psychology, 27*(1), 5-18.
Hudson, J. L., Dodd, H. F., Lyneham, H. J., & Bovopoulous, N. (2011). Temperament and family environment in the development of anxiety disorder: Two-year follow-up. *Journal of the American Academy of Child & Adolescent Psychiatry, 50*(12), 1255–1264.
Hungerige, H. & Päßler, D. (1999). Ethische Aspekte der Kinder- und Jugendlichenpsychotherapie. In M. Borg-Laufs (Hrsg.), *Lehrbuch der Verhaltenstherapie mit Kindern und Jugendlichen* (S. 447–523). Tübingen: DGVT-Verlag.
Hunt, J., & Eisenberg, D. (2010). Mental health problems and help-seeking behavior among college students. *Journal of Adolescent Health, 46*(1), 3–10.
In-Albon, T. (2011). *Kinder und Jugendliche mit Angststörungen*. Stuttgart: Kohlhammer.

Literaturverzeichnis

In-Albon, T., Dubi, K., Adornetto, C., Blatter-Meunier, J., Schneider, S. (2011). Neue Ansätze in der Diagnostik von Angststörungen im Kindes- und Jugendalter. *Klinische Diagnostik und Evaluation, 4,* 133-147.
In-Albon, T., & Schneider, S., (2011). Trennungsangst Inventar-Kind/Elternversion. In C. Barkmann, M. Schulte-Markwort & E. Brähler (Hrsg.), *Klinisch-psychiatrische Ratingskalen für das Kindes- und Jugendalter* (S. 458–461). Göttingen: Hogrefe.
Jacobi, F., Höfler, M., Strehle, J, Mack, S., Gerschler, A.,Scholl, L., Busch, M.A., Maske, Hapke, U., Gaebel, W., Maler, W., Wagner, M., Zielasek, J., Wittchen, H.-U. (2014). Psychische Störungen in der Allgemeinbevölkerung. *Nervenarzt, 85*(1), 77–87.
Jensen, A. L., & Weisz, J. R. (2002). Assessing match and mismatch between practitioner-generated and standardized interview-generated diagnoses for clinic-referred children and adolescents. *Journal of Consulting and Clinical Psychology, 70*(1), 158–168.
Kagan, J. (1994). *Galen's Prophecy.* New York: Basic Books.
Kahneman, D., & Tversky, A. (1979). Prospect Theory: An Analysis of decision under risk. *Econometrica, 47*(2), 263.
Kahneman, D. (2011). *Thinking, fast and slow.* London: Allen Lane.
Kanfer, F. H., Reinecker, H., & Schmelzer, D. (2012). *Selbstmanagement-Therapie: Ein Lehrbuch für die klinische Praxis.* Berlin, Heidelberg: Springer-Verlag Berlin Heidelberg.
Karver, M. S., De Nadai, A. S., Monahan, M., & Shirk, S. R. (2018). Meta-analysis of the prospective relation between alliance and outcome in child and adolescent psychotherapy. *Psychotherapy, 55*(4), 341–355.
Kasper, S., Kalousek, M., Kapfhammer, H. P., Aichhorn, W., Butterfield-Meissl, C., Fartacek, R., Frey, R., Gößler, R., Haring, C.,nKapitany, T., Kapusta, N., Karwautz, A., Klier, C., Konstantinidis, A., Leuteritz, I., Marksteiner, J., Musalek, M., Niederkrotenthaler, T., Praschak-Rieder, N., Psota G., Rados, C., Rainer, M., Stein, C., Tölk, A., Wancata, J., & Windhager, E. (2011). Suizidalität. Konsensus-Statement – State of the art 2011. *ClinCum neuropsy (Sonderheft April 2011),* 1–19.
Kaufman, A. S., Kaufman, N. L., Melchers, P., & Preuss, U. (2009). *K-ABC: Kaufman - Assessment Battery for Children.* Amsterdam: Swets & Zeitlinger.
Kazdin, A. E., Bass, D., Ayers, W. A., & Rodgers, A. (1990). Empirical and clinical focus of child and adolescent psychotherapy research. *Journal of Consulting and Clinical Psychology, 58*(6), 729–740.
Klasen, H., Woerner, W., Wolke, D., Meyer, R., Overmeyer, S., Kaschnitz, W., Rothenberger, A., & Goodman R. (2000). Comparing the German versions of the Strengths and Difficulties Questionnaire (SDQ-Deu) and the Child Behavior Checklist. *European Child & Adolescent Psychiatry, 9*(4):271–6.
Klasen H, Woerner W, Rothenberger A, Goodman R. (2003). Die deutsche Fassung des Strengths and Difficulties Questionnaire (SDQ-Deu) – Übersicht und Bewertung erster Validierungs- und Normierungsbefunde [German version of the Strength and Difficulties Questionnaire (SDQ-German)-overview and evaluation of initial validation and normative results]. *Praxis der Kinderpsychologie und Kinderpsychiatrie, 52*(7):491–502.
Klasen, F., Meyrose, A.-K., Otto, C., Reiss, F., & Ravens-Sieberer, U. (2017). Psychische Auffälligkeiten von Kindern und Jugendlichen in Deutschland: Ergebnisse der BELLA-Studie. *Monatsschrift Kinderheilkunde, 165*(5), 402–407.
Klemenz, B. (1999). *Plananalytisch orientierte Kinderdiagnostik.* Göttingen: Vandenhoeck und Ruprecht.
Koocher, G. P. (1983). Competence to consent: Psychotherapy. In G. B. Melton, G. P. Koocher, N J. Saks (Eds.), *Children's competence to consent* (S. 11–128). New York: Plenum Press.
Kostenuik, M., & Ratnapalan, M. (2010). Approach to adolescent suicide prevention. *Canadian Family Physician Médecin de Famille Canadien, 56*(8), 755–60.
Lauth, G. W. & Mackowiak, K. (2004). Unterrichtsverhalten von Kindern mit Aufmerksamkeitsdefizit-/Hyperaktivitätsstörungen. *Kindheit und Entwicklung, 13,* 157–166.
Laux, L., Glanzmann, P., Schaffner, P., & Spielberger, C-D. (1981). *Das State-Trait-Angstinventar (STAI).* Beltz: Weinheim.
Leiders, B. P. & Schwenck, C. (2018). Online-gestützte Diagnostik emotionaler Belastungen bei Lernstörungen. *Lernen und Lernstörungen, 7*(4), 237–240.

Lord, C., Luyster, R., Gotham, K., Guthrie, W. (2012). *Autism Diagnostic Observation Schedule, Second Edition (ADOS-2) Manual (Part II): Toddler Module*. Torrance, CA: Western Psychological Services.

Lovibond, P.F., Lovibond, S.H. (1995). The structure of negative emotional states: Comparison of the Depression Anxiety Stress Scales (DASS) with the Beck Depression and Anxiety Inventories. *Behaviour Research and Therapy 33*, 335–343.

Luby, J.L., Belden, A., Sullivan, J., & Spitznagel, E. (2007). Preschoolers' contribution to their diagnosis of depression and anxiety: Uses and limitations of young child self-report of symptoms. *Child Psychiatry & Human Development., 38*(4), 321–38.

Lüttke, S., Hautzinger, M., & Fuhr, K. (2018). E-Health in Diagnostik und Therapie psychischer Störungen. *Bundesgesundheitsblatt-Gesundheitsforschung-Gesundheitsschutz, 61*(3), 263–270.

March, S., Spence, S.H., Donovan, C.L. (2009). The efficacy of an internet-based cognitive-behavioral therapy intervention for child anxiety disorders. *Journal of Pediatric Psychology 34* (5), 474–487.

Margraf, J., Cwik, J.C., Plug, V. & Schneider, S. (2017). Strukturierte klinische Interviews zur Erfassung psychischer Störungen über die Lebensspanne: Gütekriterien und Weiterentwicklungen der DIPS-Verfahren. *Zeitschrift für Klinische Psychologie und Psychotherapie, 46* (3), 176–186.

Martin, C. G., Kim, H. K., & Freyd, J. J. (2017). In the spirit of full disclosure: Maternal distress, emotion validation, and adolescent disclosure of distressing experiences. *Emotion, 18* (3), 400–411.

Mattejat, F., Quaschner, K. & Remschmidt, H. (2006). Verhaltenstherapie mit Kindern und Jugendlichen: Definitionen, Prinzipien, Besonderheiten. In F. Mattejat (Hrsg.), *Lehrbuch der Psychotherapie für die Ausbildung zur/zum Kinder- und Jugendlichenpsychotherapeutin/en und für die ärztliche Weiterbildung* (S. 3-12). München: CIP-Medien.

McLaughlin, K. A., Gadermann, A. M., Hwang, I., Sampson, N. A., Al-Hamzawi, A., Andrade, L. H., Angermeyer, M.C., De Girolamo, G., De Graaf, R., Florescu, S., Gureje, O., Haro, J.M., Hinkov, H.R., Horiguchi, I., Hu, C., Karam, An.N., Kovess-Mafety, V., Lee, S., Murphy, S. D., Nizamie, S.H., Posada-Villa, J., Williams, D.R., & Kessler, R. C. (2012). Parent psychopathology and offspring mental disorders: results from the WHO World Mental Health Surveys. *The British Journal of Psychiatry, 200*(4), 290–299.

McLeod, B.D. (2011). Relation of the alliance with outcomes in youth psychotherapy: A meta-analysis. *Clinical Psychology Review, 31*(4), 603–616.

Melfsen, S., Florin, I. & Warnke, A. (2001). *Sozialphobie- und -angstinventar für Kinder (SPAIK)*. Göttingen: Hogrefe.

Melfsen, S; Warnke, A (2011). SASC-R-D – Social Anxiety Scale for Children Revised – Deutsche Version. In C. Barkmann, M. Schulte-Markwort, E. Bähler (Hrsg.) *Klinisch-psychiatrische Ratingskalen für das Kindes- und Jugendalter* (S. 406–410). Göttingen: Hogrefe.

Merten, E. C., Cwik, J. C., Margraf, J., & Schneider, S. (2017). Overdiagnosis of mental disorders in children and adolescents (in developed countries). *Child and Adolescent Psychiatry and Mental Health, 11*, 5.

Micco, J.A., Henin, A., Mick, E., Kim, S., Hopkins, C.A., Biederman, J., & Hirshfeld-Becker, D. R. (2009) Anxiety and depressive disorders in offspring at high risk for anxiety: A meta-analysis. *Journal of Anxiety Disorders. 23*, 1158–1164.

Millenet, S., Hohmann, S., Poustka, L., Petermann, F., & Banaschewski, T. (2013). Risikofaktoren uns frühe Vorläufersymptome der Aufmerksamkeitsdefizit-/Hyperaktivitätsstörung (ADHS). *Kindheit und Entwicklung, 22*, 201–208.

Miller, W. R. & Rollnick, S. (2002). *Motivational interviewing: Preparing people for change*. New York: Guilford.

Mischel, W., Shoda, Y. & Peake, P. K. (1988). The nature of adolescent competencies predicted by preschool delay of gratification. *Journal of Personality and Social Psychology, 54*, 687–696.

Moher D, Liberati A, Tetzlaff J, Altman DG, The PRISMA Group (2009) Preferred Reporting Items for Systematic Reviews and Meta-Analyses: The PRISMA Statement. *PLoS Medicine 6* (7): e1000097.

Moher, D., Liberati, A., Tetzlaff, J., & Altman, D. G. (2011). Bevorzugte Report Items für systematische Übersichten und Meta-Analysen: Das PRISMA-Statement [Übersetzer: Ziegler, A., Antes, G. & König, I. R.]. *Deutsche Medizinische Wochenschrift - DMW, 136*(15), e25-e25.

Moses, T. (2009). Stigma and self-concept among adolescents receiving mental health treatment. *American Journal of Orthopsychiatry, 79*(2), 261–274.

Muche-Borowski, C. & Kopp, I. (2011). Wie eine Leitlinie entsteht. *Zeitschrift für Herz-Thorax-Gefäßchirurgie, 25*, 217–223.

Mver, M.S., De Nadai, A.S., Monahan, M., Shirk, S.R. (2018). Meta-analysis of the prospective relation between alliance and outcome in child and adolescent psychotherapy. *Psychotherapy, 55*(4), 341–355.

Neuschwander, M., In-Albon, T., Adornetto, C., Roth, B., & Schneider, S. (2013). Interrater-Reliabilität des Diagnostischen Interviews bei psychischen Störungen im Kindes- und Jugendalter (Kinder-DIPS). *Zeitschrift für Kinder- und Jugendpsychiatrie und Psychotherapie, 41* (5), 319–334.

Neuschwander, M, In-Albon, T., Meyer, A. & Schneider, S. (2017). Acceptance of a structured diagnostic interview in children, parents, and interviewers. *International Journal of Methods in Psychiatric Research, 26.* https://doi.org/10.1002/mpr.1573.

Ng, M. Y., & Weisz, J. R. (2015). Annual Research Review: Building a science of personalized intervention for youth mental health. *Journal of Child Psychology and Psychiatry, 57*(3), 216–236.

Odgers, C. L., Moffitt, T. E., Broadbent, J. M., Dickson, N., Hancox, R. J., Harrington, H., Poulton, R., Sears, M.R., Thomson, W.M., & Capsi, A. (2008). Female and male antisocial trajectories: From childhood origins to adult outcomes. *Development and Psychopathology, 20* (2), 673–716.

Oswald, W. D. (2016). *Zahlen-Verbindungs-Test: ZVT.* Göttingen: Hogrefe.

Penn, D.L., & Martin, J. (1998). The stigma of severe mental illness: Some potential solutions for al recalcitrant problem. *Psychiatric Quarterly, 69*(3), 235–247.

Petermann, F. (2014). *Wechsler preschool and primary scale of intelligence- III: (WPPSI-III); Manual; [deutschsprachige Adaption nach D. Wechsler; PsychCorp].* Frankfurt, M: Pearson.

Petermann, F., & Wechsler, D. (2014). *WAIS-IV: Wechsler Adult Intelligence Scale - Fourth edition.* Frankfurt, M: Pearson.

Petermann, U. & Petermann, F. (2019). *ADHS-Diagnostikum für Kinder und Jugendliche (ADHS-KJ).* Bern: Hogrefe.

Pfammater, M., Junghan U.M., Tschacher, W. (2012). Allgemeine Wirkfaktoren der Psychotherapie: Konzepte, Widersprüche und eine Synthese. *Psychotherapie 17*, 17–31.

Pfeiffer, S., In-Albon, T. (2017). Was hindert Jugendliche daran eine Psychotherapie aufzunehmen? Posterpräsentation, 35. Symposium der DGPs Fachgruppe für Klinische Psychologie und Psychotherapie, Chemnitz: Deutschland.

Pfeiffer, S. & In-Albon, T. (2018). Welche Rolle spielt Wissen und explizite und implizite Einstellungen zu Psychotherapie und psychischen Störungen für die Inanspruchnahme von Psychotherapie bei Jugendlichen? 36. Symposium der DGPs Fachgruppe für Klinische Psychologie und Psychotherapie, Landau, Deutschland.

Popp, L., Neuschwander, M., Mannstadt, S., In-Albon, T. & Schneider, S. (2017). Parent-child diagnostic agreement on anxiety symptoms with a structured diagnostic interview for mental disorders in children. *Frontiers in Psychology, 8*(404).

Remschmidt, H., Schmidt, M., & Poustka, F. (2006). *Multiaxiales Klassifikationsschema für psychische Störungen des Kindes- und Jugendalters nach ICD-10 der WHO: Mit einem synoptischen Vergleich von ICD-10 mit DSM-IV.* Bern: Huber.

Renou, S., Hergueta, T., Flament, M., Mouren-Simeoni, M.-C., & Lecrubier, Y. (2004). Entretiens diagnostiques structures en psychiatrie de l'enfant et de l'adolescent [Diagnostic structured interviews in child and adolescent's psychiatry]. *L'Encephale, 30*(2), 122–134.

Rettew, D. C., Lynch, A. D., Achenbach, T. M., Dumenci, L., & Ivanova, M. Y. (2009). Meta-analyses of agreement between diagnoses made from clinical evaluations and standardized diagnostic interviews. *International Journal of Methods in Psychiatric Research, 18*(3), 169–184.

Reynolds, C.R. & Richmond, B.O. (1978). What I think and feel: A revised measure of children's manifest anxiety. *Journal of Abnormal Child Psychology, 6*, 271–280.

Rickwood, D., Deane, F. P., Wilson, C. J., & Ciarrochi, J. (2005). Young people's help-seeking for mental health problems. *Australian E-Journal for the Advancement of Mental Health, 4*(3), 218–251.

Rickwood, D., Thomas, K., & Bradford, S. (2012). Help-seeking measures in mental health: A rapid review. Retrieved from saxinstitute 27.12.2019: https://www.saxinstitute.org.au/wp content/uploads/02_Help-seeking-measures-inmental-health.pdf

Riley, A.W. (2004). Evidence that school-age children can self-report on their health. *Ambulatory Pediatrics, 4*(4),371–6.

Roelofs, J., Muris, P., Braet, C., Arntz, A., & Beelen, I. (2015). The Structured Clinical Interview for DSM-IV Childhood Diagnoses (Kid-SCID): First psychometric evaluation in a Dutch sample of clinically referred youths. *Child Psychiatry and Human Development, 46*(3), 367–375.

Rosenhan, D.L. (1973). On being sane in insane places. *Science, 179*(4070), 250–258.

Rosenstock, I. M. (1982). The health belief model and nutrition education. *Journal of the Canadian Dietetic Association, 43*, 184–192.

Rossmann, P., (2005). *Depressionstest für Kinder (DTK) – (2., überarbeitete und erweiterte Auflage)*. Bern: Huber.

Rost, D. H., Sparfeldt, J. R., Buch, S., & Julius Beltz GmbH et Co. KG. (2018). *Handwörterbuch pädagogische Psychologie*. Weinheim: Beltz.

Rudd, M. D., Mandrusiak, M. & Joiner, T. E. (2006). The case against no-suicide contracts: The commitment to treatment statement as a practice alternative. *Journal of Clinical Psychology, 62*, 243–251.

Rudd, M. D. (2014). Core competencies, warning signs and a framework for suicide risk assessment in clinical practice. In M. K. Nock (Ed.), *The Oxford Handbook of suicide and self-injury* (pp. 323–336). Oxford: Oxford University Press.

Rüsch, N., & Berger, M. (2012). Das Stigma psychischer Erkrankungen. In M. Berger (Hrsg.), *Psychische Erkrankungen: Klinik und Therapie* (4. Auflage). München: Urban & Fischer Verlag/ Elsevier GmbH.

Schauer, M., Neuner, F. & Elbert, T. (2012). *Narrative Exposure Therapy: A Short-Term Treatment for Traumatic Stress Disorders*. Göttingen: Hogrefe.

Schlarb, A. (2012). *Praxisbuch KVT mit Kindern und Jugendlichen: Störungsspezifische Strategien und Leitfäden*. Weinheim: Beltz.

Schlarb, A. (2015). *Training für Jugendliche mit Schlafstörungen*. Stuttgart: Kohlhammer.

Scherer, M. W., & Nakamura, C. Y. (1968). A Fear Survey Schedule for Children (FSS-FC): A factor analytic comparison with Manifest Anxiety (CMAS). *Behaviour Research and Therapy, 6*(2), 173–182.

Schneider, S., Pflug, V., In-Albon, T. & Margraf, J. (2017). *Kinder-DIPS Open Access: Diagnostisches Interview bei psychischen Störungen im Kindes- und Jugendalter*. Bochum: Forschungs- und Behandlungszentrum für psychische Gesundheit, Ruhr-Universität Bochum. doi: 10.1314/rub.101.90

Schneider, S. & Pflug, V. (2015). *Kinder bewältigen Angst. Therapiemanual*. Unveröffentlichtes Manuskript, Ruhr-Universität Bochum.

Schomerus, G., & Angermeyer, M. C. (2008). Stigma and its impact on help-seeking for mental disorders: What do we know? *Epidemiologia e Psichiatria Sociale, 17*(01), 31–37.

Schulte, D. (2008). Auch für die Verhaltenstherapie ist die therapeutische Beziehung wichtig-wirklich? Vortrag auf dem 25. Kongress der DGVT, Berlin.

Seeyave, D. M., Coleman, S., Appugliese, D., Corwyn, R. F., Bradley, R.H., Davidson, N. S., Kaciroti, N. & Lumeng, J.C. (2009). Ability to delay gratification at age 4 years and risk of overweight at age 11 years. *Archives of Pediatrics Adolescent Medicine, 163*, 303–308.

Shaffer, D. (1994). Debate and argument: Structured interviews for assessing children. *Journal of Child Psychology and Psychiatry, and Allied Disciplines, 35*(4), 783-4; discussion 785-7.

Shirk, S. R., & Karver, M. (2003). Prediction of treatment outcome from relationship variables in child and adolescent therapy: A meta-analytic review. *Journal of Consulting and Clinical Psychology, 71*(3), 452–464.

Silvermann, W.K., Fleisig, W., Rabian, B. & Peterson, R.A. (1991). Childhood Anxiety Sensitivity Index. *Journal of Clinical Child Psychology, 20*, 162–168.

Silverman W.K. & Ollendick T.H. (2005) Evidence-based assessment of anxiety and its disorders in children and adolescents. *Journal of Clinical Child and Adolescent Psychology, 34*, 380–411.

Snijders, J. T. (2001). *SON-R 5 1/2-17*. Lisse: Swets Test Publishers.

Sorensen, M. J., Thomsen, P. H., & Bilenberg, N. (2007). Parent and child acceptability and staff evaluation of K-SADS-PL: A pilot study. *European Child & Adolescent Psychiatry, 16*(5), 293–297.

Spence, S.H. (1994). *SCAS Spence Childrens Anxiety Scale*. Zugriff am 21. Dezember 2019 unter https://www.scaswebsite.com/1_1_.html

Spence, S. H., Donovan, C. L., March, S., Gamble, A., Anderson, R., Prosser, S., Kercher, A., & Kenardy, J. (2008). Online CBT in the treatment of child and adolescent anxiety disorders: Issues in the development of BRAVE-ONLINE and two case illustrations. *Behavioural and Cognitive Psychotherapy, 36*(4), 411–430.

Spielberger, C.D., Gorsuch, R.L. & Lushene, R.E. (1970). *State-Trait Anxiety Inventory, Manual for the State-Trait Anxiety Inventory*. Palo Alto, CA: Consulting Psychologist Press.

Stemmler, G. & Margraf-Stiksrud, J. (2015). *Lehrbuch Psychologische Diagnostik*. Göttingen: Huber.

Stiensmeier-Pelster, J. (2014). *Depressionsinventar für Kinder und Jugendliche: DIKJ; Manual*. Göttingen: Hogrefe.

Suppiger, A., In-Albon, T., Hendriksen, S., Hermann, E., Margraf, J., & Schneider, S. (2009). Acceptance of structured diagnostic interviews for mental disorders in clinical practice and research settings. *Behavior Therapy, 40*(3), 272–279.

Tellegen, P. J., Laros, J. A., & Petermann, F. (2007). *Non-verbaler Intelligenztest [für Kinder] SON-R 2 ½-7. Deutsch-niederländische Normen 2010*. Göttingen: Hogrefe.

Tellegen, P. J., Laros, J. A., & Petermann, F. (2012). *Non-verbaler Intelligenztest [für Kinder und Erwachsene] SON-R 6-40: III. Deutsch-niederländische Normen 2010*. Göttingen: Hogrefe.

Tellegen, P. J., Laros, J. A., & Petermann, F. (2018). *Non-verbaler Intelligenztest: SON-R 2 - 8*. Göttingen: Hogrefe.

Tewes, A., & Naumann, A. (2016). *KAT-III: Kinder-Angst-Test-III: drei Fragebögen zur Erfassung der Ängstlichkeit und von Zustandsängsten bei Kindern und Jugendlichen: Manual*. Göttingen: Hogrefe.

Watson, A. C., Miller, F. E., & Lyons, J. S. (2005). Adolescent attitudes toward serious mental illness. *Journal of Nervous and Mental Disease, 193*(11), 769–772.

Weber, L., Christiansen, H., Chavanon, M.-L. (2020). Diagnoseerhebung mit strukturiertem Interview: Übereinstimmung von klinischem Urteil und Kinder-DIPS. *Verhaltenstherapie*. DOI: 10.1159/000505301

Wechsler, D., Petermann, F., & Pearson Deutschland GmbH. (2017). *WISC-V: Wechsler Intelligence Scale for Children - fifth edition®: deutsche Fassung der WISC-V*. Frankfurt, M: Pearson.

Weinstein, S. R., Stone, K., Noam, G. G., Grimes, K., & Schwab-Stone, M. (1989). Comparison of DISC with clinicians' DSM-III diagnoses in psychiatric inpatients. Journal of the American Academy of Child and *Adolescent Psychiatry, 28*(1), 53–60.

Weiß, R. H., & Osterland, J. (2013). *CFT 1-R: Grundintelligenztest, Skala 1 - Revision; Manual*. Göttingen: Hogrefe.

Weiß, R. H., & Weiß, B. (2019). *CFT 20-R mit WS / ZF-R: Grundintelligenztest Skala 2 - Revision (CFT 20-R) mit Wortschatztest und Zahlenfolgentest - Revision (WS / ZF-R)*. Göttingen: Hogrefe.

Weisz, J. R., Weiss, B., Han, S. S., Granger, D. A., & Morton, T. (1995). Effects of psychotherapy with children and adolescents revisited: A meta-analysis of treatment outcome studies. *Psychological Bulletin, 117*(3), 450–468.

Weisz, J. R. (2012). Testing standard and modular designs for psychotherapy treating depression, anxiety, and conduct problems in youth. *Archives of General Psychiatry, 69*(3), 274–9.

Weisz, J. R., Kuppens, S., Eckshtain, D., Ugueto, A. M., Hawley, K. M., & Jensen-Doss, A. (2013). Performance of evidence-based youth psychotherapies compared with usual clinical care. *JAMA Psychiatry, 70*(7), 750–12.

Weisz, J.R., & Kazdin A.E. (2017). *Evidence-based psychotherapies for children and adolescents* (2nd ed.). New York: The Guilford Press.

Weisz, J. R., Kuppens, S., Ng, M. Y., Eckshtain, D., Ugueto, A. M., Vaughn-Coaxum, R., Jensen-Doss, A., Hawley, K.M., Krumholz Marchette, L.S., Chu, B.C., Weersing, V.R., Fordwood, S.

R. (2017). What five decades of research tells us about the effects of youth psychological therapy: A multilevel meta-analysis and implications for science and practice. *American Psychologist, 72*(2), 79–117.

Wellek, S., Blettner, M. (2012). Establishing equivalence or non- inferiority in clinical trials—part 20 of a series on evaluation of scientific publications. *Deutsches Ärzteblatt International, 109*(41), 674–9.

Weller, E. B., Weller, R. A., Fristad, M. A., Rooney, M. T., & Schecter, J. (2000). Children's Interview for Psychiatric Syndromes (ChIPS). *Journal of the American Academy of Child and Adolescent Psychiatry, 39*(1), 76–84.

Wieczerkowski, W., Nickel, H., Janowski, A., Fitt-kau, B. & Rauer, W. (1974). *Angstfragebogen für Schüler. AFS. Westermann Test* (2. Auflage). Göttingen: Hogrefe.

Woerner, W., Becker, A., Friedrich, C., Klasen, H., Goodman, R., & Rothenberger, A. (2002). Normierung und Evaluation der deutschen Elternversion des Strengths and Difficulties Questionnaire (SDQ): Ergebnisse einer repräsentativen Felderhebung. *Zeitschrift für Kinder- und Jugendpsychiatrie und Psychotherapie, 30*(2), 105–12.

Woerner, W., Becker, A., Rothenberger, A. (2004). Normative data and scale properties of the German parent SDQ. *European Child & Adolescent Psychiatry, 13*, II3–II10.

Woodward, L.J., & Fergusson, D.M (2011). Life course outcomes of young people with anxiety disorders in adolescence. *Journal of the American Academy of Child and Adolescent Psychiatry, 40* (9), 1086–1093.

Zimmermann, P., Fimm, B., & Gondan, M. (2002). *Testbatterie zur Aufmerksamkeitsprüfung für Kinder: (KITAP).* Herzogenrath: Psytest.

Zimmerman, M., & Mattia, J. I. (1999). Psychiatric diagnosis in clinical practice: Is comorbidity being missed? *Comprehensive Psychiatry, 40*(3), 182

Znoj, H. (2016). *Komplizierte Trauer*. Göttingen: Hogrefe.

Stichwortverzeichnis

A

ADHS-Testverfahren 131
Akutbehandlung 98
Ambivalenz 171
Angstkonditionierung 18
Angstverfahren 127
APGAR-Werte 104
Aquisition 24
Aufklärungspflicht 114
Auszeit 32
Autonomie 81

B

Baumdiagramm 64
Befundgespräch 149
Befundmitteilung 148–149
Behandlungsempfehlung 158
Behandlungsplan 194
Behandlungssetting 172
Belohnungsaufschub 41
Beobachtungsfehler 147
Beobachtungslernen 41
Beobachtungsplan 142
Berichtspflicht 114
Bestrafung 32
Bestrafung Typ I 29
Bestrafung Typ II 29
Beurteilungsfehler 121
Beziehungsgestaltung 89
bio-psycho-soziales Modell 156
Bobo-Doll-Studie 35

C

CASCAP-D 105
Chaining 31
Chambless-Kriterien 62
Cochrane Reviews 66
Cohens d 59
CONSORT-Kriterien 63

D

Depressionsverfahren 130
diagnostischer Prozess 118
Diathese-Stress-Modell 155
differenzielle Suszeptibilität 48
differenzielle Verstärkung 31
dimensionale Diagnostik 123
distale Risikofaktoren 45
Double- oder Multiple-Baseline-Design 56
Drop-out 59

E

Effectiveness-Studien 60
Effektgröße 58
Effektstärke 59
Efficacy-Studien 60
effortful control 42
eHealth Methoden 118
elterliche Psychopathologie 45
emotionale Kompetenzen 42
Empfehlungsgrad 74
Entwicklungsaufgaben 38, 48
Entwicklungsnormen 38
Entwicklungspsychopathologie 44
Entwicklungsschritte 39
Erstgespräch 98
ethische Grundprinzipien 80
evaluatives Konditionieren 27
Evidenzbasierung 73
Evidenzstärke 74
exekutive Funktionen 42

F

Fallkonzeptualisierung 161
flankierende Maßnahmen 177
Folgerichtigkeit 34
formale Denkstörungen 105
Fortführungsanträge 196

G

Gegenkonditionierung 26
Gruppentherapie 195

H

Habituation 26
Halo-Effekt 147
Handlungs-Ergebnis-Erwartung 85
Handlungsverstärker 32
Health-Belief-Modell 85
Homogenitätsanalyse 64

I

Indikationsstellung 95
individualisierte Psychotherapie 71
Inferiority Studie 57
Informationsquellen 117
informierte Einverständnis 82
inhaltliche Denkstörungen 106
inkompatible Reaktionen 31
Intelligenzniveau 134
Intelligenztestverfahren 134
intermittierende Verstärkung 29

K

Katamnesezeitpunkt 59
kategoriale Diagnostik 120
Kinder-DIPS-OA 123
Klärungsperspektive 52
Klassische Konditionierung 26
kleiner Albert 18
kleiner Peter 17
klinische Interviews 120
Kombinationsbehandlung 195
Kombinationstherapie 60
Komorbiditäten 68
Kompensationsfaktoren 47
konditionierte Reaktion 23
konditionierte Stimulus 23
Konsensgrad 74
Konsiliarbericht 188
Kontiguität 23, 34
kontinuierliche Verstärkung 29
Kontrollgruppe 56
Kurzzeitanträge 183

L

Langzeittherapie 183
latente Hemmung/Inhibition 24

Leistungsdiagnostik 133
Leitlinien 71
Lerntheorie 22

M

Makroanalyse 164, 169
manualisierter Psychotherapie 68
MAS Klassifikation 116
materielle Verstärker 32
Mediator 61
Metaanalyse 64
Mikroanalyse 164, 179
Modelllernen 34
Moderator 61, 64
mono- oder multimodale Therapie 173
motivierende Gesprächsführung 85

N

Nebenwirkungen 53
negative Verstärkung 28
Nichtunterlegenheitsstudie (non-inferiority) 57

O

öffentliche Stigmatisierung 94
online-basierte Behandlung 90

P

Placebobehandlung 56
Plananalyse 164, 167
Plausibles Störungsmodell 155
positive Verstärkung 28
Preparedness 25
Prepotency 25
primäre Verstärker 32
PRISMA-Richtlinien 65
Probatorik 114
Problemaktualisierung 52
Problembewältigung 52
Prognose 193
Prompting 31
proximale Risikofaktoren 45
Prozessforschung 51
psychopathologischer Befund 105
Psychotherapeutengesetz 19
Psychotherapie 50
Psychotherapieforschung 53
Psychotherapiegesetz 50
Psychotherapierichtlinie 95, 181
Publikations-Bias 66

Q

Quoten- und Intervallpläne 29

R

Rahmenbedingungen 171
Reinstatement 26
Reizdiskrimination 24
Reizgeneralisierung 24
Renewal 25
Repräsentativität 67
Resilienz 47
Ressourcen 46
Ressourcenaktivierung 52
Review 64
Rezidivprophylaxe 195
reziproke Kontrolle 36
Risikoabschätzung 110–111
Risikofaktor 45

S

Schwerpunktsetzung 176
Screening Verfahren 124
sekundäre bzw. konditionierte Verstärker 32
Selbststigmatisierung 94
Selbstwirksamkeit 36
Selbstwirksamkeitserwartung 89
sensible Phase 47
Shaping 31
Sleeper-Effekt 59
Sorgerecht 92
SORKC-Analyse 189
soziale Verstärker 32
soziales Lernen 34
sozial-kognitive Lerntheorie 35
Spontanerholung 25
Sprechstunde 94
Stichprobenselektion 67
Stigmatisierung 93
störungsspezifische Instrumente 125
Studiendesigns 55
Suizidalität 109
Systemanalyse 164

T

Temperament 45
Testverfahren für Störung des Sozialverhaltens 132
therapeutische Beziehung 52, 89
Therapieaufträge 173
Therapiemotivation 171
Therapieziele 90, 142, 173, 180
Three-Pathways-Theorie 36
Time-out 32
treatment as usual 56

U

Umwandlungsantrag 186, 196
unkonditionierte Reaktion 23
unkonditionierter Stimulus 23

V

Verhaltensanalyse
– horizontale 164
– vertikale 164
Verhaltensanalysen 164
Verhaltensbeobachtung 142
Verhaltenshemmung 45
Verhaltenstherapie 19–20
Verstärker-Verlust Modell 37
Verstärkung 23
Verstärkungskontingenz 34
Vulnerabilität 46

W

Warnsignale 111
Wartelistenkontrollgruppe 56
Wirkfaktoren 51
Wirksamkeit 61
Wissenschaftlicher Beirat Psychotherapie 63

Z

Zwei-Faktoren-Theorie 36

Anhang

A Erstgesprächsleitfaden mit Beispiel
B Standardarbeitsanweisung zur Erfassung von Suizidalität im diagnostischen Prozess
C Notfall-Vorgehen bei Suizidalität
D Therapieantrag: LZT
E Therapieantrag: Fortführungsantrag
F Therapieantrag: Umwandlungsantrag
Online-Zusatzmaterial: Hinweise und Übersicht

A Erstgesprächsleitfaden mit Beispiel

Erstgespräch
Code: _____ Datum: _____

Anlass zur spontan berichteten und erfragten Symptomatik:
Anlass des Aufsuchens der Ambulanz, Beschwerden (aktuell/Vorgeschichte)

13-jähriger Schüler J., besucht Gesamtschule, 7.Klasse – Noten im Einser- und Zweier-Bereich

Anlass:
J. kommt mit seiner Mutter zur Sprechstunde, da diese vor kurzen eine Diagnose ADHS erhalten hat und sich im Sohn und seinen Problemen erkennt; Anliegen: möchte Abklärung auf ADHS.

Symptome im Bericht Kindsmutter (KM)

- kann Risiken nicht einschätzen, ist impulsiv und aufbrausend, leicht reizbar zuhause
- sehr geräuschempfindlich
- lehnt Berührungen ab
- hat Wutausbrüche, wenn er etwas nicht darf/nicht bekommt und beleidigt dann die Mutter (Schimpfworte wie »Schlampe«, »fette Sau«), kam auch schon zum Schubsen der Mutter
- weiterer Auslöser: Geräusche, die die Mutter beim Essen macht – ein gemeinsames Essen ist im Moment in der Familie deshalb nicht möglich
- motorische Unruhe
- verabredet sich zu wenig mit anderen, spielt meist mit Bruder, folgt aber Einladungen und trifft sich beim Fußball (Verein) oder im Schwimmbad
- hat »Ordnungsfimmel« – alles in seinem Zimmer bzw. alle seine Sachen müssen gerade liegen; früher vorübergehende Tic-Störungen – komplex motorisch, einfach vokal
- Essen sehr problematisch, findet alles, was die Mutter kocht, eklig
- stetig zunehmende Selbstzweifel, trotz guter Noten
- streitet viel mit Mutter; er sei ein Besserwisser, entschuldige sich nie und habe auch nie an etwas Schuld

Zeugnisse:
Schule berichtet gar keine Probleme: freundlicher, eher zurückhaltender, zügig und sorgfältig arbeitender Junge, der sehr hilfsbereit sei und sich darüber mal von anderen »einspannen« lasse, komme gut mit anderen klar, halte leise »Schwätzchen« mit Freunden im Unterricht; könnte noch mehr erreichen, wenn er mehr lernte.

Symptome im Bericht J.:

- soziale Aktivitäten seines Erachtens gut; beschreibt sich als »slow to warm-up«
- merkt innere Unruhe
- ist manchmal genervt von seiner Mutter, v. a., wenn er nicht kriegt, was er will oder wenn Versprechen nicht eingehalten werden, findet einige Dinge unfair zuhause
- Essen ist problematisch – sehr wählerisch und kritisch

Verhaltensbeobachtung:
keine motorische Unruhe sichtbar, ist während des Gesprächs sehr ruhig und reflektiert, gibt bereitwillig Auskünfte und ist motiviert

Eigenanamnese (EA):
Lebensgeschichtliche Entwicklung der Patientin/des Patienten und Krankheitsanamnese

- Schwangerschaft komplikationslos, Geburt spontan GG 3400g/54 cm APGAR 9/10/10
- Mutter postpartal depressiv; auch bei allen weiteren Schwangerschaften (2 Geschwister+ 3 Fehlgeburten), war deshalb in Behandlung
- als Kleinkind viel erbrochen und unruhig aufgrund einer Pylorusstenose (operativ behoben im 1. Lebensjahr)
- schon immer wenig Köperkontakt und geringe Frustrationstoleranz
- Meilensteine regelrecht bis auf Sprechen – Verzögerung aufgrund Paukengüsse, wurde behandelt, danach schnell Sprache aufgeholt; Laufen mit 9 Monaten, Sauberkeit mit 4 Jahren abgeschlossen
- Kindergarten ohne Probleme, Grundschule ohne Probleme – Umzug und neue Schule in 2. Klasse, etwas Einfindungsprobleme

Aktuelle Soziale- und Lebenssituation:

- Hobbies: Fußballverein, Schwimmen, Skifahren, Videospiele mit Freunden, Eis essen
- Lieblingsfach: Sport
- wohnen in Haus, hat eigenes Zimmer, geht gerne in den Garten

- 1 Bruder (12 Jahre), 1 Schwester (9 Jahre); versteht sich mit beiden gut, spielt auch viel mit ihnen – vor allem mit Bruder; bewundert seinen kleinen Bruder, weil dieser so ruhig, bedacht und schlau sei und überhaupt nicht lernen müsse, um auf das Gymnasium zu gehen
- Kindsvater (KV) geb. 1980, Schreiner, Realschulabschluss
- Kindsmutter (KM), geb. 1984 Fachabitur, Arzthelferin, im Moment Studium der Kindheitspädagogik
- Beziehung:
  - Beziehung zur KM für J. sehr wechselhaft; erlebt Mutter als sehr anstrengend, sehr fordernd
  - Mutter erlebt Beziehung als »ablehnend« von seiner Seite; reden – so wie heute im Einzelgespräch (EG) mit ihm – sei nicht möglich
  - Beziehung zum Vater besser
  - Beziehung zu Geschwistern gut

Familienanamnese (FA):
KM: Bruder der KM, Onkel der KM und Mutter der KM: alle ADHS, Depression
KV: ohne Befund (oB)

Medienanamnese:

- Videospiele mit Freunden und eine Stunde Smartphone pro Tag, gelegentlich Diskussionen zwischen Mutter und Junge
- Ressourcen: intelligent, sportlich

Psychopathologischer Befund/Verhalten in Untersuchungssituation

Auffälligkeiten in ...	ja	nein	eigene Erläuterungen	Beispiele
Gedächtnis/Orientierung/Bewusst-sein		x		wach, desorientiert, Merkfähigkeitsstörungen
Interaktion		x		scheu, unsicher, distanzgemindert
oppositionell-dissoziales Verhalten	x		Schimpftiraden, tritt gegen Dinge, wirft mit Sachen im häuslichen Umfeld; in Untersuchungs-situation sehr kontaktbereit	verweigernd, lügen, betrügen, weglaufen
Entwicklung		x		Sprachstörungen, Artikulationsstörung

Auffälligkeiten in ...	ja	nein	eigene Erläuterungen	Beispiele
Aktivität/Aufmerksamkeit	x		impulsiv	impulsiv, ablenkbar, unruhig, lethargisch
Psychomotorik	x		früher Tics	Tics, Stereotypien
Stimmung/Affekt		x	gut schwingungsfähig	traurig, depressiv, affektarm, getrieben
Denken/Wahrnehmung		x		inhaltliche oder formale Denkstörung.
Angst		x		GAS, Panikattacken, Soziale Angst
Zwang	x		Ordnung, Tendenzen zu Zwangsgedanken und Handlungen DIFF!	Zwangsgedanken, Zwangshandlungen
Essverhalten		x	wählerisch	Heißhunger, Rumination, Pica
körperliche Beschwerden		x		Erbrechen, Einnässen, Schlafprobleme
Kontakt zur Polizei		x		Diebstahl, Weglaufen, delinquent
Drogen-/Alkoholmissbrauch		x		Konsum, Dealen
Fremdgefährdung		x		
Selbstverletzung		x		

Von akuter Suizidalität distanziert?
☒ ja   ☐ nein

Körperliche Beschwerden/Erkrankungen, Medikation und medizinische Behandlung:
keine

Psychotherapeutische und psychiatrische Vorbehandlungen:
(Anlass, Zeit, Dauer, Therapieverfahren, positive und negative Erfahrungen/Resultate):
Erziehungsberatung aufgesucht ohne Erfolg

Verhaltensanalyse:
Situation:
J. mag das Mittagessen nicht und seine Mutter macht Essgeräusche

Organismus:
Junge in der Pubertät; familiäre Belastung mütterlicherseits durch ADHS und Depression; Neigung zur Impulsivität

Reaktion:

- kognitiv: »Boah, muss die immer so schmatzen?!! »Das ist eklig, das Essen ist auch eklig!« »Ich halt's hier nicht mehr aus!«
- emotional: Ärger, Wut
- physiologisch: erhöhte Anspannung, heißes Gefühl im Bauch
- motorisch: springt vom Tisch auf, rennt raus und knallt die Tür

Konsequenzen:

- kurzfristig: Anspannungsreduktion (C-/), Mutter ist sauer (C-), Aufmerksamkeit für Problemverhalten (C+)
- langfristig: Verschlechterung der Beziehung zur Mutter (C-), angespannte familiäre Situation (C-), gemeinsame Mahlzeiten sind dauerhaft belastet und nicht möglich (C-)

Diagnose zum Zeitpunkt der Antragsstellung:
Verdacht auf (VA) einfache Aktivitäts- und Aufmerksamkeitsstörung (F90.0)
Differentialdiagnose (DD): VA auf Sonstige Emotionale Störung des Kindesalters (F93.8)

Therapieziel und Behandlungserwartungen der Patientin/des Patienten, Prognose:
Reduktion der Konflikte mit der Mutter und Verbesserung der Beziehung
Autonomieentwicklung und Abgrenzung von den Übergriffen durch die Mutter

- ☐ Blatt Behandlungsinformationen mit eigenen Kontaktinfos gegeben
- ☐ Blatt erste Vereinbarungen *(Forschung, Lehre, Terminplaner, Therapeuten in Ausbildung)* durchgegangen, ausgefüllt zurück

Wie verblieben?
Will Pat. auf Warteliste? Weiter verwiesen? Bedenkzeit? Auflagen? Präferenzen für Geschlecht der Therapeutin/des Therapeuten? Ausbildungskandidat OK?

Anhang

> Patient möchte auf Warteliste und hätte lieber einen männlichen Therapeuten. Ausbildungskandidat okay.

> **Beurteilung, Anmerkungen, Hinweise für Therapieplanung:**
> Patient ist im Einzelgespräch offen und zugänglich. Chronisch konflikthafte Beziehung zur KM. Zunächst nur Gespräche mit Patienten und im Verlauf prüfen, ob und wie KM einbezogen werden kann. Ggf. Vater hinzuziehen, da dieser von Pat. positiv erlebt wird.

Für Kinder ab 12 Jahren

Sexuelle Kontakte
»Mit wem hattest du während deines Lebens sexuelle Kontakte?«
☒ ich hatte gar keine sexuellen Kontakte
☐ mit weiblichen Personen
☐ mit männlichen Personen
☐ mit weiblichen und männlichen Personen

Sexuelle Orientierung
»Welches der folgenden Worte beschreibt dich am besten?«
☒ heterosexuell
☐ schwul oder lesbisch
☐ bisexuell
☐ ich bin mir unsicher

Geschlechtsausdruck
»Das Auftreten einer Person, ihr Stil, ihre Kleidung oder ihre Art zu gehen oder zu reden kann beeinflussen, wie andere Menschen sie beschreiben. Wie denkst du, würden dich andere Personen aus deiner Schule beschreiben?«
☐ sehr weiblich
☐ hauptsächlich weiblich
☐ etwas weiblich
☐ gleich weiblich wie männlich
☒ etwas männlich
☐ hauptsächlich männlich
☐ sehr männlich

B Standardarbeitsanweisung zur Erfassung von Suizidalität im diagnostischen Prozess

Vor dem Interview:

- Eltern und Kind aufklären, dass Schweigepflicht besteht.
- Kind aufklären: Wenn Fremd- oder Eigengefährdung vorliegt, kann es notwendig sein, Eltern bzw. Sorgeberechtigte zu benachrichtigen, um den Schutz des Kindes zu gewährleisten.

Während des Interviews:

Interview mit Kind:

Die Fragen zur Suizidalität (z. B. Kinder-DIPS-OA nach DSM-5) sind bei jedem Kind zu stellen. Bejaht das Kind die Suizidalitätsfragen oder liegen sonstige Hinweise auf Suizidalität vor (Andeutungen etc.), gilt folgendes Vorgehen:
Hinweise auf akute Suizidalität überprüfen:

1. Hat das Kind aktuell drängende Suizidgedanken?
2. Hat das Kind konkrete und unmittelbare Suizidabsichten?
3. Hat das Kind einen Suizidplan getroffen (d. h. das Vorgehen konkret geplant)?

Falls mindestens eine der oben genannten Fragen bejaht wird:

- Bei Jugendlichen über 14 Jahren: Patientin Notfallnummer geben (siehe unten).
- Eltern informieren und Notfallnummer geben, Krisenplan besprechen.
- Sich das Versprechen geben lassen, dass das Kind sich bis zum nächsten Therapeutinnenkontakt nichts antut und sich bei akuten Krisen an die Notfallnummer wendet (vgl. Dokumentationspflicht)
- Patientinnenversprechen aufschreiben und unterschreiben lassen
- In der Akte dokumentieren, dass die Patientin aktuell glaubhaft von Suizidalität distanziert ist
- Falls akute Suizidalität besteht und das Kind nicht absprachefähig ist, bzw. bei der Notwendigkeit einer fachärztlichen Abklärung der Suizidalität, wird das Notfall Vorgehen eingeleitet (▶ Anhang D).
- Am Tag des Interviews der Ambulanzleitung Bescheid geben und weiteres Vorgehen besprechen.

Elterninterview:

Die Fragen zur Suizidalität (Kinder-DIPS-OA nach DSM-5) sind auch bei auch bei den Eltern immer zu stellen.
Bejaht das Elternteil Suizidalitätsfragen oder liegen sonstige Hinweise auf Suizidalität vor (Andeutungen etc.), gilt folgendes Vorgehen:

- Nachfragen, wer darüber Bescheid weiß und mitteilen, dass diese Information an zukünftige Therapeutinnen weitergegeben wird (falls Diagnostikerin nicht die Therapeutin ist).
- Fragen, ob die Eltern wissen, wo sie sich im Notfall hinwenden können. Notfallnummer geben, ggf. Krisenplan für Patientinnen besprechen.
- Am Tag des Interviews der Ambulanzleitung Bescheid geben und weiteres Vorgehen besprechen.

Dokumentation

Bei Hinweis auf Suizidalität muss das gesamte Vorgehen sorgfältig auf dem Protokollbogen des Interviews bzw. in den Therapiedokumenten protokolliert werden:

1. Genaue Uhrzeit, Ort, Datum, Name der Therapeutin und der Patientin
2. Spontan geäußerte Suizidabsicht, Antworten auf die oben genannten Fragen (z. B. direkte Zitate der Patientin)
3. Wichtige Verhaltensbeobachtungen (Erregungs-/Anspannungsniveau, Antrieb etc.) und eventuell Ergänzungen zum psychopathologischen Befund
4. Entscheidung der Vorgesetzten bezüglich weiteren Vorgehens
5. Das Formular *Risikoabschätzung Suizidalität* muss ausgefüllt werden

C Notfall Vorgehen bei Suizidalität

1. Latente Gefährdung, ohne Notwendigkeit einer akuten Unterbringung

Patientin kann sich von akuten Suizidabsichten distanzieren, erscheint absprachefähig:

- Vorgehen nach Standardarbeitsanweisung Suizidalität
- Absprache für Krisensituation treffen, Krisenplan für Patientin/Antisuizidvereinbarung erstellen, Sitzungsfrequenz erhöhen, Telefonkontakt mit Pat. vereinbaren, Information an die Eltern/Bezugspersonen, zeitnah Ambulanzleitung (siehe unten) und zuständige Supervisorin informieren, um weiteres Vorgehen absprechen.

Patientin äußert akute Suizidabsichten:

1. Risikoeinschätzung vornehmen, d. h. Einschätzung von Distanzierungs- und Absprachefähigkeit
2. Ambulanzleitung hinzuziehen
3. Fachärztliche Abklärung in zuständiger Klinik einleiten
4. Dokumentation

2. Ansprechpartner für die Therapeutin in suizidalen Krisen

- Notarzt: 112
- Polizei 110

3 Akute Selbstgefährdung – fachärztliche Abklärung in zuständiger Klinik einleiten

Bei akuter Suizidalität:

- Patientin am Verlassen der Ambulanz hindern (so weit möglich) und für eine stationäre Aufnahme sorgen: Zuerst Sorgeberechtigte informieren. Das Kind nicht unbeaufsichtigt lassen. Telefon in Therapieraum nutzen.
- Unterstützung (Ambulanzleitung, Supervisorin oder Kollegin) vor Ort holen, um die folgenden Schritte einleiten zu können.

Fall 1: Patientin lässt sich freiwillig stationär aufnehmen
Diensthabende Ärztin der zuständigen Klinik (Telefonkontakt s. u., Zuständigkeit richtet sich nach Wohnort/PLZ) anrufen. Bei Kindern und Jugendlichen: Sorgeberechtigte müssen Patientin in die Klinik begleiten. Ist dies nicht möglich, Rettungsdienst informieren (Tel.: 112) und Patientinnen in die Klinik bringen lassen. Mit erfragtem Einverständnis der Sorgeberechtigten und des Kindes die weiterbehandelnden Kolleginnen der Klinik um eine kurze Rückmeldung bitten.

Fall 2: Die Patientin lässt sich trotz akuter Suizidalität freiwillig NICHT aufnehmen und Eltern verweigern Kooperation:
Es ist eine sofortige stationäre Unterbringung nach dem PsychKG des jeweiligen Bundeslandes zu veranlassen. Notärztin informieren. Telefon: 112 (Notärztin entscheidet über Zwangseinweisung und verständigt ggf. Krankenwagen/Polizei).

Fall 3: Die Patientin verlässt dennoch die Ambulanz
Sofort die Polizei verständigen (Telefon 110) und danach die Eltern und die Ambulanzleitung informieren. Der Polizei gegenüber vollständige Angaben über die Patientin, ihre Absichten und ihren vermutlich derzeitigen Aufenthaltsort machen. In diesem Fall ist die Rettung eines Lebens das höhere Rechtsgut als die Schweigepflicht.

Fall 4: Patientin vermittelt der Therapeutin telefonisch oder per Mail suizidale Absichten außerhalb der Therapiezeit. Sie erscheint nicht distanzierungs- und absprachefähig
Eltern verständigen, Polizei informieren (Telefon 110), Telefonnummer und Anschrift der Patientin bereithalten.

4. Es besteht Dokumentationspflicht!

Tritt Suizidalität zu Tage, sind sofort im Anschluss an den therapeutischen Kontakt die Suizidalität (beschriebene und beobachtete Symptomatik, suizidale Aussagen – am besten mit Zitaten der Patientin) und die eingeleiteten Maßnahmen (Risikoabschätzung Suizidalität) zu dokumentieren.

D Therapieantrag: LZT

Patient: Chiffre _____

1. Relevante soziodemografische Daten

Der 6-jährige K. lebe mit seinen Eltern, seinem älteren Stiefbruder (10 Jahre), seiner Stiefschwester (11 Jahre) und seiner jüngeren Schwester (1 Jahr) zusammen. Der ältere Bruder befinde sich in ambulanter Psychotherapie aufgrund einer Störung des Sozialverhaltens. Die Stiefschwester und Schwester seien gesund. Die Kindsmutter (38 Jahre) habe einen Hauptschulabschluss und sei gelernte Bäckereifachverkäuferin, arbeite jedoch aufgrund verschiedener körperlicher Beschwerden (Bandscheibenvorfälle, Bluthochdruck, Migräne) und um ihre Tochter zu beaufsichtigen, nicht. Der Kindsvater (39 Jahre) habe keinen Schulabschluss, sei gelernter Maurer und arbeite als Baggerfahrer. Er sei ebenfalls in psychotherapeutischer Behandlung, um den »Verlust seiner Impulskontrolle« zu bearbeiten. Im Haushalt lebe außerdem die Großmutter väterlicherseits, die die Familie im Haushalt unterstütze.

2. Symptomatik und psychischer Befund

Im Erstgespräch erscheint K. alters- und witterungsentsprechend gekleidet und gepflegt. Er ist freundlich, höflich und mitteilsam, wirkt affektiv schwingungsfähig sowie wach und orientiert. Im Gespräch wird ausgeprägtes Stottern deutlich. K. hält adäquaten Blickkontakt, die kognitiven und mnestischen Funktionen scheinen normgerecht. Es ergeben sich keine Hinweise auf formale oder inhaltliche Denkstörungen. Seine Auffassungsgabe wirkt regelrecht und es ist keine unangemessene psychomotorische Unruhe erkennbar. Keine Angaben bezüglich Zwänge, Bericht von Trennungsangst und Angst vor Dunkelheit sowie von oppositionellem Verhalten. Keine Hinweise auf akute Eigen- oder Fremdgefährdung.

Als Vorstellungsanlass berichtete die Kindsmutter (KM) Wutausbrüche und motorische Unruhe ihres Sohnes. Er höre oft nicht zu, könne auch »einfache Aufträge« nicht umsetzen. Des Weiteren halte er sich zu Hause oft nicht an Regeln und gerate in Konflikte mit den älteren Geschwistern. Auf Eingrenzungen reagiere er gekränkt und weine schnell. Generell sei K. oftmals plötzlich und ohne erkennbaren Grund traurig. K. leide außerdem unter Angst vor Dunkelheit und davor alleine zu sein. Die KM berichtete weiterhin, dass ihr Sohn nachts oft aufwache, weine und nicht orientiert sei. Bisherige EEG Untersuchungen seien unauffällig gewesen und Einschlafprobleme lägen nicht vor. K. selber gab an, mal fröhlich und mal traurig zu sein und lieber Zeit mit seiner Mutter als im Kindergarten zu verbringen. Wegen der Beziehung zu seinem Vater sei K. manchmal traurig, wollte dies aber nicht weiter ausführen.

Befund: Erfassung durchschnittlicher kognitiver Fähigkeiten mittels Wechsler Preschool and Primary Scale of Intelligence (WIPPSI III). Durchführung dreier Untertests der Kinderversion der Testbatterie zur Aufmerksamkeitsprüfung (KiTAP) zur Überprüfung der Aufmerksamkeitsleistung. Obwohl K. für die jüngste Vergleichsnorm zwei Monate zu jung war, durchschnittliche Ergebnisse in vier der sechs Untertests. Auffälliger Problemscore im Inventar zur Erfassung der Lebensqualität bei Kindern und Jugendlichen (ILK) sowie unterdurchschnittlich ausgeprägte Lebensqualität. Auffällige Werte auf der, von der KM ausgefüllten Child-Behavior-Checklist (CBCL/6-18R) auf den Skalen ängstlich/depressiv, soziale Probleme, Denk- Schlaf- und repetitive Probleme sowie auf der Skala Aufmerksamkeitsprobleme. Auffälliger Problemscore und Angaben bezüglich einer unterdurchschnittlichen Lebensqualität im mütterlichen ILK. Der Eltern- und Erzieherfragebogen (VBV 3-6) wurde sowohl an die KM als auch an den Kindergarten ausgeteilt. Im mütterlichen Urteil auffällige Werte auf allen Problemskalen und Wertung der sozial-emotionalen Kompetenzen im unterdurchschnittlichen Bereich. Im Erzieherurteil Wertung der sozial-emotionalen Kompetenzen im oberen Durchschnittsbereich. Angaben auf der Skala oppositionell-aggressives Verhalten im unterdurchschnittlichen und somit unauffälligen Bereich, ebenso die Angaben auf der Skala Hyperaktivität. Angaben auf der Skala Emotionale Auffälligkeiten ebenfalls im unauffälligen Bereich. Durchführung des Diagnostischen Interviews für Psychische Störungen (Kinder-DIPS) mit der KM. Hinweise auf das Vorliegen einer Störung des Sozialverhaltens mit oppositionellem, aufsässigem Verhalten (F91.3), einer auf den familiären Rahmen beschränkten Störung des Sozialverhaltens (F 91.0), einer emotionalen Störung mit Trennungsangst des Kindesalters (F 93.0), sowie eines Pavor nocturnus (F51.4). Bezüglich des Pavor nocturnus gab die Mutter an, dass ihr Sohn ohne erkennbaren Grund zwei bis drei Mal nächtlich aufwache und weine und schreie. Dieses Verhalten zeige sich in etwa zwei Mal pro Woche.

Krankheitsverständnis: K. berichtete selber, darunter zu leiden, dass er manchmal traurig sei. Des Weiteren gab er Hinweise, unter der Beziehung zum Vater zu leiden. Die KM erkennt den Krankheitswert der Symptomatik ihres Kindes an und wünscht sich dringend Hilfe.

3. Somatischer Befund

Bitte beigefügtem Konsiliarbericht entnehmen. Aus diesem geht keine Notwendigkeit einer ärztlichen Mitbehandlung hervor.

4. Behandlungsrelevante Angaben zur Lebensgeschichte und funktionales Bedingungsmodell

Als prädisponierende Faktoren für die Entstehung der psychischen Auffälligkeiten seien diverse Einflussbereiche genannt, beginnend mit der pränatalen und frühkindlichen Entwicklung: Während der Schwangerschaft mit K. sei es zu starken Wassereinlagerungen und einer Schwangerschaftsvergiftung gekommen. Die Schwangerschaft sei aufgrund der Hypertonie der Mutter als Risikoschwangerschaft eingestuft worden. In den ersten Lebensmonaten habe K. aufgrund von Koliken viel geschrien. Im Alter von zwei Jahren sei er vom Stuhl gefallen und habe sich den Arm fünffach gebrochen. Deshalb, und weil er laut mütterlichen Angaben ohne erkennbaren Grund oft hinfalle, sehr aktiv sei, unter Stimmungsproblemen leide und oftmals »verwirrt« erscheine, erhalte er seit Januar 2017 Pflegestufe II. Für eine genetische Komponente in der Entstehungsgeschichte des impulsiven und aufbrausenden Verhaltens K.s seien die väterlichen Probleme bezüglich Impulskontrolle genannt. Das elterliche Modellverhalten führt darüber hinaus dazu, dass K. gelernt hat, aggressives und lautes Verhalten zu zeigen, sobald eine soziale Situation als überfordernd wahrgenommen wird, da dies zu einer Beendigung der Situation führt (C-/). Für die Trennungsangst von Bedeutung dürfte die defizitäre Zuwendung der Eltern sein (C+/). So habe der Vater ein beeinträchtigtes Verhältnis zu seinem Sohn, habe auch schon einmal ausgesprochen, dass der ältere Bruder mehr wert sei. Das Verhältnis zur Mutter hingegen sei innig, jedoch müsse die Zuwendung unter allen vier Kindern aufgeteilt werden. So ist davon auszugehen, dass der ältere Bruder durch seine Symptomatik und die kleine Schwester aufgrund ihres Alters viel Aufmerksamkeit erhalten, die dann für K. fehlt (C+/). Als bedingender und aufrechterhaltender Faktor für die Trennungsangst seien außerdem die mütterliche Sorge um die Gesundheit des Sohnes sowie die Habachtstellung der Mutter genannt, die durch den Unfall K.s im Kleinkindalter sowie die hohe Verletzungshäufigkeit K.s hervorgerufen sein dürften. Dieses sorgende Verhalten mütterlicherseits dürfte die Trennungsproblematik aufrechterhalten, da K. immer wieder vermittelt bekommt, auf die Obacht seiner Mutter angewiesen zu sein. Zusammenfassend sichert K.s oppositionelles Verhalten ihm die Aufmerksamkeit der Mutter (C+) und die Trennungsangst habe in der Vergangenheit auch dazu geführt, dass K. mehr Zeit mit seiner Mutter verbringen konnte (C+), da er z.B. erst später in den Kindergarten gekommen sei. Das elterliche Modellverhalten in überfordernden sozialen Situationen und das mütterliche Zuwendungsverhalten (C+) seien als störungsaufrechterhaltend beschrieben.

5. Diagnose zum Zeitpunkt der Antragstellung

- Achse I: auf den familiären Rahmen beschränkte Störung des Sozialverhaltens (F91.0), Emotionale Störung mit Trennungsangst des Kindesalters (F93.0), Stottern (F98.5), Pavor nocturnus (F51.4)
- Achse II: keine umschriebene Entwicklungsstörung bekannt
- Achse III: Kategorie 3: Durchschnittliche Intelligenz

- Achse IV: keine weiteren Krankheiten bekannt
- Achse V: 1.1, 2.0
- Achse VI: 3 mäßige soziale Beeinträchtigung

6. Behandlungsplan und Prognose

1. Abbau des aggressiven und oppositionellen Verhaltens im häuslichen Kontext
2. Aufbau von Beziehungszeiten mit den Eltern und eines warmen und wertschätzenden familiären Klimas
3. Stärkung des mütterlichen Erziehungsverhaltens
4. Unterstützung der familiären Entwicklung

Therapieziele: Die Kindsmutter gab als Therapieziele an, dass die Wutausbrüche und das oppositionelle Verhalten ihres Sohnes abnehmen und ihre Erziehungsfähigkeiten gestärkt würden.

Therapieinhalte: Zunächst Aufbau einer vertrauensvollen Beziehung zwischen Kind und Therapeutin. Erlernen des Erkennens und der Kommunikation eigener Bedürfnisse und Vermittlung entsprechender Handlungsweisen. Aufbau von positiven Beziehungszeiten mit den Eltern, um das Defizit an Aufmerksamkeit und Zuwendung abzubauen. Erarbeitung von Strategien zur Wutkontrolle und alternativer Abbaumöglichkeiten. Aufbau sozialer Kompetenzen und Erläuterung der Sinnhaftigkeit von Regeln für das soziale Miteinander (Rollenspiele, Einüben von Emotionsregulationsstrategien, Angebot alternativer Möglichkeiten zum Aggressionsabbau, Orientieren an bereits bestehenden sozialen Kompetenzen). Einsatz der Elternsitzungen, um die in der Therapie erlernten Fähigkeiten im Alltag anzuwenden und um die Erziehungsfähigkeiten der KM zu stärken und somit mehr Struktur und Ruhe in den familiären Alltag zu integrieren (Einsatz von Regeln und konsequentem Handeln bei Nichteinhaltung, Verstärkungsstrategien wie Aufmerksamkeitszuwendung und Lob, Einführung von »Qualitytime« mit Orientierung an dem Triple P Einzeltraining. Begleitung der Familie dabei, sich ein Hilfenetzwerk aufzubauen. Der KM wurde zu einer ambulanten Psychotherapie geraten und dazu, eine sozialpädagogische Familienhilfe zu installieren.

Setting: Wahl eines Einzelsettings, da die Problematik auf den familiären Rahmen beschränkt ist und ein Gruppensetting deshalb keine Vorteile bringen dürfte. Aufgrund der Diversität der Symptomatik sowie der verschiedenen problemhaften Einflussbereiche (Geschwisterrivalitäten, Beziehungsprobleme der Eltern, dysfunktionales elterliches Verhalten, Probleme in der Beziehung zum Kindsvater), ist nur im Rahmen einer Langzeittherapie von einer ausreichend positiven Prognose auszugehen.

K.s Mutter steht der Therapie sehr motiviert und hoffnungsvoll gegenüber und geht davon aus, dass ihr Sohn sowie die ganze Familie gut davon profitieren werden. Sie ist dazu bereit, viel Zeit und Fahrtaufwand für den Erfolg der Therapie zu investieren und erkennt ebenfalls die Wichtigkeit von Elternsitzungen an. Es ist davon auszugehen, dass seitens der KM Änderungsbereitschaft bezüglich der eigenen Erziehung vorhanden ist und auch mit dem Vater sei besprochen worden, dass er sich wieder in psychotherapeutische Behandlung begeben müssen, da auch sonst eine Trennung im Raum stünde. K. selber habe geäußert, dass er gerne zur Therapie komme und die Therapeutin möge.

Wir beantragen 50 Stunden Verhaltenstherapie sowie 25 begleitende Bezugspersonengespräche. Die hohe Frequenz der Bezugspersonengespräche ist dem Umstand geschuldet, dass die Stärkung des Erziehungsverhaltens der Kindsmutter unabdingbar für den Therapieerfolg ist. Die Therapie soll 2x in der Woche stattfinden und zunächst durch 1x wöchentliche Elterngespräche unterstützt werden. Die Therapie wird von [Name] unter der Supervision von Psychotherapeutin [Name] durchgeführt.

E   Therapieantrag: Fortführungsantrag (FF1)

Patient: Chiffre _____

1. Relevante soziodemografische Daten

Der inzwischen 16;6-jährige Patient S. stamme aus Afghanistan und sei vor den Wirren des Bürgerkrieges aus seinem Heimatland 2015 nach Deutschland geflohen. Derzeit lebe er in einer Wohngruppe der Jugendhilfe. In die Gruppe und in seinem Gleichaltrigenumfeld sei der Patient sozial gut integriert. Derzeit strebe er den Hauptschulabschluss im kommenden Sommer an, seine Schulleistungen seien gut, er gehe regelmäßig zur Schule. S. spiele regelmäßig Fußball in einem Verein, trainiere Kickboxen und setze sich in einer Jugendvereinigung für Heimkinder ein. Seine Mutter, seine Brüder und Schwestern würden noch in Afghanistan leben, er halte den Kontakt über Telefon und Messaging-Dienste. Eine Cousine lebe in einer Großstadt in der Nähe seines eigenen Wohnorts, er besuche sie sporadisch. Der Vater sei an einem Herzinfarkt verstorben als S. acht Jahre alt war.

2. Symptomatik und psychischer Befund

S. sorge sich sehr um das Wohl seiner Familie, die in Afghanistan lebe. Jedes Mal, wenn die Familie ihn in seiner Wohngruppe anrufe, habe er große Angst, dass etwas passiert sein könnte. Er selbst sei vor dem Bürgerkrieg in seinem Heimatland geflohen und lebe seit August 2015 in seiner jetzigen Wohngruppe. Nach eigenen Angaben sei er mit seinen Sorgen teilweise derart überfordert, dass er sich oberflächlich selbst mit scharfen Gegenständen an den Oberarmen verletze. Die Wohngruppenbetreuerin schildert im Gespräch starke Stimmungsschwankungen bei S. Mitunter werde S. laut und habe regelrechte Wutausbrüche, bei denen dann auch Gegenstände zu Bruch gingen. Auch falle regelverletzendes und respektloses Verhalten gegenüber den Betreuerinnen auf. Einmalig habe S. in einem Supermarkt geklaut, sei dabei erwischt und polizeilich aufgenommen worden. Im Gespräch gibt die Wohngruppenbetreuerin an, dass S. häufig lüge, um sich eigene Vorteile zu verschaffen, so z. B. längere Ausgehzeiten in der Wohngruppe. Weiterhin berichtet S., dass er in Afghanistan eine Bombenexplosion miterlebt habe, bei der er selbst am Kopf verletzt worden sei. Auch habe er mitangesehen, dass andere Leute gestorben und schwer verletzt worden seien. Weiterhin seien er und seine Familie von den Taliban im eigenen Haus bedroht worden. Dabei habe ein Talibankämpfer eine Kalashnikov auf ihn gerichtet und gedroht, ihn zu erschießen. Auf der Flucht nach

Deutschland habe S. vier Tage in einem Wald verbracht, wo er eine starke Bedrohung vor wilden Tieren und einen Mangel an Essen und Trinken erlebt habe. S. nehme eine ausgeprägte Unkonzentriertheit und Reizbarkeit bei sich wahr. Er müsse viel über das Erlebte nachgrübeln, leide unter Einschlafschwierigkeiten und Müdigkeit. Auch habe er einen für ihn eher ungewöhnlich geringen Appetit.

Psychopathologischer und testpsychologischer Befund:

Es erscheint ein wacher, zu allen Qualitäten orientierter und altersentsprechend entwickelter 16;6-jähriger Jugendlicher im gepflegten und altersadäquaten Erscheinungsbild. Im Kontaktverhalten zeigt sich der Patient offen und freundlich gegenüber dem Therapeuten. Regelrechte Auffassung, kognitive und mnestische Funktionen erscheinen normal. Die Stimmung ist situationsangemessen bei vorhandener affektiver Schwingungsfähigkeit. Der Antrieb erscheint normal, psychomotorische Unruhe ist nicht zu beobachten. Anamnestisch bestehen Hinweise auf Impulsivität. Formale Denkstörung i. S. von Grübeln, keine inhaltlichen Denkstörungen, keine Wahrnehmungsstörungen, keine Ich-Störungen. Anamnestisch werden Ängste in Bezug auf Situationen, die den traumatischen Erlebnissen ähneln, genannt; keine zwanghaften Verhaltensweisen. Der Patient berichtet von Einschlafproblemen. Täglicher Nikotinkonsum; chronischer Alkohol- oder Drogenkonsum werden verneint. Keine aktuellen selbstverletzenden Verhaltensweisen, der Patient zeigt oberflächliche und verheilte Narben, die durch Ritzen mit einer Scherbe in der Vergangenheit entstanden seien. Kein Anhalt für akute Eigen- oder Fremdgefährdung. Der Patient ist sicher und glaubhaft von Suizidalität distanziert.

Zur Überprüfung der kognitiven Leistungsfähigkeit wurde dem Patienten der orientierende Grundintelligenztest Skala 2-Revision (CFT-20-R) vorgelegt. Hierbei erzielte er ein knapp unterdurchschnittliches Ergebnis. Der gemessene Wert liegt mit sehr hoher Wahrscheinlichkeit unter der tatsächlichen Leistungsfähigkeit, da in diesem Leistungstest auch kulturspezifische Leistungen eine Rolle spielen. Der anhand des UCLA PTSD Reaction Index ermittelte Gesamt-Score lag deutlich über dem angegeben Cut-Off-Wert und lieferte somit Hinweise auf eine posttraumatische Stresssymptomatik. Im Fragebogen für Jugendliche (YSR/11-18) berichtete S. klinisch bedeutsame Auffälligkeiten in den Bereichen »körperliche Beschwerden«, »ängstlich-depressiv« und »dissoziales Verhalten«. Grenzwertige Auffälligkeiten ergaben sich bei der Skala »Aufmerksamkeitsprobleme«. Sowohl der Gesamtwert als auch die internale und externale Problemskala zeigten sich überdurchschnittlich erhöht.

3. Somatischer Befund

Siehe Konsiliarbericht. Aus therapeutischer Sicht ist eine ärztliche Mitbehandlung aktuell nicht notwendig und dies wird auch von der untersuchenden Ärztin entsprechend eingeschätzt.

4. Behandlungsrelevante Angaben zur Lebensgeschichte und funktionales Bedingungsmodell

S. stamme ursprünglich aus Afghanistan und sei vor dem Krieg in seinem Heimatland geflohen. Seine Familie lebe dort nach wie vor in einer Großstadt. S. sei von seinen älteren Brüdern auf die Flucht geschickt worden, nachdem die Brüder massiv von den Taliban bedroht worden seien. Es bestand die Gefahr, dass die Taliban S. zwangsrekrutieren. Die Brüder hätten in einer Autowerkstatt gearbeitet, bis ein mit Sprengstoff beladenes Auto von den Taliban zur Reparatur vorbeigebracht worden sei. Die Brüder hätten den Vorfall der Polizei gemeldet, woraufhin die Taliban die Familie zeitweise mit Waffen bedroht hätten. Auf der Flucht sei mehrfach S.s Leben bedroht gewesen, u. a. hätten Grenzpolizisten an der iranisch-türkischen Grenze auf seine Gruppe geschossen und er sei für mehrere Nächte Hunger und Kälte in einem Wald ausgesetzt gewesen.

Verhaltensanalyse:
S. liegt abends wach im Bett und denkt an seine beiden älteren Brüder (S). Dabei macht er sich Sorgen, dass den beiden Brüdern etwas Schlimmes passieren könnte, denkt daran, dass die Brüder mit Waffen von den Taliban bedroht wurden. Er hat lebhafte Erinnerungen an das Erlebte. Er grübelt darüber nach, wie zukünftige Bedrohungen für die Brüder verhindert werden könnten (R kog.). Die Erinnerung wird von einem Gefühl der Hilflosigkeit, Angst und Hoffnungslosigkeit begleitet (R emot.). Physiologisch ist ein starkes Arousal mit Anspannung, Unruhe, Herzrasen und Zittern zu beobachten (R phys.). Der Patient wälzt sich im Bett hin und her, steht aus dem Bett auf und kann dann nicht einschlafen (R mot.). Durch das Hin- und Her-Wälzen sowie das Aufstehen aus dem Bett erlebt der Patient kurzfristig einen Abfall seines Anspannungszustandes (C⁺). Im Ganzen fühlt sich der Patient in der beschriebenen Situation hilf- und hoffnungslos (C⁻), verschafft sich jedoch durch das Grübeln über die vergangenen Erinnerungen und vermeintliche Lösungsstrategien ein fälschliches Gefühl der Kontrolle (C⁺). Langfristig erhält er durch das Verhalten die Symptomatik aufrecht, eine Habituation bezüglich der eigenen traumatischen Erfahrungen und damit verbundener Ängste und Sorgen kann nicht eintreten (C⁻). Durch die permanente Müdigkeit in Verbindung mit den schlaflosen Nächten gefährdet er seine psychosoziale Anpassung und kann sich beispielsweise in der Schule nicht konzentrieren (C⁻). Die Stimmungslage verschlechtert sich sukzessive (C⁻), wodurch keine selbstwirksamen Erfahrungen gemacht werden können (C⁺⁻).

5. Diagnose zum Zeitpunkt der Antragsstellung

- Achse I: Posttraumatische Belastungsstörung (F43.1)
  Störung des Sozialverhaltens bei vorhandenen sozialen Bindungen (F91.2) – in Remission
- Achse II: leer
- Achse III: Intelligenzniveau im knapp unterdurchschnittlichen Bereich (nach durchgeführter testpsychologischer Untersuchung); Intelligenz erscheint im klinischen Eindruck mindestens durchschnittlich)

- Achse IV: leer
- Achse V: Erziehung in einer Institution (5.0), abweichende Elternsituation (5.1), Migration oder soziale Verpflanzung (7.1)
- Achse VI: mäßige soziale Beeinträchtigung (3)

6. Behandlungsplan und Prognose

1. Stabilisierung, Reduktion dysfunktionaler Kognitionen und Traumabearbeitung
2. Reduktion der Einschlafprobleme, Erhöhung der allgemeinen Aktivität und des allgemeinen Wohlbefindens sowie Entwicklung funktionaler Emotionsregulationsstrategien
3. Aufbau sozialer Kompetenzen und psychosozialer Problemlösungsfähigkeiten
4. Beratung der Wohngruppenbetreuer hinsichtlich der vorliegenden Symptomatik

Zu 1.: Zunächst soll eine vertrauensvolle, tragfähige Therapeut-Patienten-Beziehung aufgebaut und ein individuelles Störungsmodell erarbeitet werden. In der Folge sollen dysfunktionale Schemata mittels kognitiver Umstrukturierung erarbeitet und modifiziert sowie Expositionen des Traumas in sensu vorgenommen werden (Narrative Exposure Therapy von Schauer, Neuner und Elbert, 2012).

Zu 2. & 3.: Für die betreffenden Punkte soll S. in ein gruppentherapeutisches Konzept für vier geflüchtete Jugendliche integriert werden. Hierbei sollen Elemente aus dem JuSt-Manual von Schlarb (2015) zur Vermittlung von Techniken zur Schlafhygiene und Entspannung verwendet werden. Durch ein soziales Kompetenztraining mit Rollenspielen und die Entwicklung von Problemlöse- und Stufenplänen für soziale Situationen sollen die Patienten Kommunikationsfertigkeiten, Beziehungsgestaltung und prosoziales Verhalten erlernen (Stressbewältigung im Jugendalter von Beyer und Lohaus, 2006). Zur Erhöhung der allgemeinen und sozialen Aktivität sollen dem Patienten »Skills« für einen funktionalen Umgang mit Emotionen sowie Ratschläge für einen gesunden Lebensstil vermittelt werden (u. a. DBT-A: Dialektisch-Behaviorale Therapie für Jugendliche von Fleischhaker, Sixt und Schultz, 2011). Durch die gruppentherapeutischen Maßnahmen sollen auch Fähigkeiten zur Stressbewältigung vermittelt werden, die sich positiv auf das Allgemeinbefinden des Patienten auswirken sollten. Einzelne Elemente der Gruppentherapie sollen dann im Einzelsetting weiter vertieft werden. Dadurch sollte auch ein verbesserter Umgang mit der Emotion »Wut« erreicht werden.

Zu 4.: Die Bezugspersonenstunden sollen dazu genutzt werden, die Wohngruppenbetreuerinnen psychoedukativ zu beraten, und um Unsicherheiten im Umgang mit dem Patienten abzubauen.

Der Patient hat in der Probatorik gut mitgearbeitet und aufgrund der bereits erfolgten psychotherapeutischen Sitzungen und den damit erzielten Erfolgen, ist die Motivation und Veränderungsbereitschaft des Patienten als gegeben einzuschätzen, was sich positiv auf die Prognose auswirkt. Die bereits hergestellte Therapeut-Patient-Beziehung ist darüber hinaus als sehr vertrauensvoll und tragfähig einzuschätzen.

7. Bericht zum Fortführungsantrag

1. Die ersten therapeutischen Sitzungen wurden zunächst im Rahmen einer gruppentherapeutischen Behandlung durchgeführt. Hierbei konnte zusammenfassend zu Ende der gruppentherapeutischen Intervention ein positives Ergebnis verzeichnet werden. Nach Abschluss der Gruppenbehandlung kennt S. nun wirkungsvolle Strategien zur Verbesserung seines Schlafes und für eine effiziente, selbstständige Emotionsregulation, die er zwischenzeitig auch erfolgreich anwenden konnte. Die Sozialverhaltensauffälligkeiten remittierten nahezu vollständig und erfüllen nun nicht mehr die Kriterien einer klinisch relevanten Störung. Letztgenannter Aspekt wurde ebenfalls von S.s Gruppenbetreuerinnen bestätigt. Setzte S. zu Anfang der Therapie den Schulbesuch zeitweise aus, ist nun ein regelmäßiger Schulbesuch gewährleistet. In der einzeltherapeutischen Behandlung liegt der Fokus aktuell auf der Behandlung der posttraumatischen Symptomatik. Wie unter Behandlungsplan Punkt 1) beschrieben, konnten erste Konfrontationen mit den traumatischen Erlebnissen in sensu vorgenommen werden. Hierbei konnte der Patient lernen, gemachte Erfahrungen biografisch einzuordnen, erste Habituationsprozesse konnten initiiert werden.
2. Aktuelle Diagnose
   – Achse I: Posttraumatische Belastungsstörung (F43.1)
   – Achse II: leer
   – Achse III: Intelligenzniveau im knapp unterdurchschnittlichen Bereich (nach durchgeführter testpsychologischer Untersuchung); Intelligenz erscheint im klinischen Eindruck mindestens durchschnittlich)
   – Achse IV: leer
   – Achse V: Erziehung in einer Institution (5.0), abweichende Elternsituation (5.1), Migration oder soziale Verpflanzung (7.1)
   – Achse VI: mäßige soziale Beeinträchtigung (3)

Von der Durchführung weiterer testpsychologischer Verfahren konnte abgesehen werden.

Trotz der bereits vermittelten Strategien zur Verbesserung der Schlafhygiene und Emotionsregulation fällt es dem Patienten nach wie vor schwer, insbesondere bei akuten psychosozialen Belastungen (u. a. schulische Anforderungen und insbesondere Ablehnung des Asylverfahrens) eigenständig für sein psychisches Wohlergehen zu sorgen. Durch das erhöhte Stressaufkommen wird auch die bisher unbehandelte posttraumatische Belastungssymptomatik getriggert, was sich u. a. in aufdringlichen Erinnerungen und Albträumen widerspiegelt. Damit der Patient auch nachhaltig von den psychotherapeutischen Maßnahmen profitieren kann muss eine spezifische, auf die traumatischen Erfahrungen zugeschnittene Einzeltherapie erfolgen, die über die Vermittlung und Anwendung von Skills zu Emotionsregulation hinausgeht.

Der Therapeut beantragt im Sinne eines Umwandlungsantrages von der KZT 1 in eine Langzeittherapie weitere 48 Stunden verhaltenstherapeutische Psychotherapie

(EBM-Ziffer 35425) und weitere 12 Stunden für die Bezugspersonen (EBM-Ziffer 35425B). Zehn Stunden werden zur Rezidivprophylaxe beantragt. Für die Einzeltherapie ist pro Woche eine Sitzung (je 50 Minuten) vorgesehen, in Einzelfällen werden auch Doppelstunden eingeplant (Konfrontationsübungen). Die Therapie wird von [Name] durchgeführt.

Literatur

Beyer, A. & Lohaus, A. (2006). Stressbewältigung im Jugendalter: Ein Trainingsprogramm. Göttingen: Hogrefe.
Fleischhaker, C., Sixt, B. & Schulz, E. (2011). DBT-A: Dialektisch-behaviorale Therapie für Jugendliche: Ein Therapiemanual. Heidelberg: Springer.
Schauer, M., Neuner, F. & Elbert, T. (2012). Narrative Exposure Therapy: A Short-Term Treatment for Traumatic Stress Disorders. Göttingen: Hogrefe.
Schlarb, A. (2015). JuSt - Begleit- und Arbeitsbuch für Jugendliche und Eltern. Stuttgart: Kohlhammer.

F Therapieantrag: Umwandlungsantrag auf Verhaltenstherapie (LZT)

Patient: Chiffre _____

1. Relevante soziodemographische Daten

Zuletzt habe M. die 10. Klasse einer Gesamtschule besucht, dort habe sie exzellente schulische Leistungen gezeigt, zum neuen Schuljahr 2017/18 wechselte sie auf ein städtisches Gymnasium. M. sei sehr gut in ihr soziales Umfeld integriert und sei sehr erfolgreich bei ihrem Reitverein. Der Vater (KV) der Patientin sei vor knapp über einem Jahr verstorben. Die Kindsmutter (KM) sei 44 Jahre alt und als Krankenschwester tätig. Die Eltern hätten sich vor 7 Jahren getrennt. M. habe eine leibliche Schwester (9 Jahre). Aus der neuen Ehe des KVs sei eine weitere Halbschwester (4 Jahre) hervorgegangen. M. lebe mit ihrer Mutter und ihrer 9-jährigen Schwester im gemeinsamen Haus. Vor 6 Jahren habe M. wegen zwanghafter Verhaltensweisen eine 3-monatige Psychotherapie durchlaufen.

Gemeinsam mit ihrer Mutter kommt M. zum ambulanten Erstgespräch. M. berichtet vom Tod ihres Vaters, der nach kurzer Krankheitsphase eingetreten sei. Seitdem leide sie unter einer Verschlechterung ihrer Grundstimmung, die sie insbesondere in einer leichteren Reizbarkeit merke. Gehäuft komme es zu impulsiven Gefühlsausbrüchen, mitunter auch wegen Kleinigkeiten. Weiterhin stelle die Patientin fest, dass sich ihre Konzentration verschlechtert habe, was sich beim Reiten und bei schulischen Anforderungen zeige. Darüber hinaus gibt M. an, dass sie unter Verlustängsten in Bezug auf ihre Mutter und ihre Schwester leide. Sie gehe abends regelmäßig an das Bett der schlafenden Schwester, um zu kontrollieren, ob es dieser gut gehe. In ihrer Kindheit habe die Patientin zwanghafte Verhaltensweisen gezeigt. So habe sie systematisch den Rollladen ihres Kinderzimmers sowie den Lichtschalter bedient. Nach eigener Aussage habe sie dies getan, damit dem Vater nichts passiere. Entsprechende Verhaltensweisen seien nach der Trennung der Eltern vor 7 Jahren aufgetreten. Darüber hinaus berichtet M. einen ausgeprägten Perfektionismus bezüglich schulischer Anforderungen. Im Ganzen sei sie ein introvertierter Mensch und habe Schwierigkeiten, sich gegenüber anderen Menschen zu öffnen.

Die von M. getätigten anamnestischen Angaben werden im Erstgespräch von ihrer Mutter bestätigt.

2. Symptomatik und psychopatholgischer Befund

Zum Zeitpunkt des Erstgespräches wache, zu allen Qualitäten orientierte und altersgerecht entwickelte Jugendliche in gepflegtem, altersgerechtem Erscheinungsbild. Im Erstkontakt freundlich und mitteilsam. Regelgerechte Auffassungsgabe. Kognitive und mnestische Funktionen ohne pathologischen Befund. Die Stimmung ist situationsangemessen bei guter affektiver Auslenkbarkeit. Antrieb und Psychomotorik unauffällig. Formale Denkstörung i. S. von Grübeln, keine inhaltlichen Denkstörungen, keine Wahrnehmungsstörungen, keine Ich-Störungen. Keine Hinweise auf Verlustängste, zwanghafte Verhaltensweisen in der Vergangenheit. Keine selbstverletzenden Verhaltensweisen. Keine akute Eigen- oder Fremdgefährdung, von Suizidalität sicher distanziert.

Im Wechsler-Intelligenztest für Kinder (WISC-IV) zeigte M. ein Ergebnis im oberen Durchschnittsbereich an der Grenze zum überdurchschnittlichen Bereich bei homogenem Leistungsprofil. Beim Ausfüllen der Child Behavior Checklist (CBCL) berichtete M.s Mutter grenzwertige Auffälligkeiten auf der internalen Problemskala. Weiterhin ergaben die Angaben der Mutter grenzwertige Auffälligkeiten bei der Skala »ängstlich-depressiv«. Während M. im Depressionsinventar für Kinder und Jugendliche (DIKJ) keine klinisch relevante depressive Symptomatik berichtete, betonte sie im Phobiefragebogen für Kinder und Jugendliche (PHOKI) die Angst davor, dass die Mutter sterbe. Während der gesamten Testung war keine psychomotorische Unruhe zu beobachten. Es waren eine gute Konzentration, Motivation und Aufgabeninteresse zu beobachten. Während der Durchführung der kognitiven Leistungsüberprüfung erschien M. jedoch angespannt und nervös.

3. Somatischer Befund

Siehe Konsiliarbericht. 3-monatige kinder- und jugendpsychotherapeutische Behandlung aufgrund einer Zwangsstörung (Bericht liegt nicht vor.). Aktuell wird eine ärztliche Mitbehandlung als nicht notwendig eingeschätzt.

4. Behandlungsrelevante Angaben zur Lebensgeschichte und funktionales Bedingungsmodell

- S: Familie sitzt an Ostern zum gemeinsamen Kaffeetrinken zusammen, Großmutter klagt über Tod des KVs.
- O: depressive-negativistische Einstellungen; dysfunktionale Strategien zur Emotionsregulation; perfektionistische sowie ängstliche Persönlichkeitsdisposition
- R:
    - kognitiv: »Ich vermisse Papa.«; »Wir haben nie ohne ihn Ostern gefeiert, es wird nie wieder so schön sein.«; »Die anderen nerven mich!«
    - emotional: Wut, Verzweiflung, Trauer
    - physiologisch: Anspannung, innere Unruhe, weinen

- motorisch: M. steht vom Kaffeetisch auf, geht auf ihr Zimmer, legt sich auf ihr Bett und weint.
- Konsequenzen:
  - Kurzfristige Konsequenzen:
  C⁻: Reduktion der Anspannung durch Rückzug und Vermeidung der unangenehmen Situation
  - Langfristige Konsequenzen:
  C⁻: Aufrechterhaltung der Symptomatik (Trauer, dysfunktionale Emotionsregulationsstrategien)
  C⁻: Erhöhtes Risiko für komorbide Erkrankungen (emotionale Labilisierung; Verschlechterung der Stimmungslage)

Verhaltensexzesse: Hineinsteigern in dysfunktionale Gedanken, Rückzug, Weinkrämpfe
Verhaltensdefizite: Emotionsregulationsstrategien
Ressourcen: Gute kognitive Begabung der Patientin, hervorragendes schulisches und sportliches Leistungsvermögen, gute Integration ins Gleichaltrigenumfeld, gute intrafamiliäre Beziehungen, hohe Therapiemotivation und Compliance.

Auf Grundlage einer ängstlichen Primärpersönlichkeit (u. a. Trennungsängstlichkeit) entwickelte die Patientin im Sinne des Modells der erlernten Hilflosigkeit nach Seligmann eine negative Selbstwirksamkeitserwartung. Um insbesondere der Angst um den Verlust des Vaters entgegenzuwirken, reagierte M. bereits in ihrer Kindheit mit zwanghaftem Verhalten (C⁻). Durch den plötzlichen und schnellen Tod des geliebten Vaters verstärkte sich die negative Selbstwirksamkeitserwartung und es entwickelte sich ein negativer Attributionsstil i. S. der kognitiven Triade nach Beck (C-). Dadurch folgten weitere Frustrationserfahrungen im Alltag (C-) mit darauffolgenden depressiven Verhaltensweisen. Aufgrund der Tatsache, dass die gesamte Familie kaum miteinander über den Tod des Vaters spricht und insbesondere dazugehörige Emotionen tabuisiert, fehlt der Patientin ein adäquates Modell für den Umgang mit Trauer. Aus diesem Grund ist die Patientin in der Auseinandersetzung mit negativen Emotionen überfordert und neigt zu dysfunktionalen Kognitionen und Bewältigungsstrategien wie Rückzug und Emotionsvermeidung, welche zwar kurzfristig entlastend wirken, aber langfristig zur Aufrechterhaltung der Trauer führen (Aufschaukelungsmodell der komplizierten Trauer).

5. Diagnose zum Zeitpunkt der Antragstellung

- Achse I: Sonstige Reaktionen auf schwere Belastung, i. S. einer komplizierten Trauerreaktion (F43.8)
- Achse II: leer
- Achse III: Intelligenz im oberen Durchschnittsbereich
- Achse IV: leer
- Achse V: 5.1., 6.0
- Achse VI: mäßige soziale Beeinträchtigung (3)

6. Behandlungsplan und Prognose

1. Reduktion des depressiven und ängstlichen Verhaltens sowie Verbesserung der Emotionsregulation
2. Förderung eines natürlichen Trauerprozesses
3. Aufbau von Selbstbewusstsein und Selbstwirksamkeitserwartung
4. Unterstützung und Anleitung der Mutter beim Umgang mit der Symptomatik

Als prognostisch günstig ist die gute kognitive Begabung M.s zu sehen. Sowohl M. als auch ihre Mutter sind motiviert in Bezug auf die Therapie und erscheinen veränderungsbereit.

Zu 1.: Zu Anfang steht der Aufbau einer tragfähigen therapeutischen Beziehung im Mittelpunkt. Zur Behandlung der depressiven und ängstlichen Symptomatik soll durch den Einsatz von Stimmungsprotokollen der Zusammenhang von Stimmung und Aktivität verdeutlicht und an einer Unterscheidung von Denken, Fühlen und Handeln gearbeitet werden. Überwiegend sollen kognitive Techniken (Methoden der kognitiven Umstrukturierung) zum Einsatz kommen, um alternative, stimmungsförderliche und angstinkompatible Kognitionen aufzubauen (Schlarb, 2012). Zusätzlich sollen Entspannungs- und Achtsamkeitsübungen erlernt werden, um die eigenständige Emotionsregulation zu fördern und die eigene Verhaltenskontrolle zu stabilisieren.

Zu 2.: Im Rahmen von kontrollierten Expositionsübungen in sensu soll die Patientin mit einzelnen als emotional belastend empfundenen Ereignissen rund um den Tod des Vaters konfrontiert werden, um eine aktive Auseinandersetzung mit dem Thema zu ermöglichen. Durch eine unterstützende Trauerbegleitung (Gespräche über den Vater, Schreiben eines Abschiedsbriefes etc.) soll ein natürlicher Trauerprozess befördert werden.

Zu 3.: Um das Selbstbild der Patientin zu stärken und ihre Selbstwirksamkeitserwartung zu verbessern, sollen individuelle Ressourcen herausgearbeitet werden. Durch die Arbeit mit einer Lebenslinie soll die Patientin gemachte Erfahrungen und vergangene Erlebnisse in ihre Biografie einordnen können, um ein kohärentes Selbstkonzept aufzubauen. Letztgenannte Aspekte dienen nicht zuletzt auch der Rückfallprophylaxe.

Zu 4.: Im Rahmen der Bezugspersonengespräche soll die Mutter über interaktionelle Momente der beschriebenen Störung aufgeklärt und dazu ermutigt werden, störungsaufrechterhaltende Bedingungen (Zuneigung, Aufmerksamkeit und Schonung bei ängstlich-depressivem Verhalten) abzubauen. Weiterhin soll sie dahingehend ermutigt werden, ihrer Tochter als ein funktionales Modell in Bezug auf Trauerbewältigung zu dienen.

Aufgrund der bisherigen Behandlung (s. u.) und guten Mitarbeit der Patientin bei den bisherigen Behandlungsschritten, ist die Prognose günstig.

7. Bisheriger Behandlungsverlauf

- Im Verlauf der erfolgten KZT reduzierte sich zunächst die depressive Symptomatik der Patientin deutlich, die sich zu Anfang der Therapie vor allem in rückgezogenem und nachdenklichem Verhalten sowie in einer gereizten und niedergeschlagenen Grundstimmung äußerte. Durch die Vermittlung des kognitiven Dreiecks konnte M. der Zusammenhang von Gedanken, Gefühlen und Verhalten verdeutlicht werden. Im Folgenden konnten dysfunktionale Gedanken kognitiv umstrukturiert werden, was sich positiv auf die depressive und ängstliche Symptomatik auswirkte. Durch den Aufbau und die Entwicklung von persönlichen Ressourcen konnte die Patienten weiterhin in ihrer Selbstwirksamkeit gestärkt werden, was ebenfalls Unsicherheiten abbaute. Da der erste Punkt der Behandlungsplanung damit abgeschlossen war und die Patientin emotional stabiler wurde, einigten sich Patientin und Therapeutin darauf, die Trauer um den Vater in den Fokus des therapeutischen Prozesses zu rücken. Hierfür wurden ausführliche Gespräche über den Vater geführt und anhand von mitgebrachten Bildern eine aktive Erinnerung initiiert. Hierbei wurden auch belastende Erinnerungen an den Tod des Vaters deutlich, von denen die Patientin angab, bewusst die Erinnerungen an selbige zu vermeiden. Um eine aktive Auseinandersetzung mit den belastenden Ereignissen zu ermöglichen, wurden anhand von drei ausgewählten Situationen gemeinsam mit der Patientin kontrollierte Expositionsübungen in sensu durchgeführt. Hierbei konnte die Patientin feststellen, dass ihre Erinnerungen zwar schmerzhaft, jedoch auch aushaltbar sind. Weiter erkannte sie sich, anders als vorher von ihr wahrgenommen, in den zuvor als unkontrolliert erinnerten Situationen als handlungsfähig und selbstwirksam. Es zeigte sich, dass M. nach der Durchführung weniger zur Rumination neigte und sich überwiegend schöne Erinnerungen an den Verstorbenen einstellten. M.s Mutter konnte im Rahmen der KZT ebenfalls psychoedukativ aufgeklärt werden, wobei sich herausstellte, dass die Mutter bereits über adäquate Umgangsweisen mit dem ängstlich-depressiven Verhalten ihrer Tochter verfügte.
- Trotz der bereits erzielten emotionalen Stabilisierung und der bereits gut vorangeschrittenen Trauerbewältigung, zeigt die Patientin nach wie vor ein Vermeidungsverhalten in Bezug auf spezielle Stimuli. So fällt es ihr nach wie vor schwer, dass Haus des Vaters zu betreten oder ein Volleyballspiel der Mannschaft des Vaters zu besuchen, obwohl sie dies gerne tun würde. Darüber hinaus reichten die bewilligten Stunden noch nicht aus, eine langfristige Perspektive und Integration des Verlustes in das eigene Leben mittels einer Lebenslinie aufzubauen. Beide Aspekte erscheinen für eine nachhaltige und langfristige Trauerbewältigung unerlässlich.
- Von der Durchführung weiterer testpsychologischer Verfahren konnte abgesehen werden.

Wir beantragen daher im Sinne eines Umwandlungsantrages weitere 35 Stunden verhaltenstherapeutische Psychotherapie (EBM-Ziffer 35425) und weitere 9 Stunden für die Bezugspersonen (EBM-Ziffer 35425B). Der Antrag auf KZT wurde bewilligt. Für die Einzeltherapie ist pro Woche eine Sitzung (je 50 Minuten) vorgesehen, in

Einzelfällen werden auch Doppelstunden eingeplant (Konfrontationsübungen). Die Therapie wird von [Name], KJP durchgeführt.

Musterstadt, XX.XX.XXXX

Leiterin der Kinder- und Jugend-psychotherapie Ambulanz KJP/Supervisor	Behandelnde Therapeutin mit nach § 8 Psychotherapie-Vereinbarung § 117 Abs. 2 SGBV ausreichenden Kenntnissen und Erfahrungen

Literatur

Schlarb, M. (2012). *Praxisbuch KVT mit Kindern und Jugendlichen: Störungsspezifische Strategien und Leitfäden.* Weinheim: Beltz.
Znoj, H. (2016). Komplizierte Trauer. Göttingen: Hogrefe.

Online-Zusatzmaterial: Hinweise und Übersicht

Folgende zusätzliche Materialien[4] können als Vorlagen/Muster unter https://dl.kohlhammer.de/978-3-17-035653-5 heruntergeladen werden:

Vorlagen

- Erstgesprächsleitfaden
- Anamnesebogen
- Psychopathologischer Befund
- Risikoabschätzung bei Suizidalität
- Patientinnenversprechen
- Krisenplan bei suizidalen Gedanken für Patientinnen
- Übersichtsblatt Befundzusammenfassung
- Checkliste zur Diagnostik und Therapiestatus
- Anmeldebogen
- Beispielprotokollbogen
  - 1: Häufigkeit eines Verhaltens
  - 2: Beobachtung eines Verhaltens für verschiedene Intervalle
  - 3: Ausprägung von Verhaltensweisen

Beispieltherapieanträge

- ADHS
- Angst
- UMA

---

4 Wichtiger urheberrechtlicher Hinweis: Alle zusätzlichen Materialien, die im Download-Bereich zur Verfügung gestellt werden, sind urheberrechtlich geschützt. Ihre Verwendung ist nur zum persönlichen und nichtgewerblichen Gebrauch erlaubt. Jede Verwendung außerhalb der engen Grenzen des Urheberrechts ist ohne Zustimmung des Verlags unzulässig und strafbar. Das gilt insbesondere für Vervielfältigungen, Übersetzungen, Mikroverfilmungen und für die Einspeicherung und Verarbeitung in elektronischen Systemen.